Sigrid Tinz

Mein Garten – mehr Arten

12 Projekte für blütenreiches Grün

einfach · tierfreundlich · klimafest

pala verlag

Inhalt

Sigrid Tinz

Mein Garten – mehr Arten

Gedruckt auf
100% Recyclingpapier

Herzlichen Glückwunsch zu Ihrem Garten

Sie haben einen Garten, sonst hätten Sie dieses Buch vermutlich nicht in der Hand. Sie haben sicherlich auch gewisse Vorstellungen, wie Ihr Garten aussehen soll: eine grüne Oase, die einen gepflegten Eindruck, aber wenig Arbeit macht und über die sich die Nachbarschaft nicht beschwert. Der Garten gefiel Ihnen grundsätzlich bislang so, wie er ist. Nur: Dem Garten gefällt es nicht mehr! Braune Stellen in der Thujahecke, verbrannte Erde statt grünem Rasenteppich. Wasser ist teuer, nicht vorhanden oder wird rationiert. Das wird immer mehr zum Problem, denn die Sommer sind heiß und oft sehr, sehr trocken. Im Winter verwandelt sich die Grünfläche dann wochenlang in feuchtgrauen Matsch, der bei Starkregen die großen Niederschlagsmengen gar nicht aufnehmen kann. Die Klimaveränderung ist Fakt.

Mit jedem Projekt in diesem Buch machen Sie es nicht nur dem Garten wieder nett und damit auch Ihnen selbst. Jedes Projekt wirkt sich auch positiv auf das Klima in Ihrer direkten Umgebung aus und fördert die Artenvielfalt. Vielleicht bemerken Sie es auch selbst: Am Vogelfutterhaus ist immer weniger los ist. Oder wenn Sie an Ihre Kindheit denken, wie viele Schmetterlinge haben Sie da jeden Sommer gesehen? Wie viele Grashüpfer sind vor Ihnen weggehüpft? Wann hat zuletzt ein Frosch in Ihrem Gartenteich gequakt? Auch wenn die Nachbarn vielleicht froh sind, dass es nachts ruhiger ist, und Sie lästige Wespen und Mücken nicht vermissen – ohne geht es nicht. Ohne Vögel und Schmetterlinge, ohne Bienen und andere Bestäuber, ohne Frösche, ohne Käfer.

Alles hängt mit allem zusammen. Mit den Projekten setzen Sie sich auch für den Artenschutz ein, ohne zusätzlichen Aufwand.

Ich bin bereits zum sechsten Mal dabei, mein grünes Wohnzimmer neu zu gestalten.

Während des Studiums wohnte ich in einem großen Mietshaus, in einer kleinen Wohnung ohne Balkon. Im Innenhof gab es ein kleines Stück, das noch nicht mal »Garten« genannt, sondern lediglich als Lücke zwischen zwei Häusern wahrgenommen wurde. Es gab einen Ausgang vom Treppenhaus, um dorthin zu kommen, eine Außentreppe zum Sitzen und bald ganz viele Sommerblumen, die ich nach und nach ausgesät hatte, wann immer ich Samen besorgen konnte. Semesterferienlang habe ich dort für meine Prüfungen gelernt.

Dann hatte ich eine Wohnung mit Balkon und ein Kind. Auf dem Balkon hatte ich alles untergebracht, was wir brauchten und liebten: Frühblüher und Rosen, Kräuter und Sandkasten und einen Mini-Miniteich. Platz für meinen Liegestuhl war auch noch. Vögel, Schmetterlinge, Eichhörnchen kamen regelmäßig zu Besuch.

Es kamen noch ein Kind und dann ein ganzer Garten, mit Lebensbaum und Rhododendren als Hecke, dazwischen Rasen und ein Blumenbeet mit Hortensien. Der Garten war gemietet und es hieß deutlich: »Bitte nichts verändern!« Hier habe ich ein kleines Vermögen für Blumenzwiebeln ausgegeben und im ersten Herbst alles auf der riesigen Rasenfläche versenkt, für einen traumhaften Frühling. Jedes Jahr wurden die Krokusse, Winterlinge und Schneeglöckchen mehr. Und sie werden es immer noch, das sehe ich, wenn ich manchmal noch dort vorbeikomme. Den Vermieter stört es offensichtlich nicht, dass ich doch was verändert habe. Es ist ja auch schöner geworden.

Dann kam der eigene Garten, den ich so geplant hatte, dass er sich von der nackten, mit zerwühlter Bauplatzerde bedeckten Fläche in einen Lebensraum verwandelte, mit Blüten, Sträuchern, Totholzhaufen. Mit Platz für Kinder, Hund, Katze und Wildtiere: Igel und Tigerschnegel, Rotkehlchen und Distelfink, Spitzmaus und Erdkröte und viele mehr. Der Garten diente mir als Fotomodell – war also auch ansehnlich.

Jetzt sind die Kinder größer und groß. Ich wohne wieder in der Großstadt und habe das unter meinen Fittichen, was die Hausverwaltung nicht »Garten«, sondern »Stück zwischen Haus und Straße« nennt. Am Drahtzaun wächst eine Wildrosenhecke, der Rasen ist mit Sommerblumen gesprenkelt. Dass mein frisch angelegtes Käferbeet kein Sperrmüllplatz ist, hat sich inzwischen herumgesprochen. Auch bei Grünspechten und Meisen, bei Eichhörnchen, Heuschrecken, Schwebfliegen und Rosenkäfern. Hier wächst, blüht und lebt schon wieder sehr viel. Seit Kurzem bin ich auch stolze Pächterin eines Kleingartens, aus dem ich eine weitere grüne Oase für mich und die heimische Tierwelt machen möchte.

Aus eigener Erfahrung weiß ich: Ob Sie mit sparsamem Budget und undercover gärtnern, ob Sie den Segen des Eigentümers und seine finanzielle Unterstützung haben oder nicht, ob Sie unter Aufsicht der Nachbarschaft im Kleingarten gärtnern oder in Ihrem eigenen Garten schalten und walten können: Es gibt immer eine Möglichkeit, Gartenträume wahr werden zu lassen.

Recht und Gesetz

Auch wenn der Garten unser Eigentum ist – machen, was wir wollen, dürfen wir trotzdem nicht. Wann im Jahreslauf Sträucher gerodet werden dürfen, wie weit weg von der Grundstücksgrenze Bäume gepflanzt oder wo die Mülltonnen abgestellt werden dürfen, ist hierzulande genau festgelegt. Jedes Land hat allerdings unterschiedliche Regeln. In vielen Kommunen gibt es zusätzliche Bestimmungen, zum Beispiel, wenn es eine Gestaltungssatzung gibt, die dann vielleicht keine hohen Hecken oder keinen Beton im Vorgarten erlaubt. Bevor Sie mit dem Pflanzen, Bauen oder Buddeln beginnen – oder sich mit Ihrer Nachbarschaft anlegen –, erkundigen Sie sich am besten bei Ihrer Gemeinde. Außerdem sollten Sie natürlich – wenn der Garten nicht Ihr Eigentum ist – größere Projekte mit den Besitzern besprechen. Für kleinere Dinge wie die Anlage einer Wildblumenwiese, oder das Beranken eines Zauns brauchen Sie keine Erlaubnis. Auch wenn sich die Nachbarschaft wegen hinüberkriechender Raupen oder herangewehter Samen beschwert. Das ist hinzunehmen, wie Kinderlärm.

So ist dieses Gartenbuch gedacht

Jeder Garten ist einzigartig. Gärten sind sich aber in vielen Dingen ähnlich: Es gibt einen Zaun, eine Mauer oder eine Hecke – einen Rahmen, eine Grenze. Grünflächen, Beete und vielleicht noch den einen oder anderen Baum oder Strauch. Wege und Sitzplätze, ein Gartenhäuschen vielleicht auch. Einen Platz für die Mülltonnen und den Kompost, für die Fahrräder und Kinderspielgeräte, ein Vogelhäuschen … Ob Sie nun im Reihenhaus wohnen oder einen Kleingarten haben, einen Gemeinschaftsgarten in der Stadt oder eine große Fläche auf dem Land bewirtschaften – Sie werden Ihren Garten hier wiederfinden. Sie werden auch die typischen Herausforderungen wiedererkennen, wie sie die Klimaveränderung mit sich bringt.

Bei jedem Projekt ab Seite 31 steht ein bestimmter Teil Ihres Gartens im Mittelpunkt. Sie bekommen zahlreiche Ideen, das jeweils Beste aus der Herausforderung zu machen.

Ideal ist es, wenn es Ihr eigener Garten ist. Dann müssen Sie sich nicht mit Mit- oder Ver-Mietern abstimmen und können loslegen, haben völlig freie Hand. Aber auch für alle anderen, die Rücksicht nehmen müssen, gibt es jede Menge Tipps, wie jede und jeder etwas tun kann. Jedes Kapitel ist so aufgebaut, dass für alle etwas dabei ist.

So ist es aufgebaut: die einzelnen Rubriken

Für jedes Projekt wird im Einzelnen erklärt, wie es sich am besten planen und vorbereiten lässt, was Sie anschaffen müssen und welche Pflanzen oder wie viel Material, beispielsweise Sand, Kies oder Holzhäcksel, Sie brauchen. Da jeder Garten einzigartig ist, werden Sie die passende Menge selbst ausrechnen müssen. Dort, wo es nötig und wichtig ist, wird der Bedarf pro Quadrat- oder Kubikmeter angegeben. Im Internet gibt es dazu passende Rechner, die man nur mit den individuellen Maßen füttern muss. Oder Sie fragen Teenager in der Familie, so merken sie auch gleich, dass Mathematik im Alltag tatsächlich nützlich sein kann.

Vorschläge für die Bepflanzung werden ebenfalls mitgeliefert. Wählen Sie aus, was Ihnen gefällt und zum Standort passt. Sie können nach Belieben mixen und kombinieren.

Auch der ungefähre Zeitaufwand ist angegeben, damit Sie planen können. Wenn dort beispielsweise »etwa zwei Stunden« steht, ist damit die reine Arbeitszeit gemeint. Planen Sie deshalb die Vor- und Nacharbeit mit ein und insgesamt nicht zu knapp. Erfahrungsgemäß kann es immer etwas länger dauern, weil irgendwo eine Baumwurzel im Weg ist oder die Menschen aus der Nachbarschaft kommen, um ein bisschen zu plaudern. Wenn Sie dann trotzdem nach exakt zwei Stunden fertig sind, genießen Sie Ihr Werk und schmieden neue Pläne.

Wichtig: Halten Sie alle Geräte und Werkzeuge parat. Prüfen Sie am besten ein paar Tage vorher, ob alles Nötige vorhanden ist. Dann ist noch Zeit, einzukaufen oder die zuvor ausgeliehenen Gerätschaften wieder zurückzuholen. Nichts ist ärgerlicher, als wenn es nicht losgehen kann, weil der Spaten am Stiel durchgerostet ist oder die Heckenschere verliehen und noch nicht wieder zurückgegeben wurde.

Die gute Nachricht: Besonders viele Werkzeuge brauchen Sie nicht. Und Sie müssen nicht alles selbst anschaffen. Leihen ist das neue Kaufen, preiswerter und platzsparend ist es außerdem. Viele Geräte kann man im Baumarkt ausleihen, außerdem gibt es Firmen oder Vereine, die sich aufs »Sharing« spezialisiert haben. Haben Sie in der Nachbarschaft oder im Bekanntenkreis Menschen mit gut ausgestattetem Hobbykeller, sprechen Sie diese gezielt an. Vor allem bei manchen Gartengeräten, die man oft ja auch nur einige wenige Male im Jahr braucht, macht Teilen oder Leihen Sinn. Gute Arbeitshandschuhe anzuschaffen, kann ich allerdings sehr empfehlen, also solche, die vor Dornen und Splittern schützen, aber trotzdem feinfühliges Gärtnern ermöglichen. Dann macht es einfach mehr Spaß.

Je nach Projekt benötigen Sie:

- Stift, Lineal, Maßband, Papier,
- Taschen- oder Stirnlampe,
- Gartenhandschuhe,
- Rechen, eventuell Laubgreifer, Besen, Schubkarre,
- kleine Schaufel, große Schaufel, Spaten, Blumenzwiebelpflanzer,
- Spitzhacke, Brechstange, Pickel, Kratzmesser,
- Gartenschere, Ast- oder Heckenschere,
- Gießkanne oder Gartenschlauch, Eimer oder größere Gefäße zum Wässern,
- Hammer, Vorschlaghammer,
- Akkuschrauber mit verschiedenen Aufsätzen,
- Bohrmaschine und verschiedene Aufsätze, unter anderem ein Forstnerbohrer (spezieller Lochsägeaufsatz mit Zentrierspitze).

Die Bandbreite reicht von kinderleichten und ratzfatz fertigen bis aufwendigen Projekten. Alle lassen sich auch ohne Vorkenntnisse umsetzen. Einige wieder kehrende Arbeitsschritte werden ab Seite 18 ausführlich erklärt.

Jedes Projekt beinhaltet neben dem Hauptteil noch weitere Rubriken:

- Unter »**Auch noch wichtig**« finden Sie zusätzliche Informationen oder Sie erfahren, wie es hinterher weitergeht – die FAQs sozusagen, passende Antworten auf häufige Fragen.

- **»Wieso, weshalb, warum?«** fasst zusammen, wie Sie und die Natur davon profitieren, über den Fakt hinaus, dass Ihr Garten klimatauglicher wird. Hier finden Sie viele gute Gründe, die Sie auch als Argumente verwenden können, um Menschen mit denselben Interessen zu finden oder zu motivieren. Allerdings: Besser als zu missionieren und gebetsmühlenartig die möglichen Sorgen der ordentlichen Nachbarschaft zu entkräften und anzuprangern oder schadenfroh auf eigene Erfolge zu verweisen, ist es, Spaß und Freude mit Ihrer Art des Gärtnerns zu haben und Glück und Zufriedenheit auszustrahlen.
- **»Wenn Sie es lieber eine Nummer kleiner hätten«** – aus welchen Gründen auch immer, weil Sie wenig Zeit, Geld, Kraft haben oder der Vermieter es nicht erlaubt –, bekommen Sie Vorschläge, wie das Projekt auch dann gut gelingen kann.
- **»In Töpfen und to go«** ist für alle gedacht, die es noch eine Nummer kleiner brauchen. Natürlich können Sie die Varianten auch kombinieren: im Garten die große, im Vorgarten die kleine und auf dem Balkon die Topf-Idee. Je mehr Sie umsetzen, desto besser.
- **»Darf's ein bisschen mehr sein?«** für alle, die Zeit, Geld, Kraft und Entscheidungsgewalt über den Garten haben und eben nicht nur ein bisschen, sondern richtig viel und mehr machen wollen.
- Und für noch mehr: **»Upgrade Wildnis«.** Nun ist Wildnis eigentlich nichts, was man mit dem Garten verbindet. Denn im Garten soll's meist ordentlich sein. Ordnung ist das genaue Gegenteil von Wildnis. Wenn Ihnen das mit der Wildnis zu wild klingt, lassen Sie es weg. Allerdings kann man sich daran gewöhnen, wie an Chili oder Koriander im Essen. Wer es versuchen will, findet unter dieser Rubrik jeweils erste Anregungen.
- **»Noch mehr Pflanzen«:** Unter dieser Rubrik werde ich Ihnen jeweils einige Pflanzen exemplarisch vorstellen. Diese habe ich dafür in praktikable Gruppen sortiert; nicht nach wissenschaftlichen, gartenbautechnischen oder botanischen Kriterien. Dennoch habe ich in den meisten Fällen den botanischen Namen angefügt. Denn je

nach Land, Region und Nutzung heißt jede Blume, jedes Kraut, jeder Baum anders.

- Außerdem gibt's ein »**Außerdem**« am Ende eines jeden Projektkapitels: Hier finden Sie Inspiration und Information, Tipps für interessante Filme und schöne Bücher, Links zu Internetseiten, Vorschläge für Aktionen in sozialen Netzwerken oder empfehlenswerte Bezugsquellen für Ihre Gartenaktionen.

Wo Sie anfangen? Erst mal mit Lesen und Durchblättern. Wenn Sie wissen möchten, was an tatsächlicher Arbeit in diesem Buch auf Sie wartet und wie die einzelnen Arbeitsschritte aussehen, lesen Sie das folgende Kapitel. Sind Sie gärtnerisch und heimwerkertechnisch versiert, können Sie gleich bei den Projekten ab Seite 31 weitermachen. Sie bauen nicht aufeinander auf. Fangen Sie gerne mit dem an, was Sie im Moment am meisten lockt. Wenn Sie sich nicht entscheiden können, lesen Sie die Seite 169. Dort mache ich Ihnen einige Vorschläge, wie Sie am besten vorgehen.

Mehr Pflanzen, mehr Arten: Vielleicht kommt auch die Holzbiene vorbei

So wird es gemacht: die Arbeitsschritte

Die Projekte in diesem Buch sind sehr unterschiedlich, einige Arbeitsschritte sind aber immer die gleichen. Diese finden Sie hier einmal ausführlich beschrieben.

Pläne, Skizzen, Listen

Wird bei einem Projekt ein Lageplan oder eine Bestandsaufnahme, eine Skizze oder ein Entwurf gebraucht, können Sie so vorgehen:

Vielleicht haben Sie noch einen Grundstücksplan vom Bau, Hauskauf oder im Mietvertrag? Kopieren Sie ihn – oder fotografieren Sie ihn ab, wenn Sie auf dem Tablet zeichnen wollen. Geht es nur um einen kleinen Bereich des ganzen Gartens, reicht auch der betreffende Ausschnitt.

Haben Sie keinen Plan? Dann zeichnen Sie einen. Und zwar mit Maßband, Stift und Lineal; das ist eigentlich auch viel besser, weil Sie sich so notwendigerweise mit der genauen Lage vor Ort befassen. Er muss nicht millimetergenau sein, eine Skizze reicht: die Grundstücksumrisse – oder die Maße des Bereichs, um den es geht, zum Beispiel des Problemstandorts oder des Bereichs fürs neue Staudenbeet. Ein Meter wird dabei zu einem Zentimeter auf dem Millimeterpapier. Das heißt, wenn Ihr Garten 25 m lang ist, zeichnen Sie 25 cm ein. Zu zweit geht es besser als alleine. Einer misst, der andere schreibt auf und zeichnet, so lassen sich Abstände und Maße gut und ohne viel hin- und herzulaufen bestimmen.

Dann wird weiter gemessen und gezeichnet: Wie groß ist das Haus, wo steht es, wo der Baum? Wo sind Beete, Hügel, Senken, Mauern oder Hecken? Gartenhäuschen, Dachüberstände, Komposthaufen, Mülltonnen und das Drumherum werden ebenfalls berücksichtigt. Markante und wichtige Standortfaktoren können hier ebenfalls festgehalten werden: die große Buche gegenüber, der Bach hinterm Haus oder die Garagen vom Nachbarn. Markieren Sie, wo wann Sonne ist, wo Gebäude oder Gehölze Schatten werfen, wo es windig ist und wo geschützt, wo es eher trocken ist oder sich das Wasser staut.

Apfelbaum und Hecke, Gras- und Sandflächen – alles wird im Plan notiert

Und dann halten Sie natürlich noch die Details fest, die Sie für die Bestandsaufnahme des jeweiligen Projekts brauchen. Wenn Sie pflanzen oder säen wollen, ist es zum Beispiel hilfreich, die Bodenverhältnisse zu kennen: Also, ob es sich um einen leichten Sandboden handelt, einen mittleren Boden aus sandigem Lehm oder einen schweren Tonboden. Das kann man vom Profi machen lassen – oder auch »per Hand«: Nehmen Sie ein bisschen Erde zwischen Daumen und Zeigefinger, reiben Sie diese hin und her und versuchen Sie anschließend, auf dem Handteller eine Kugel und daraus eine bleistiftdicke Rolle zu formen. Sand fühlt sich rau und kratzend körnig an, es bleibt nichts in den Fingerrillen kleben, die Kugel zerfällt, sie lässt sich nicht bleistiftdick ausrollen. Ein sandiger Lehmboden lässt sich formen und kneten, er ist mehlig-samtig, ein bisschen wie Mürbeteig, lässt sich rollen, wird aber schnell rissig und bröckelig. Ton ist glänzend schmierig, glatt und verfärbt die Finger. Je tonhaltiger die Erde ist, desto glatter wird die Kugel und desto besser lässt sie sich zu einer Walze rollen.

Das ist wichtig zu wissen, zum Beispiel, um zu entscheiden, ob eine Drainage nötig ist oder ob Sie für bestimmte Pflanzen den Boden abmagern oder aufbessern sollten.

Auch die vorhandenen Pflanzen können Sie katalogisieren: Welche Arten haben Sie bereits? Was wächst wo? Wenn bereits die gewünschten Pflanzen vorhanden sind und auch an andere Stellen passen, können Sie mit Ablegern oder Samen arbeiten und brauchen wenig neu zu kaufen. Wer zum Beispiel bereits ein Sukkulenten-Steinbeet mit Hauswurz und Fetthennen aller Art hat, braucht für einen kleinen Dachgarten auf dem Mülltonnenhaus nur ein paar Würzelchen als Ableger abzuzwacken – und muss keine neuen Dachgartenpflanzen kaufen.

Rund ums Pflanzen

Ob Sie neue Gartenpflanzen kaufen oder tauschen, sich schenken lassen oder vorhandene Pflanzen teilen und vermehren, ist erst einmal egal. Letzteres hat den Vorteil, dass die Pflanzen den Garten schon kennen und sich mit hoher Wahrscheinlichkeit wohlfühlen. Außerdem ist es sehr preiswert, gleiches gilt für Staudentausch und Geschenke von Bekannten. Nur aus der Natur sollten Sie bitte nichts nehmen. Das ist verboten und wenn Sie Samen oder Ausläufer abernten, schmälern Sie deren Selbstständigkeit am Wildstandort.

Beim gut sortierten Gartenversandhandel zu kaufen, hat ebenfalls Vorteile: Die Blumen werden meist zum richtigen Pflanzzeitpunkt verschickt, oft mit ausführlichen Informationen zum Pflanzen und Pflegen und darüber, ob Ihre neuen Errungenschaften heimisch sind oder nicht, ob sie bienenfreundlich, eine Schmetterlingspflanze oder ein Vogelschutzgehölz sind. Wenn Sie dann noch auf ökologische Siegel achten, kaufen Sie nicht aus Versehen Pflanzen, die voller Pestizide stecken und mit viel synthetischem Dünger in Gewächshäusern gezüchtet wurden. Die machen erstens in freier Wildbahn oft schnell schlapp und verteilen außerdem die Gifte via Nektar oder Pollen und Blätter auch an Bienen und Schmetterlingsraupen, die dann schlimmstenfalls an dem sterben, was sie eigentlich ernähren sollte.

Dachgartenpflanzen wie die Felsen-Fetthenne lassen sich gut durch Teilstücke vermehren

Es geht nicht darum, Pflanzpläne nachzuarbeiten und womöglich mit Düngern und Pflanzen, die bei Ihnen nicht passen, nachzuhelfen. Wachsen soll, was von alleine klarkommt. Auch robuste und heimische Arten kommen nicht alle gleich gut an jedem Standort klar. Schauen Sie, was bei Ihnen und in Ihrer Nachbarschaft gut funktioniert, oder schicken Sie einfach eine Mischung aus verschiedenen Arten gleichzeitig los. Die besten werden sich etablieren und bald haben Sie eine Pflanzenmischung, die perfekt auf Ihren Garten eingestellt ist.

Viele tolle Züchtungen haben Wildbienen und der Natur wenig zu bieten. Tuffig gefüllte Blüten sind oft zu voll, als dass noch ein Insekt hineinkommen könnte. Viel zu holen ist ohnehin nicht, denn die pollenproduzierenden Staubblätter sind meist zu Blütenblättern umgezüchtet worden. Die Blüten sind steril, dementsprechend gibt's auch später keine Samen oder Früchte für die Vögel.

Pflanzpläne erstellen

Sie kennen vielleicht die bunten und mit Ziffern und exakten Positionen einzelner Stauden versehenen Pflanzpläne in Gartenzeitschriften. Darauf habe ich bewusst verzichtet. Wichtiger als die Platzwahl oder gar Pflanzpläne mit ausgeklügelten Höhenstaffelungen und Farbverläufen, die sich wellenförmig mosaikartig ausbreiten, mit Rhythmus der Farben und Blütenformen und mit Leitstauden, die das Ganze optisch zusammenhalten, ist mir, dass im Garten immer etwas grünt und blüht, ohne klimaveränderungsbedingte Ausfälle und ohne viel Aufwand an Pflege, Wasser, Dünger.

Ein bisschen Systematik ist aber ratsam, auch um zu wissen, wie viele Pflanzen Sie brauchen. Wenn Sie Ihre Skizze des Gartens oder Beets, das neu bepflanzt werden soll, angefertigt haben, können Sie ausrechnen, wie groß die Fläche ist und wie viele Pflanzen Sie dafür brauchen. Das ist von Blume zu Kraut und zu Strauch unterschiedlich und hängt auch

Mit Margeriten in Beet oder Topf locken Sie Wildbienen in Ihren Garten

davon ab, wie schnell die Fläche dicht bewachsen sein soll. Ich bin ungeduldig und mag keine nackte Erde, deswegen nehme ich eher ein paar mehr. Wenn es heißt, drei bis fünf Stauden pro Quadratmeter, würde ich fünf Stauden kaufen – oder sechs. Drei wachsen mit der Zeit aber auch zusammen und vermehren sich bei der richtigen Auswahl durch Ausläufer oder Selbstaussaat.

Arrangieren Sie ruhig einmal auf Papier (oder dem Tablet), wie und wo Pflanzen wachsen sollen. Das können Sie auf dem Blatt skizzieren, einfach so oder mit Transparentpapier. Oder Sie schneiden sich Kreise aus für die Pflanzen und schieben sie dann hin und her, bis es passt. Sie können es dann live vor Ort vor dem Einpflanzen noch mal wiederholen und zunächst alle Pflanztöpfe auf der Fläche verteilen und ausprobieren, wo sie am besten stehen sollen.

Säen, pflanzen, teilen

Direkt ins Freiland zu säen, ist einfach und preiswert. Wenn Sie den Samen von Freunden bekommen, sogar ganz umsonst. Für viele Gartenblumen wie Mohn oder Akelei, Malven, Kornblumen und Vergissmeinnicht oder andere ein- oder zweijährige Arten ist diese Methode ideal. Jede Art hat etwas andere Vorlieben, abhängig davon, ob sie im Licht oder im Dunkeln keimen: nur aufstreuen oder andrücken, mit Erde bedecken oder tief in die Erde stecken. Wer was wie am liebsten mag, steht in der Regel auf den Samentütchen, in Ratgebern oder auf Internetseiten. Schaffen Sie für die Samen optimale Startbedingungen und halten Sie die Erde schön feucht, bis der Keimling eine kleine Pflanze geworden ist. Das war es dann aber auch schon. Vorziehen ist nicht nötig, aber natürlich möglich. Umso früher blühen Ringelblumen und Stockrosen.

Bei mehrjährigen Stauden ist das Aussäen oft ein bisschen komplizierter, auch wenn sich die Pflanze später durch Selbstaussaat gut vermehrt, wenn sie erst mal im Garten etabliert ist. Viele Arten brauchen oft bestimmte Reize, Primeln zum Beispiel eine Kälteperiode, andere Licht oder Dunkelheit, viel Feuchtigkeit oder eher Trockenheit. Manche Samen keimen sofort nach der Reife, andere brauchen eine mehr oder weniger lange Keimruhe, die Jahre betragen kann. Das kann man auch alles recherchieren und im Kühlschrank oder Keller simulieren. Einfacher ist es, ein paar Starterstauden zu kaufen oder zu ertauschen und an strategisch günstige Stellen zu setzen; manche lassen sich auch teilen, so kommen Sie mit noch weniger Ausgangspflanzen aus. Und bei vielen ausläuferbildenden Arten wie Walderdbeeren oder Glockenblumen und vielen Kräutern reicht ein Stück von der Wurzel. Einfach in die Erde stecken oder vor dem Pflanzen einige Tage im Wasserglas neue und mehr Wurzeln treiben lassen.

Unterschieden wird außerdem zwischen Containerpflanzen – also solchen im Topf – und wurzelnackten Pflanzen ohne Erdballen drum herum. Containerpflanzen können Sie beinahe rund ums Jahr pflanzen. Wie mit einem Tiny House haben die Wurzeln ihren Bodenlebensraum schon mit dabei und wachsen, in die neue Erde gesetzt, einfach weiter. Wurzelnackte Pflanzen müssen schnell wieder in die Erde, damit sie nicht austrocknen. Sie müssen sich im Boden komplett neu einrichten, mit all ihren großen und kleinen Wurzeln. Deshalb sollten wurzelnackte Pflanzen nur im zeitigen Frühjahr oder Herbst gepflanzt werden, damit sie Eingewöhnungszeit haben, bevor der Frost oder die Hitze kommt. Das Gleiche gilt, wenn Sie nur einen Wurzelableger einpflanzen. Der ist allerdings ein bisschen robuster, weil die Wurzeln sich erst mal nur um sich selbst kümmern müssen und nicht schon Blätter und Blüten mit Wasser und Nährstoffen versorgen müssen.

Stauden und Gehölze pflanzen

So gehen Sie am besten vor:

- **Wässern:** Dafür stellen oder legen Sie die Pflanzen mit den Wurzeln oder mit dem Topf in einen Eimer oder eine Wanne voller Wasser, je nach Anzahl und Größe. So lange ins Wasser tauchen, bis keine Blasen mehr aufsteigen. Das sollte ein paar Stunden vor dem Pflanzen passieren, dann kann das überschüssige Wasser bis zum Einpflanzen wieder gut ablaufen und die Wurzelballen starten vollgetankt in ihr neues Leben.

- **Pflanzloch graben:** Während die Blümchen gewässert werden, graben Sie die Löcher. Etwas breiter als der Ballen und ein gutes Stück tiefer – oder tiefer als die Hauptwurzeln, wenn es sich um wurzelnackte Pflanzen handelt. Mit dem Spaten oder der Grabschaufel lockern Sie die Sohle des Pflanzlochs etwas auf, darauf kommt dann wieder ein kleiner Teil eventuell mit Kompost oder mit Sand versehener Aushub (siehe Seite 27). So viel, dass das Loch jetzt die gleiche Tiefe hat, wie der Ballen lang ist.
- **Einpflanzen und Einschlämmen:** Gießen Sie großzügig Wasser auf die lockere Erde im Loch, das macht es den kleinen Wurzeln gleich leichter, sich im neuen Zuhause wohlzufühlen. Dann ziehen Sie den Wurzelballen des Neulings vorsichtig aus dem Pflanzgefäß heraus. Krumm gewachsene oder kaputte Wurzeln schneiden Sie mit der Gartenschere ab; auch bei wurzelnackten Pflanzen zersplitterte oder kaputte Stellen herausschneiden. Staude oder Strauch setzen Sie nun mittig ins Pflanzloch, richten sie schön gerade aus und achten darauf, dass die Ballenoberfläche oder der Übergang von Wurzeln zu Stängeln in etwa mit dem Bodenniveau abschließt. Erneut Wasser angießen. Dann füllen Sie den restlichen – eventuell mit Sand oder Kompost vermischten – Aushub oder die Pflanzerde rund um die Pflanze, sodass die Bodenoberfläche wieder plan ist. Noch mal ordentlich Wasser angießen, es ist durchaus eine matschige Angelegenheit. Nutzen Sie auch das Tauchwasser dazu. Dann treten Sie vorsichtig mit dem Fuß rund um die Pflanze auf die Erde. So verdichtet sich alles gut und es gibt keine Hohlräume im Boden, die die Wurzeln in der Luft hängen lassen würden.

Grassoden abstechen

Manchmal muss der Rasen runter, damit man ein Loch in den Boden graben kann. Dafür den Spaten mit Schwung durch die Vegetationsschicht stechen, bis er auf die Erde trifft. Dann abwinkeln, also kippen, bis der Spaten nicht mehr senkrecht, sondern fast schon waagerecht steht. Jetzt können Sie mit der Länge des Spatens unter die Grasschicht fahren. Am anderen Ende wieder abstechen, an den Seiten ebenfalls, so als würden Sie bei einer Lasagne die obere knusprige Schicht abheben. Auf diese Weise können Sie die Soden einfach abheben und an die Seite legen. Nach dem Pflanzen, zum Beispiel von Zwiebelblumen, können Sie die Rasensoden wieder aufsetzen. Größere Mengen, die nicht mehr benötigt werden, können Sie zum Reparieren von lichten Stellen im Rasen oder als Füllung und Umrandung von Hochbeeten verwenden oder kompostieren.

Boden aufbessern oder abmagern

Je nachdem, wie Ihr Boden beschaffen ist und welche Pflanzen Sie ansiedeln wollen, kann es sinnvoll sein, den Boden anzupassen. Ein sehr toniger Boden ist bei Trockenheit knochenhart und fest, für neue Bewohner und ihre Wurzeln sollte er mit Spaten oder Spitzhacke gut und tief gelockert werden, dem Aushub wird dann Sand beigemischt, damit alles auch schön locker bleibt. Dieses Abmagern empfiehlt sich auch, wenn in normalfetter Gartenerde künftig Hungerkünstler und Trockenheitsspezialisten wachsen sollen, Lavendel zum Beispiel. Ist der Boden sehr sandig und wasserdurchlässig, freuen sich Blumen und Sträucher meistens über beigemischten Kompost und je nach Pflanzenart auch lehmige Gartenerde; dann werden Wasser und Nährstoffe besser gespeichert. Für jeden Boden gibt es passende heimische Pflanzen. Für die Artenvielfalt sind gerade die mageren Standorte, die es in der Natur immer weniger gibt, wichtig. Konkurrenzstarke Arten wie Acker-Kratzdistel oder Melde gedeihen dagegen besonders gut auf fettem »Mutterboden«.

Schutz vor Staunässe

Ist der Gartenboden fest und lehmig oder tonhaltig, staut sich das Wasser schnell; Staunässe schadet den meisten Pflanzen weit mehr als Trockenheit – es sei denn, es sind auf feuchte Standorte spezialisierte Pflanzen. Möchte man zum Beispiel im Herbst Frühblüher-Zwiebeln stecken, legt man am besten eine Drainageschicht im Pflanzloch an. Dafür gibt man ganz unten ins Pflanzloch eine dünne Schicht Sand und Kies. Die kleinen Steine lockern den Boden auf und das Wasser versickert besser.

Bei Blumentöpfen macht man es ähnlich: auf den Boden des Topfes eine Drainageschicht aus Sand oder Kies geben. Damit durchsickerndes Wasser auch ablaufen kann, sollten die Blumentöpfe – und die Übertöpfe – im Boden ein Loch haben.

Wohin mit dem Aushub?

Wird ein kleines Pflanzloch gebuddelt, bleibt in der Regel nicht viel Erde übrig, wird doch das meiste wieder mit der neuen Pflanze zusammen eingefüllt. Bei einem Regenspeicherbeet, einem Käferkeller oder Sandspielplatz fällt deutlich mehr Aushub an. Mutterboden – womit man den oberen fruchtbaren schwarzen Boden meint, voller Humus und Bodenlebewesen – muss laut Gesetz in »nutzbarem Zustand erhalten werden und vor der Vernichtung oder Vergeudung geschützt werden«; ökologisch sinnvoll ist das sowieso. Überlegen Sie sich also, wofür Sie die ausgehobene Erde gebrauchen könnten. Sie können sie zum Beispiel als dünne Schicht auf den Gemüsebeeten verteilen oder für die Balkonkastenbepflanzung sammeln. Sie können ein Hügelbeet damit anlegen oder einen Wall um das Regenspeicherbeet errichten und diesem als Abdeckung gleich noch die abgestochenen Grassoden aufsetzen. Hier können Insekten und Frösche heiße Sommertage und kalte Winter verbringen. Haben Sie keine Verwendung, dann verschenken Sie die Erde an Gartennachbarn oder veröffentlichen Sie eine Kleinanzeige. Es findet sich in der Regel immer ein Abnehmer. Ist der Aushub voller Steine, können Sie diese vielleicht für andere Projekte nützen, beispielsweise als Drainage im Hochbeet oder Unterbau im Käferkeller.

Pflanzerde – ohne Torf!

Vor dem Blumenpflanzen muss man keine Erde kaufen und in Säcken nach Hause tragen. Normaler Gartenboden, gemischt mit Sand und Kompost, reicht völlig. Auch die Erde von Maulwurfshügeln eignet sich zum Mischen. Wenn Sie Erde kaufen, achten Sie darauf, dass sie keinen Torf enthält. Erstens ist Torf längst nicht so gut für die meisten Pflanzen, wie man meinen könnte. Schlimmer ist aber zweitens: Torf kommt aus

Gärtnern ohne Torf

Infos und Mitmachaktionen zum torffreien Gärtnern gibt es beispielsweise hier:

- BUND-Einkaufsratgeber für torffreie Erden, unter: www.bund.net,
- NABU-Infografik-Poster zum torffreien Gärtnern und Infomaterial unter: www.nabu-shop.de,
- NABU-Mitmachaktion »Torffrei gärtnern« (Garten auf einer Karte im Internet eintragen lassen, als Dankeschön gibt es ein Schild fürs Gartentörchen und Infomaterial), unter: www.nabu.de/natur-und-landschaft/aktionen-und-projekte/torffrei-gaertnern.

Passende Pflanzen zum jeweiligen Boden und Standort finden Sie auf der Internet-Plattform »NaturaDB«. Heimische, insektenfreundliche oder bei Vögeln beliebte Pflanzen lassen sich ganz einfach suchen und finden unter: www.naturadb.de.

dem Moor – und Moore sind wie Regenwälder jahrtausendealte Lebensräume und riesige CO_2-Speicher; weltweit lagern die Moore doppelt so viel Kohlenstoff ein wie alle Wälder zusammen. Das klimaschädliche CO_2 wird frei, wenn der Torf abgebaut und im Garten verteilt wird. Achten Sie deshalb auf Siegel oder Hinweise auf der Verpackung.

Bohren und Sägen

Im Garten gibt es nicht nur Blumen, sondern auch Bauwerke. Kleine für Tiere, Nistkästen zum Beispiel, größere für die Menschen. Hier in diesem Buch wird ein Häuschen für Gartenschläfer vorgestellt und ein Gründach für die Mülltonnen gebaut. Das Folgende gilt natürlich auch für mehr oder andere Bauprojekte, die Sie in Ihrem Garten angehen wollen.

- **Holz zuschneiden:** Wer selten heimwerkt, sollte sich das Material im Baumarkt passend zuschneiden lassen. Das kostet ein paar Euro mehr, aber dafür ist der Schnitt glatt und genau. Mit dem Fuchsschwanz oder der Stichsäge geht es natürlich auch, aber das ist mühsam.
- **Auf Gehrung sägen:** Wenn zwei Latten in einem Winkel von 90 Grad in der Ecke aufeinandertreffen sollen, empfiehlt es sich, sie schräg zu

schneiden, sodass sie passgenau aneinander liegen, wie bei einem Bilderrahmen. Wenn Sie eine Gehrungssäge oder eine Kappsäge haben oder jemanden kennen, der eine hat – perfekt. Diese Sägen sind speziell für das präzise Schneiden von Gehrungen entwickelt worden und man kann an ihnen den gewünschten Gehrungswinkel einstellen. Für kleine Mengen und kleine Hölzer tut es auch eine Handsäge und eine sogenannte Gehrungslade. Das ist ein Stück Holz oder Kunststoff, in das die Leiste hineingelegt wird. Manche Gehrungsladen haben Vertiefungen in den Seitenwänden in verschiedenen Winkeln, entlang derer die Säge geführt wird. Bei anderen kann man die Winkel flexibel einstellen. Auch eine Möglichkeit: sich alles im Baumarkt passend zuschneiden zu lassen.

- **Löcher vorbohren:** Dann benötigen Sie weniger Kraft, um eine Schraube ins Holz zu drehen; und das Holz splittert auch nicht. Die Bohrlöcher sollten immer etwas kleiner als der Außendurchmesser der Schraube sein, damit das Gewinde noch genug Halt findet. Abmessen und 1 bis 2 mm abziehen ist die Faustformel, also bei einer 3,5-mm-Schraube ein Bohrloch von etwa 2 mm bohren, bei einer Schraube von 4,5 mm ein Loch von 3 mm und so weiter. Auch die Länge des Bohrlochs sollte kleiner als die Länge der Schraube sein, damit diese gut greift. Bei Weichholz reicht bereits die Hälfte der Schraubenlänge aus, bei Hartholz darf das Loch rund zwei Drittel der Schraubenlänge messen. Also: Schraube ausmessen, Position im Holz ausmessen und markieren, passenden Bohrer wählen. Aber wie sieht man, wie tief der Bohrer schon im Holz ist? Wer selten handwerkt, hat das nicht im Gefühl, kann sich aber mit einem Stück Klebeband an der Stelle des Bohrers, wo die entsprechende Länge erreicht wäre, behelfen. Bis zu dieser Markierung bohrt man dann ins Holz. Bohren Sie immer nur die Bretter vor, die Sie als Nächstes verarbeiten. So können Sie kleine Ungenauigkeiten ausgleichen. Die summieren sich nämlich manchmal zu einigen Millimetern, sodass die letzte Schraube womöglich knapp an ihrem Loch vorbeiläuft, wenn Sie schon am Anfang alles vorgebohrt haben.

12 Projekte für den klimafesten und tierfreundlichen Garten

Wenn Sie die Projekte in diesem Buch durchblättern, mögen Ihnen die Vorschläge an manchen Stellen einfach vorkommen, an anderen vielleicht sehr anspruchsvoll. Ich verspreche Ihnen aber: Wenn Sie beginnen, das eine oder andere umzusetzen, werden Sie merken, wie sich alles gegenseitig ergänzt und zu noch mehr Möglichkeiten potenziert. Als erster Schritt reicht eine klitzekleine Veränderung; es muss nicht gleich alles auf einmal sein.

Zu jedem der vorgestellten Projekte finden Sie vielfältige Vorschläge, für einen schöneren Garten und für ein besseres Gefühl. Tatsächlich gibt es Studien, die belegen, dass mehr Vogelarten in der Umgebung die Menschen zufriedener machen, und zwar ähnlich stark – die Wissenschaft hat ihre Methoden, so was in Zahlen auszudrücken – wie eine Gehaltserhöhung. Bei der Zahl der Schmetterlingsarten ist es nicht anders. Oder bei Blumenarten. Andersherum ist eine schwindende Artenvielfalt schlecht für die Psyche.

Mit den Projekten in diesem Buch und den vielen möglichen Varianten bekommen Sie mehr Grün rund ums Haus und immer Leben: Wildbienensummen, Vogelzwitschern, Blüten in allen Farben, den Duft von Rosen und Lavendel, Tau, der morgens auf den Blättern funkelt, und Raureif, der im Winter auf den Stauden liegt. Wer sein grünes Wohnzimmer auch der heimischen Tierwelt zur Verfügung stellt, erschafft auch für sich eine Oase für die Seele und für alle Sinne.

Blättern Sie also um, treten Sie ein in Ihren einzigartigen Traumgarten und lesen Sie, wie er zur besten Version seiner selbst werden kann.

Glühwürmchennächte: Spot aus – Sternenlicht an

1

Leuchtende Glühwürmchen in der Sommernacht, der beeindruckende Sternenhimmel in den Bergen oder am Meer – Licht im Dunkeln hat etwas Magisches. Auch im Garten. So wie es Pflanzpläne gibt, gibt es auch Lichtkonzepte und die dazu passende Ausstattung im Baumarkt. Einfach zu handhabende Technik zu erschwinglichen Preisen, um hier einen Baum, dort einen Strauch in Szene zu setzen, die Wege und die Terrasse hell zu beleuchten. Die Energiekrise und gestiegene Strompreise machen das Vergnügen allerdings teuer. Wenn Sie überlegen, einige Lampen abzuschalten, ist das nicht nur gut für Ihr Konto und das Klima, Sie tun damit auch vielen Tieren in Ihrem Garten einen großen Gefallen.

Das Leben auf der Erde ist seit Milliarden Jahren auf das von der Sonne und Erdrotation vorgegebene Hell und Dunkel angepasst. Nicht nur der Schlaf-Wach-Rhythmus einzelner Lebewesen, sondern ganze aufeinander eingespielte Ökosysteme kommen durcheinander, wenn die Nacht zum Tag gemacht wird. Blumen blühen zu früh oder produzieren Nektar und Duftstoffe dann, wenn Insekten nicht damit rechnen. Pflanzen und Tiere haben ihre Rhythmen im Verlauf der Koevolution aneinander angepasst, und das braucht Zeit. Bäume werfen ihr Laub zu spät ab – weil sie denken, es sei noch Sommer. Und wenn Strahler von unten in die Bäume leuchten oder ins Gebüsch, kann kein Vogel in Ruhe sein Nest bauen, geschweige denn brüten.

Zu viel Licht ist eine der Ursachen für das Insektensterben. Glühwürmchen sind das Paradebeispiel. Eigentlich völlig unscheinbare braune Käfer werden in der Dämmerung der Sommermonate zu magischen Wesen. Die Glühwürmchen-Männer schwirren umher, auf der Suche nach Weibchen – die um die Wette leuchten. Die Männchen suchen gezielt nach Lichtpunkten in der Dunkelheit, dort, wo es sehr hell ist, fliegen sie nicht hin. Sitzen die Weibchen unter einer hellen Lampe, passiert gar nichts. Keine Hochzeit, keine Eier, keine neuen Glühwürmchen.

← Wenn die Sonne untergeht, erwacht das Nachtleben im Garten

1 Auf einen Blick: Glühwürmchennächte

Das brauchen Sie für eine Bestandsaufnahme und um Ihr Beleuchtungskonzept sparsam und umweltverträglich abzuwandeln:

Material: Zettel und Stift, eventuell Taschen- oder Stirnlampe.

Werkzeuge: zunächst nichts. Gegebenenfalls nach der Bestandsaufnahme neue Leuchtmittel und Werkzeug, um Lampen umzusetzen, abzubauen, auszutauschen.

Fähigkeiten: einen guten Blick und, wenn Sie selbst keine technischen Antennen haben, jemanden, der erkennt, welches Leuchtmittel wo mit welchem Strahlungswinkel verwendet wird und wie man etwas abschaltet oder zwischenschaltet, zum Beispiel eine Zeitschaltuhr. Und ein bisschen physikalisches Wissen.

Zeitaufwand: für die Bestandsaufnahme ein bis zwei Stunden.

Wieso, weshalb, warum?

Klar, im Garten geht es auch ohne Glühwürmchen. Aber auf Dauer geht es nicht ohne Insekten und andere Krabbeltiere. Sie bestäuben nicht nur unsere Apfelbäume und zersetzen den Kompost, sie sind auch für viele andere Tierarten die wichtigste Nahrungsquelle. Die Natur ist ein solch dynamisches System, dass es schlecht vorherzusagen ist, welche Folgen es hat, wenn sich das Verhältnis aus Beutegreifern und Beute oder aus Pflanzenfressern und Allesfressern verschiebt. Oder wenn sich die Anzahl an Destruenten, die alles Tote zersetzen, verändert. All diese Wesen sind mit-, gegen- und untereinander verbunden, wie in einem Netz. Löst sich ein Faden, geht ein Knoten kaputt, kann das ganze Netz zusammenfallen.

Wenn Sie den Strauch vor der Terrasse nicht mehr beleuchten und Ihren Garten dunkler werden lassen, tragen Sie weitaus effektiver zum Artenschutz bei als mit jeder Insektennisthilfe oder Vogelfutterstation. Sie sparen Strom, und damit auch Geld, und verringern den CO_2-Ausstoß. Und vielleicht können Sie mal wieder den Sternenhimmel sehen – oder Fledermäuse, die über Ihrem Garten Runden drehen. Sie lassen sich beim Insektenjagen nicht stören, sie orientieren sich ohnehin per Ultraschallecho. Aber damit sie Fressen finden, brauchen sie Insekten.

Bäume wirken auch ohne Spotlight, und niedrige Leuchten in Knöchelhöhe weisen im Dunkeln ebenfalls den Weg. Weniger Licht hilft auch Nachtfaltern und Fledermäusen, die sich über nachtblühende und nachtduftende Blüten freuen.

Planung und Vorbereitung

Machen Sie die Bestandsaufnahme möglichst, wenn es dunkel ist, dann erkennen Sie, wo Lampen oder dunkle Ecken sind. Eine Skizze des Gartens ist hilfreich, um kurze Notizen zu machen. Anschließend können Sie, wenn Sie ins Haus zurückgekehrt sind, die Details genauer einzeichnen.

So gehen Sie Schritt für Schritt vor

Spazieren Sie durch den Garten, tragen Sie in Ihrer Skizze ein, wo was wie leuchtet. Welches Leuchtmittel, welche Technik wird verwendet, wo strahlt das Licht hin: nach allen Seiten, ins Gebüsch oder nur nach unten? In welcher Höhe und in welcher Lichtfarbe: eher warm oder kalt blau? Dann machen Sie einmal alle Lampen aus, wenn das möglich ist. Wie erleben Sie jetzt in völliger Dunkelheit den Garten?

Gehen Sie Ihre täglichen Wege, um festzustellen, wo tatsächlich Licht notwendig ist – um zum Fahrradschuppen zu kommen, zum Beispiel. Natürlich soll niemand stolpern, und auf der Terrasse muss man auch nicht in völliger Dunkelheit sitzen. In der Stadt ist es allerdings auch nur selten völlig dunkel. Straßenlaternen oder Fassadenbeleuchtungen geben oft genug Licht, um sicher zur Mülltonne zu kommen.

Wieder im Haus, müssen Sie mithilfe der Skizze entscheiden: Welche Lampen brauchen Sie, welche nicht? Überflüssig ist zum Beispiel alles, was ausschließlich dekorativen Zweck hat. Lichterketten und Leuchtkugeln im Beet zum Beispiel. Wichtig ist »Lichtruhe« vor allem von März bis Oktober, wenn die Vögel brüten und nachtaktive Schmetterlinge, Glühwürmchen und Fledermäuse unterwegs sind. Zur stillen Winterzeit können Sie dann ein bisschen mehr Helligkeit ins Dunkel bringen. Was bleiben soll, können Sie abmildern: zum Beispiel den Strahlungs-

Warmweißes Licht

Bei Leuchtmitteln gibt es neben der Wattzahl noch weitere Maßeinheiten: den Lichtstrom oder die Lichtstärke in Lux und die sogenannte Lichtfarbe, gemessen in Kelvin. In der Alltagssprache haben wir dafür Begriffe wie »warm«, «neutral« oder auch »kalt« oder »blauweiß«.

Je wärmer ein Licht, desto weniger Kelvin. Je mehr Kelvin, desto kälter wirkt ein Licht und umso mehr blendet es auch. Das kennen Sie vielleicht von den bläulichen Autoscheinwerfern. Den Insekten geht es ähnlich, je kälter, desto mehr werden sie davon in den Bann gezogen. Je weniger Kelvin, desto insektenfreundlicher. Das ist auf der Verpackung in der Regel vermerkt: Leuchtmittel für den Außenbereich mit der Lichtfarbe Amber haben 1700 bis 2200 Kelvin. Die Lichtfarbe Warmweiß hat 2700 bis 3300 Kelvin. Alles darüber, neutralweiß und tageslichtweiß, ist zu »kalt« und ökologisch nicht vorteilhaft.

winkel so verändern, dass das Licht nicht genau auf Bäume, Wiese oder Teich leuchtet. Oder das Licht niedriger anbringen. Kleine Lampen, die in Knöchelhöhe den Weg erleuchten, bringen Ihnen Sicht und Sicherheit und stören die Tierwelt weit weniger als in 1 m Höhe. Je weniger Lumen pro Lampe, desto besser außerdem. Auf der Terrasse zum Beispiel sind mehrere lichtschwache Lampen besser als eine, die stark genug ist, den ganzen Platz zu erhellen.

Was dann noch leuchtet, wird mit warmweißen Leuchtmitteln ausgestattet. Wichtig ist auch noch, dass die Lampen geschlossen sind und Insekten nicht aus Versehen hineinkommen und nicht wieder herausfinden. Von einer Lampenoberfläche können die Tierchen wieder weg, wenn das bannende Licht ausgeschaltet ist.

Auch Bewegungsmelder und Zeitschaltuhren helfen. Das Licht geht dann nur an, wenn es gebraucht wird, und keiner kann vergessen, die Beleuchtung auszumachen.

Auch noch wichtig

Solarlampen brauchen keinen Strom, sondern nutzen die Sonne als Energiequelle. Das sollte aber nicht dazu verführen, den Garten mit vielen Solarleuchten auszustatten. Denn auch sie verursachen Lichtverschmutzung. Zur Herstellung werden Ressourcen und Energie verbraucht, deshalb ist weniger auch hier mehr. Solarlampen vom Angebotsstapel des Discounters haben oft keine lange Lebensdauer. So entsteht zum Lichtsmog auch noch Elektroschrott.

Wenn Sie es lieber eine Nummer kleiner hätten

Es ist nicht Ihr Garten, Sie haben keine Ahnung von Technik und keine Lust auf Diskussionen mit dem Vermieter? Wenn die Lampe nicht entfernt werden kann, hängen Sie den gegebenenfalls vorhandenen Vogelnistkasten oder die Insektennisthilfe an eine andere Stelle. Schaffen Sie mit Pflanzen und Sträuchern dunkle Ecken für die Tiere. Bodenleuchten kann man mit üppigen Stauden um- und überwachsen lassen, auch das dimmt das Licht.

Silbergraues Laub leuchtet in der Nacht, Glühwürmchen (Bild rechts) stört das nicht

In Töpfen und to go

Stellen Sie einen Korb mit Taschenlampen, Laternen und Stirnlampen an die Terrassentür, die Haustür, in die Garage oder immer dorthin, wo Sie abends noch Licht brauchen könnten. Wer spät vom Sport kommt oder noch zur Mülltonne geht, nimmt sich eine Lampe mit und leuchtet sich den kurzen Weg selbst aus.

Darf's ein bisschen mehr sein?

Gut gepflanzt, ist halb beleuchtet. Denn dass nachts alle Farben grau sind und die Blümelein schlafen, stimmt nicht. Auch bei den Blumen gibt es nachtaktive Arten, als Knollen- oder Zwiebelpflanzen, als Stauden oder einjährige Selbstversamer. Sie blühen, leuchten, duften in den Abendstunden. So machen sie den Tag zwar auch nicht länger, aber den Feierabend im unbeleuchteten Garten zum Genuss. Allen voran eignen sich dafür weiße Blumen. Weiß ist keine Farbe, sondern ein Gemisch aus allen Einzelfarben – wie das Sonnenlicht. Weiße Blüten leuchten deshalb auch noch im fast Stockdunklen wie kleine Sterne, Margeriten zum Beispiel. Von vielen gängigen Gartenblumen gibt es weiße Varianten, von Akelei über Glockenblume bis Storchschnabel.

Auch Pflanzen mit hellem, filzigem, silbrigem oder weißgrünem Laub sind wie kleine Gartenlampen, sie verstärken das Mondlicht und lassen ihre Blätter und Stängel leuchten: Wermut zum Beispiel, Edelraute, Wollziest, Königskerze, viele Kräuter wie Lavendel oder Salbei. Fassen Sie mit solchen Arten die Terrasse oder einen Gartenweg ein; im Dunkeln wirken sie dann wie ein Lichtband. Viele Vertreter dieser Gruppe sind auch tagsüber ein Hingucker. Außerdem riechen sie gut.

Manche Blumen wie Nachtviolen, Seifenkraut und Nachtkerzen beginnen erst nachts so richtig zu duften, um potentielle Bestäuber auf Nektarsuche anzulocken (mehr dazu auf Seite 41).

Upgrade Wildnis

Damit sich Glühwürmchen wohlfühlen, brauchen sie noch ein bisschen mehr als nur Lichtruhe. Eigentlich lieben sie Böschungen, Waldränder und andere lichte, luftige Gebiete. Diese gibt es in freier Wildbahn immer weniger. Deswegen kann ein bisschen Wildnis im Garten nicht schaden. Laub- und Asthaufen, Steinhaufen oder Mäuerchen zum Beispiel nutzen die Weibchen gerne als Präsentierteller, um dort die Männchen auf sich aufmerksam zu machen.

Lassen Sie ein paar Säume mit wilden Kräutern stehen, vor allem in der Leuchtzeit im Juni und im Juli, damit die Tierchen ihre Privatsphäre haben. Wegwarte, Wildrosen, Brennnesseln und Kräuter wie Minze und Melisse, Borretsch und Schnittlauch, Nachtkerze, Disteln oder Seifenkraut eignen sich gut, darüber freuen sich auch andere Tiere der Nacht. Vor allem die Raupen der Nachtfalter sind Kräuterfresser.

Glühwürmchen selbst leben nur von Luft und Liebe. Sie suchen noch den oder die Richtige und die Weibchen dann einen Platz für die Eier. Am liebsten im Kräutersaum oder im Gebüsch zwischen Erde, Laub und Ästen, und nicht zu trocken, das ist die ideale Kinderstube. Das Liebespärchen stirbt, aber aus den Eiern schlüpfen schon bald die Larven. Bis daraus wieder Käfer werden, vergehen mehrere Jahre. Aber das Schöne für uns Gärtnernde: In dieser Zeit fressen die Larven unglaublich viel, am allerliebsten Schneckeneier. Deshalb nie Schneckengift einsetzen, das trifft die Glühwürmchen unmittelbar. »Wo Glühwürmchen leuchten, herrscht ein guter Geist im Garten«, sagt der Ökologe Stefan Ineichen, und als Präsident des Vereins »Glühwürmchen-Projekt« muss er es wissen.

1 | Weiße Lichtnelke
2 | Seifenkraut
3 | Weiße Taubnessel
4 | Taubenkropf-Leimkraut
5 | Nachtviole
6 | Nachtkerze
7 | Kronen-Lichtnelke

Noch mehr Pflanzen: Geschöpfe der Nacht

Nachtblüher sind Pflanzen, die bis in die Dunkelheit blühen oder sogar erst am Abend ihre Blüten öffnen. Sie duften oft sehr stark und sind das Highlight für Nachtfalter und andere nachtaktive Bestäuber.

Die **Acker-Lichtnelke** *(Silene noctiflora)* blüht weiß bis rosa von der Abenddämmerung bis zum Morgen. Besonders Nachtfalter lockt sie an, auch einige Wildbienenarten. Auch zu empfehlen ist die **Rote Lichtnelke** *(Silene dioica),* sie mag's frisch und schattig, ist dann aber eine verlässliche Selbstaussäerin. Ebenso wie ihre Geschwister, die **Weiße Lichtnelke** *(Silene latifolia ssp. alba),* die **Kuckucks-Lichtnelke** *(Silene flos-cuculi)* und das **Taubenkropf-Leimkraut** *(Silene vulgaris),* ist sie vor allem bei Nachtfaltern sehr beliebt. Von der **Kronen-Lichtnelke** *(Lychnis coronaria),* auch Vexiernelke genannt, gibt es eine weißblühende Sorte, die auch von Raupen verschiedener Schmetterlingsarten besucht wird.

Die **Nachtkerze** *(Oenothera biennis)* trägt ihren Namen zu Recht: In der Abenddämmerung öffnen sich ihre Blüten. Sie blühen und duften dann die ganze Nacht hindurch und locken viele Nachtfalter an, die sich den Nektar holen. Die Nachtkerze liebt lockere, offene Böden, auf denen kommt sie wie von selbst und bleibt.

Nachtviolen *(Hesperis matronalis)* sind Abenddufter und beliebt bei Nachtfaltern. Eher kurzlebig, verbreitet sich die Nachtviole fleißig selbst mit ihren vielen Samen. Damit das klappt, möglichst lange stehen lassen.

Seifenkraut *(Saponaria officinalis)* ist besonders beliebt bei Nachtfaltern; unbedingt die ungefüllte Wildpflanze säen, dann bilden sich reichlich Samenkapseln aus, die dann im Herbst auch von den Tieren in Ihrem Garten weggefuttert werden können.

Außerdem

- Der Verein »Glühwürmchen Projekt« bietet viel Wissenswertes rund um Glühwürmchen (www.gluehwuermchen.ch). Sie können auf deren Internetseite Sichtungen melden und es gibt Beobachtungstipps und Informationen, wie sich für Leuchtkäfer und andere Arten Lebensräume schaffen lassen.
- »Earth Night«: Jährlich im September organisiert die gemeinnützige Initiative »Paten der Nacht« eine Aktion gegen Lichtverschmutzung. Auf der zugehörigen Website gibt es Infos zu Naturwissenschaftlichem und Juristischem sowie Sharepics zum Teilen in sozialen Netzwerken; außerdem ein Infoblatt, das alles wunderbar zusammenfasst: www.paten-der-nacht.de.
- Buchtipp: »Nachts in meinem Garten«, Brigitte Kleinod, pala-verlag.

Mut zur Wildnis

In unser aller Unterbewusstsein stecken Jahrtausende, in denen es nicht zu wenig Wildnis gab, sondern zu viel. Ganz früher waren Natur und Kultur eins, die Menschen lebten vom Jagen und Sammeln. Änderte sich die Natur, änderte sich die Lebensweise des Menschen. Sie brieten Vögel, wenn ein Mammut nicht zu erlegen war, aßen Nüsse, wenn die Beeren weg waren, zogen weiter, wenn der Lagerplatz überschwemmt wurde. Bis irgendwann mal jemand auf die Idee gekommen ist, Tiere nicht erst jagen zu müssen, sondern einfach in der Nähe einzusperren. Das Feld bei Trockenheit nicht aufzugeben, sondern zu bewässern, besonders schmackhafte Pflanzen nah am Lager anzusiedeln, statt immer wieder neu danach suchen zu müssen. Man fing an, die Natur zu gestalten, sich seinen eigenen kleinen Kulturbereich zu schaffen: Wir hier drinnen, die Wildnis da draußen. Diesen Bereich galt es zu schützen: die Hühner vorm Fuchs, die Getreidepflanzen vorm Brombeerdickicht; mit Zaun und Hecke, Hacke und Messer und heute mit Insektengift, Laubsauger und Abflammgerät, um nicht von der Wildnis verschlungen zu werden. Oder damit sich die Nachbarschaft nicht beschwert oder »weil man es eben so macht«.

Blühen, nicht glühen: Pflaster und Schottergarten zum Leben erwecken

Gepflegt gepflastert – so war der Plan, als der Vorgarten angelegt wurde, und wie es dem langjährigen Trend entsprach: Kies, Schotter, Pflastersteine. Es zeigt sich allerdings, so pflegeleicht sind Pflasterflächen und Schottergärten nicht, die Natur findet immer einen Weg, Wurzeln zu schlagen und Triebe zu bilden. Knopfkraut, Disteln und Löwenzahn machen sich breit. Immer mehr Kommunen verlangen zudem, dass »sämtliche nicht überbauten Flächen eines Grundstücks Grünflächen sein müssen, sofern sie nicht für andere zulässige Nutzungsarten gebraucht werden«. Sie könnten zwar einen Fahrradständer platzieren und eine Mülltonnensammelstelle aus Ihrem Vorgarten machen, wie es vielerorts passiert – dann hat die Fläche wieder eine »Nutzungsart«. Aber schön ist anders und vor allem: Der Vorgarten bleibt tot und heizt sich auf. Steine erwärmen sich recht langsam, speichern aber die Gluthitze des Tages und strahlen diese dann ab, wenn die Sonne längst untergegangen ist. Sonnenwarme Steine am Abend sind etwas Feines, aber nicht, wenn tagsüber 40 °C waren und man nachts kühle Luft im Schlafzimmer wünscht.

Pflanzen vor dem Fenster heizen sich nicht so stark auf und kühlen wie eine kleine Klimaanlage die Umgebung angenehm herunter. Außerdem dämpfen sie die Geräusche. Wenn es regnet, prasselt es nicht auf den nackten Bodenbelag; das Wasser rauscht auch nicht einfach über die Steine und schlimmstenfalls ins Kellerfenster. Ein bepflanzter Vorgarten lässt Sie so gut schlafen wie lange nicht.

2 Auf einen Blick: Pflaster und Schotter zum Leben erwecken

Das brauchen Sie, um aus einem grauen, glühenden Vorgarten eine blühende, pflegeleichte Fläche zu machen:

Material: Pflanzen, die in der kargen Umgebung gut wachsen wie Steingartenpflanzen, Dachbegrünungspflanzen, beispielsweise Hauswurz *(Sempervivum)*, Fetthennengewächse *(Sedum)* und Steinbrech-Arten *(Saxifraga)*, und mediterrane Kräuter oder robuste heimische Stauden wie Katzenminze oder Glockenblumen. Außerdem Samen verschiedener Einjährigen wie Mohn und Akelei oder Saatgutmischungen für Pflasterfugen. Pro Quadratmeter können Sie mit etwa 3 bis 5 Stauden rechnen, dazu kommt zusätzliches passendes Saatgut abgestimmt auf die Flächengröße.

Als Pflanzerde eignet sich eine Mischung aus Gartenerde, Sand und Grünkompost. Bitte keinen »Mutterboden«.

Werkzeuge: Spaten, Schere, Brechstange, Pickel, Kratzmesser. Je nachdem, ob Sie Schotter oder Kies, Pflaster oder Beton im Vorgarten haben, brauchen Sie unterschiedlich schweres Gerät. Außerdem eine Gießkanne und ein Gefäß zum Wässern der Pflanzen.

Fähigkeiten: erst Kraft; dann Ausdauer und Geduld.

Zeitaufwand: je nach Fläche und Art der Flächenversiegelung und je nach Grad der Entsiegelung eine Stunde bis einige Stunden pro Quadratmeter.

Planung und Vorbereitung

Grundsätzlich läuft es darauf hinaus, Löcher zu buddeln, Erde einzufüllen und Stauden einzupflanzen. Es ist aber ein Unterschied, ob Sie Löcher in den Beton hacken müssen, ein Vlies entfernen oder nur ein bisschen Kies zur Seite schieben. Klären Sie vorher genau die Gegebenheiten, auch rechtlich, wenn der Vorgarten nicht der eigene ist.

Machen Sie eine Bestandsaufnahme der Fläche. Ein Vorher-Bild hilft, das Nachher zu entwerfen. An welchen Stellen möchten Sie die Steinfläche aufbrechen? Vielleicht ist schon irgendwo etwas kaputt oder wackelig? Gut sieht es zum Beispiel aus, unregelmäßige Lücken zu lassen. Grundsätzlich sollte die Trittfestigkeit von Wegen erhalten bleiben; auch Pflanzen in Laufwege zu setzen, tut diesen und Ihnen keinen Gefallen.

Versiegelte Flächen heizen sich auf, Regenwasser rauscht ungenutzt in die Kanalisation. Begrüntes Pflaster und ein blütengesäumter Eingangsbereich sind ein schöner Willkommensgruß. Sie verbessern das Klima vor der Haustür und erhöhen die Lebensfreude.

Überschlagen Sie im Kopf, wie viel Fläche frei wird, um bepflanzt zu werden. Danach berechnen Sie die Menge an Saatgut oder die Anzahl an Pflanzen. Tragen Sie passendes Saatgut oder Ableger zusammen. Dazu können Sie aus Ihrem Garten ernten, wenn bereits »steingartentaugliche« Pflanzen darin wachsen. Sie können auch in der Gärtnerei nachfragen oder auf den Internetseiten der Pflanzenversender nachlesen, oft bieten sie die passenden Steingartenpflanzen oder Stauden für trockene, magere Standorte an. Damit das Projekt einen guten Start hat, ist eine nicht zu heiße, eher niederschlagsreiche Wetterperiode ideal.

Wieso, weshalb, warum?

Bunte Blumen, duftende Kräuter und blühende Sträucher locken Insekten an: Schmetterlinge flattern dann durch den Vorgarten, Bienen, Hummeln und Schwebfliegen sammeln Pollen und Nektar, Libellen kommen vorbei, um kleine Insekten zu jagen, und Käfer krabbeln über die Blüten – oder übernachten darin. Mit jedem blühenden Gewächs in Ihrem Vorgarten fördern Sie die Artenvielfalt und helfen, diese Insekten zu schützen. Außerdem helfen Sie all den Tieren, die sich von Insekten ernähren oder von Spinnen, Schnecken und Würmern. Das sind vor allem Vögel, die umso mehr Küken groß bekommen, je mehr Futter sie finden. Aber auch anderen Insektenfressern wie dem Gartenschläfer (siehe Seite 155) hilft ein solch bunt belebter Vorgarten. Sie retten damit auch Igel. Herbst für Herbst werden unterernährte Igel in die Wildtierpflegestationen gebracht. Sind sie zu dünn, überleben sie weder den Winterschlaf noch den Winter. Deshalb werden die Igelchen mit Rührei und Fertigfutter aufgepäppelt. Was eigentlich die Ausnahme sein sollte, scheint mittlerweile fast üblich zu sein: Kein Wunder, wenn die mit Mühe durchgebrachten Tiere im nächsten Frühling in eine Umwelt entlassen werden müssen, die ihnen erneut viel zu wenig Fressen bietet.

So gehen Sie Schritt für Schritt vor

Die Stauden oder Wurzelstücke von *Sempervivum* und Co. wässern, während Sie die Löcher hacken und in der Erde wühlen.

Aus einer bestehenden Pflasterfläche hebeln Sie mit einer Brechstange, einem Eisenstab oder dem Spaten ein paar Steine heraus, bei einer Bruchstein- oder Kiesfläche tragen Sie die Steine ab, so weit es geht. Liegt Kunststofffolie darunter, diese entfernen und entsorgen. Oft kommt da noch eine Betonsohle, die Sie am besten ebenfalls entfernen. Viele Sukkulenten kämen auch mit so kleinen Lücken klar; wollen Sie es üppiger bewachsen lassen, müssen Sie aus dem Beton ein paar Stücke heraushacken. Ist Ihr Vorgarten komplett betoniert oder asphaltiert, müssen Sie mehr Zeit einplanen, um den Belag abzutragen, und gegebenenfalls professionelle Hilfe hinzuholen.

Die jeweils entstandene Lücke vertiefen Sie zu einem Pflanzloch, sodass die neuen Bewohner in allen Richtungen genug Platz haben. Lockern Sie den Boden auf und füllen Sie Pflanzerde ein. Wenn Sie den kompletten Schotter und die darunterliegende Folie entfernen und entsorgen, können Sie den darunterliegenden Boden gut lockern – mit dem Spaten oder einer ausgeliehenen Gartenfräse. Nun setzen Sie die neuen Bewohner und schlämmen sie gut ein (siehe Seite 25).

Sollten Sie nur sehr schmale Fugen und kleine Lücken finden, dann ist Säen besser als Pflanzen. Dann kann sich die Pflanze von Anfang an mit den sehr kargen Gegebenheiten gut arrangieren. Kratzen Sie dafür die Erde aus den Fugen heraus und mischen Sie diese mit ein bisschen neuer Erde, etwas Wasser und den Samen, sodass eine schön feuchte Paste entsteht. Diese schmieren Sie dann in die Fugen. Wichtig ist, dass die Samen und anschließend die Keimlinge feucht gehalten werden, bis sie erwachsen sind. Aber nie mit zu viel Schwung gießen, sonst werden sie wieder aus ihrer kleinen Fuge herausgespült.

Unter der Schotter- oder Betonsohle ist mit hoher Wahrscheinlichkeit keine fette Gartenerde. Aber Sie können die Erde so lassen, wie sie ist. Der magere Untergrund ist genau richtig für viele Pflanzen, die sich

Säen mit dem Blumentopf

Es ist nicht immer einfach, der favorisierten Pflanze den Standort schmackhaft zu machen, auf dem man sie gerne haben möchte. Besonders wenn es sich um trockene Steinflächen handelt oder Problemstandorte, auf denen »nichts« wächst. Ein Kniff ist die Blumentopf-Methode. Dafür werden ein, zwei, drei Starterpflanzen in Töpfen dort hingestellt, wo die Art eigentlich wachsen soll: zum Beispiel Akelei oder Glockenblume auf die gepflasterte Fläche vor der Haustür. Dort dürfen sie blühen, fruchten und sich versamen. Lassen Sie die Töpfe vielleicht auch mal über die Fläche wandern, sodass überall etwas hinkommt. Einige Samen werden sicherlich ein passendes Plätzchen finden und keimen, wachsen, blühen und fruchten. Auf einmal wachsen auf der gepflasterten Fläche vor dem Haus Akelei und Glockenblume, zukünftig ganz selbstständig und wie von allein.

in kargen Standorten richtig wohlfühlen und dort auch nicht von üppigeren Gartenblumen überwachsen werden. Auch genügsame Pflanzen blühen sehr schön. Der Aufwand lohnt sich, denn der lichte Bewuchs, die vielen Blüten und die offenen Stellen zum Sonnen ziehen viele Tiere an, von Eidechsen bis Libellen, von Schmetterlingen bis Vögel, sie alle nutzen den einst toten Vorgarten, der sich in eine grüne Oase verwandelt hat.

Auch noch wichtig

Professionell angelegte Schottergärten haben oft eine Betonsohle und einen parkplatztauglichen Unterbau, den machen Sie nicht mal eben an einem Samstagnachmittag mit der Spitzhacke ein bisschen locker. Dafür brauchen Sie Maschinen, Manpower und Geld, um den Arbeitseinsatz zu bezahlen. Es lohnt sich, bei der Gemeinde, dem Landkreis oder Bundesland nach Förderprogrammen für eine solche aufwendige Maßnahme zu suchen. Oft gibt es Programme für grüne Hinterhöfe oder lebendige Vorgärten. Auch an die örtlichen Naturschutzverbände, den Obst- und Gartenbauverein oder eine Regionalgruppe des Naturgarten-Vereins können Sie sich wenden, sie bieten vielfach Rat und Tat. Manchmal brauchen auch Berufsschulen Praktikumsobjekte für die Auszubildenden im Garten- und Landschaftsbau.

Wenn Sie es lieber eine Nummer kleiner hätten

Wenn die Steinfläche bleibt, aus welchen Gründen auch immer, können Sie ein aufgesetztes Hochbeet anlegen. Dazu wird direkt auf dem – intakt bleibenden – Pflaster aus Holz, Steinen, Paletten oder fertig gekauften Bauteilen ein Hochbeet angelegt, mindestens 35 cm hoch sollte der Rand sein, höher geht immer. Rückengerecht gärtnern lässt sich daran im Sitzen auf einem flachen, breiten Rand ab einer Höhe von 50 bis 60 cm. Ganz unten hinein kommt eine Schicht Kies, dann eine Schicht Mulch, dann Pflanzerde. Und dann die Pflanzen, die Ihnen und der Tierwelt gefallen.

In Töpfen und to go

Bestücken Sie Ihren Vorgarten mit Töpfen: große, kleine, flache, hohe. Hinein kommen idealerweise Sukkulenten und Dachbegrünungspflanzen (siehe Seite 120), sie kommen mit hochsommerlichen Temperaturen und Trockenheit gut zurecht – einzeln oder zusammen, eine bunte Mischung sieht sehr malerisch aus. So bekommt die Steinfläche immerhin eine grüne Perücke und Sie haben mehr Pflanzen im Vorgarten. Und mehr Insekten und mehr Vögel. Polsterbildende Glockenblumen sehen in Töpfen besonders schön aus, Fetthennen eignen sich ebenso wie viele Küchenkräuter, beispielsweise Thymian und Lavendel. Dann riecht es auch noch gut.

Darf's ein bisschen mehr sein?

Vermutlich haben Sie nicht nur im Vorgarten Steine, sondern auch noch eine gepflasterte Terrasse, Wege, Stellplätze fürs Auto, die Fahrräder und die Mülltonnen, einen Streifen rund ums Haus und den Gartenschuppen. Auch diese Flächen müssen nicht so gepflastert sein, dass man mit dem Traktor drüberfahren kann. Meist reichen Rasenfugenpflaster, Holzplanken, Mulch mit Trittsteinen, Pflaster mit breiten Fugen. Dazwischen darf und soll dann wachsen, was will und kann: Moos, Klee, Hornklee, Mohn, Schafgarbe. Für die Ränder Disteln oder Stockrosen und alles andere, was Sie an robusten Pflanzen finden und Ihnen und der heimischen Tierwelt zusagt. Auch Thymian aller Art eignet sich gut, er

Am Rand des Pflasters gedeihen Glockenblumen (Bild links) und Stockrosen (Bild rechts)

kommt mit Trockenheit und wenig Nährstoffen gut aus und ist in einem gewissen Maße trittfest – allerdings nicht immer besonders winterfest. Wenn es doch eher der Duftpfad sein soll, beispielsweise vor der Hecke und den Gartenweg entlang, versuchen Sie es mit Minzen und Zitronenmelisse. Sie sind nicht so robust und trittfest wie Thymian und Polster-Rosmarin, aber sie treiben schnell wieder durch und nach. Wenn auch nicht immer an derselben Stelle, so finden die Ausläufer schon einen neuen Platz. Auch Wald-Erdbeeren fädeln sich mit ihren dünnen Trieben in die kleinste Lücke. Das ergibt oft ein wunderbar geschwungenes Wuchsbild, dicht an den Rändern, in der Mitte kurz und dazwischen Schleifen und Flecken, die die Laufwege harmonisch abbilden. Dieser Weg ist dann das Ziel für jede Menge Hummeln, Bienen, Fliegen, Schmetterlinge mit Nektar und Nahrung. Auch Ameisen siedeln sich gerne an – sie schaden nicht, im Gegenteil. Ameisen sind nicht nur samensüchtige Schneeglöckchenverteiler (siehe Seite 64), sondern auch sonst wichtige Gartenmitarbeiterinnen. Sie schichten die oberen Erdschichten um und bauen pflanzliches Material ab, sie halten die Bestände anderer Insekten in Schach und sind selbst Nahrung für andere Tiere. Mit Gartenameisen haben Sie die Chance, einen Grünspecht in den Garten zu locken. Der grüne Vogel mit dem roten Kopf war früher häufiger Gast in menschlicher Nähe, jetzt ist er selten geworden. Vielleicht weil es immer weniger Lebensräume gibt für sein Lieblingsfutter. Der Grünspecht frisst nämlich am allerliebsten Ameisen. Auf seiner täglichen Tour scannt er das Revier nach den kleinen Häufchen ab. Wer diese immer wieder zertritt und entfernt, macht ihm die Futtersuche unnötig schwer. Auch viele andere Vögel werden kommen. Je weniger Steine im Garten, desto mehr Vögel – desto höher fällt Ihre Gehaltserhöhung aus (siehe Seite 31).

Noch mehr Pflanzen: für Pflasterfugen und die Ränder

Die **Großblütige Königskerze** *(Verbascum densiflorum)* ist eine wahrhaft königliche Fugenbewohnerin, die sich, einmal gesät, in einem zweijährigen Lebenszyklus selbst erhält. Sie sucht sich wie auch die **Dunkle Königskerze** *(Verbascum nigrum)* auch Standorte abseits, vor Mauern oder an anderen malerischen Orten.

Auch die **Stockrosen** *(Alcea rosea)* sind schöne Blumen, die sehr genügsam sind. Sie wachsen auch in Pflasterfugen. Ihre großen Blüten sind besonders beliebt bei Käfern und Hummeln, denn sie können darin nicht nur fressen, sondern auch schlafen. Stockrosen haben wilde Verwandte, zum Beispiel die **Weg-Malve** *(Malva neglecta)*, die **Wilde Malve** *(Malva sylvestris)* oder die **Thüringer Strauchpappel** *(Lavatera thuringiaca)*. Manche Bienen sind auf sie angewiesen, zum Beispiel die Malven-Langhornbiene. Sie hat sehr lange Fühler, daran kann man sie erkennen. Wer Malven noch mag: der Malven-Dickkopffalter, der seine Raupen an den Blättern groß werden lässt. Oder die Malven-Spitzmaus. Dieser irreführende Name gehört zu einem Rüsselkäfer.

Das **Wilde Stiefmütterchen** *(Viola tricolor)* ist einjährig, versamt sich aber reichlich und wird von Ameisen verbreitet. Raupen verschiedener Falterarten mögen das Acker-Veilchen, wie es auch genannt wird, als Futterpflanze. Bienen und Hummeln besuchen die dreifarbigen Blüten.

Rainfarn *(Tanacetum vulgare)* wächst mit seinen gelben Korbblüten ebenfalls gut auch auf schwierigen Standorten. Die Blüten sind nektarreich und bei Wildbienen wie der Rainfarn-Maskenbiene sehr beliebt. Auch die Samen finden ihre Abnehmer.

Schon früh im Jahr blüht das **Schöllkraut** *(Chelidonium majus)*, gut zu erkennen an den goldgelben Blüten und dem dunkelgelben Milchsaft in den Stängeln. Es wächst in trockenen Ecken und sogar auf Mauern, bei Bienen, Schwebfliegen und Schmetterlinge ist es sehr beliebt.

Und noch eine dritte gelbe Art: **Färber-Hundskamille** *(Anthemis tinctoria)* erhält sich, einmal gesät, über die Jahre von ganz alleine im Garten. Vor allem auf trockenen, sonnigen und mageren Böden und entlang von Zäunen und Wegen fühlt sie sich wohl.

1 | Dunkle Königskerze
2 | Wilde Malve
3 | Rainfarn
4 | Teppich-Glockenblume
5 | Thüringer Strauchpappel
6 | Schöllkraut
7 | Färber-Hundskamille

Auch viele **Glockenblumen**-Arten eignen sich für Pflaster und Fugen: von der 5 cm hohen Zwerg-Glockenblume *(Campanula cochleariifolia)* bis zur 1 m großen Dolden-Glockenblume *(Campanula lactiflora)*. Die Rundblättrige Glockenblume *(Campanula rotundifolia)* startet im Mai, die Teppich-Glockenblume *(Campanula portenschlagiana)* hält durch bis in den Oktober. Sie erhalten sich in der Regel selbst und suchen sich den Platz, der ihnen zusagt. Die Pfirsichblättrige Glockenblume *(Campanula persicifolia)* zum Beispiel lässt an ihren Ausläufern Tochterrosetten wachsen; die Farben reichen von Weiß bis Dunkellila, und wenn sie sich gegenseitig bestäuben und dann versamen dürfen, ist bald das ganze Farbspektrum dabei. Die Fruchtkapseln sind durchaus ansehnlich und können stehen bleiben, bis der Samen herausgestreuselt ist und durch die Tiere im Garten verbreitet wird.

Upgrade Wildnis

Garten entsiegelt – und jetzt sind Steine übrig? Schichten Sie diese an einer sonnigen geschützten Stelle zu einem Haufen. Der muss nicht »wild« aussehen, sondern kann sogar ein echter Hingucker in Ihrem Garten werden.

Steine haben eine hohe Wärmespeicherkapazität und bleiben lange warm. Das mögen besonders Reptilien und der Begriff »Eidechsenburg« passt als Bezeichnung für den Haufen perfekt. Auch wenn natürlich viele andere Tiere einen Steinhaufen ebenso gerne als Versteck und Sonnenplatz nutzen. Steht er feucht und schattig, werden sich andere Bewohner finden, Amphibien vielleicht. Ganz grundsätzlich brauchen Sie für einen Steinhaufen viele Steine, den Ausschuss aus dem Vorgarten, Lesesteine aus dem Beet, andere »lose« Steine, was Sie so finden, vom Ziegelstein bis zum Katzenkopf. Ein kleiner Haufen ist besser als keiner, gut ist alles ab 1 m^3 oder einer Grundfläche von 1 bis 2 m Seitenlänge bei einer Höhe von 50 bis 100 cm; dann bietet der Haufen auch im Winter genügend Schutz. Wichtig: bei der Arbeit Handschuhe tragen und feste Schuhe.

Suchen Sie einen windgeschützten Standort und sortieren Sie das Material: Große, flache Steine bilden ein gutes Fundament für das

Steinhaus, ebenso sollten Sie davon ein paar fürs Dach an die Seite legen. Lockern Sie dann die Erde, graben Sie die erste Schicht Steine halb in den Boden, das gibt mehr Standfestigkeit. Dann schichten Sie alle Steine auf einen Haufen. Schön lückig, das ist wichtig. Schließlich sollen möglichst viele Hohlräume unterschiedlichster Größe entstehen, sodass jedes Tierchen, vom Käfer bis zur Eidechse, von der Spinne bis zur Maus, sein passendes Plätzchen finden kann. Gleichzeitig müssen Sie auf Stabilität achten, es soll halten und später soll nichts wegrutschen oder ins Rollen kommen.

Außerdem

- Die Initiative »Rettet den Vorgarten« hat der Bundesverband Garten-, Landschafts- und Sportplatzbau (BGL) e.V. ins Leben gerufen, um mit Argumenten, Ideen und auch Ansprechpersonen der Verschotterung der Vorgärten etwas Grünes entgegenzusetzen. Mehr dazu unter: www.rettet-den-vorgarten.de.
- Buchtipp: »Schöne Wege im Naturgarten« von Ulrike Aufderheide, pala-verlag.
- Viele Städte und Gemeinden haben eigene Programme aufgelegt, es gibt Fördermittel oder Beratung, Pflanzpakete, Wettbewerbe und Fotoaktionen – fragen Sie am besten direkt in Ihrer Kommune nach und schauen Sie sich in Ihrer Region um.

3

Blühender Rasen: grün geblümt statt braun verbrannt

Grüner Rasen, Ihr ganzer Stolz? Schön wär's. Das angestrebte Ideal aufrechtzuerhalten, macht eine Menge Arbeit: mähen, düngen, vertikutieren, bewässern, mähen, Moos rauskratzen, Löwenzahn ausstechen, Maulwurfshügel einebnen und kahle Stellen nachsäen, gießen, mähen, gießen … Und trotzdem macht der Rasen Probleme. Aber Sie lieben das Grün. Und vielleicht lieben Sie auch Krokusse und Co., die vor allem in Parks, botanischen Gärten und Schlossanlagen den winterbraunen Rasen in ein Blütenmeer verwandeln?

3 Auf einen Blick: Blühender Rasen – sich von Frühblühern helfen lassen

Das brauchen Sie, um aus Ihrer braunen Rasenfläche eine entzückende Frühlingswiese werden zu lassen, die auch im Sommer besser aussieht:

Material: Blumenzwiebeln aller Art, passend zu Ihrem Standort und robust, vom Märzenbecher bis zu Traubenhyazinthen. Bei kleineren Sorten wie Krokus oder Schneeglöckchen bis zu 100 Stück pro m^2, bei größeren 10 bis 25 Stück pro m^2. Wer im Herbst den Rasen ein zweites Mal blühen sehen will, setzt zusätzlich Herbstkrokusse und Herbstzeitlose.

Werkzeuge: Spaten oder Schaufel, eventuell Blumenzwiebelpflanzer oder eine Eisenstange.

Fähigkeiten: ein bisschen Energie und vor allem Geduld. Erst im Frühjahr werden Sie sehen, was Sie im Herbst geleistet haben.

Zeitaufwand: eine bis mehrere Stunden, je nach Menge der Blumenzwiebeln und Größe der Fläche.

Planung und Vorbereitung

Wichtig fürs Blütenmeer ist der richtige Zeitpunkt fürs Pflanzen, im Idealfall der Herbst vor dem ersten Frost. Auf der sicheren Seite sind Sie, wenn Sie im Fachhandel nachfragen, wann der jeweils beste Pflanzzeitpunkt ist, und die Zwiebeln dann passend einkaufen oder rechtzeitig bestellen und sich schicken lassen. Dann sind sie frisch. Kaufen Sie Qualität. Auch wenn die Ware teurer ist als der gemischte Beutel beim Discounter; dort erwerben Sie oft viele minderwertige Zwiebeln, die nicht aufgehen, und am Ende haben Sie mehr Geld für weniger Blüten ausgegeben. Idealerweise kaufen Sie Zwiebeln aus kontrolliert-biologischem Anbau. Konventionelle Ware ist oft mit Pestiziden behandelt und mit Kunstdüngereinsatz angebaut. Das belastet den Boden, die Umwelt und bestäubende Insekten.

Bunte Frühlingsboten im Beet und auf der Rasenfläche: Zwiebelpflanzen machen den Garten bunt. Blütenreiche Grünflächen sind robust und pflegeleicht. Maulwurfshügel und kahle Stellen werden rasch wieder begrünt.

So gehen Sie Schritt für Schritt vor

Verteilen Sie die Zwiebeln zunächst auf der Fläche. Dafür können Sie bestimmte Muster wählen, einzelne Arten in Gruppen zusammenlegen oder jeder Zwiebel einzeln einen Platz suchen. Je nach Geschmack. Meine Variante: gemischte Zwiebeln händeweise schwungvoll in die Luft werfen und dort pflanzen, wo sie landen. Das verteilt die Zwiebeln nach dem Zufallsprinzip und das Wuchsbild sieht besonders natürlich aus.

Um mehrere Zwiebeln nebeneinander zu setzen, lohnt es sich, eine Rasensode abzustechen und hochzuklappen. Einzelne Zwiebeln bekommen per Ausstecher oder Eisenstange das passende Loch. Zweifache Höhe der Zwiebel lautet die Faustformel für die Tiefe des Pflanzlochs. Große Zwiebeln werden demnach tiefer in die Erde gesteckt als kleine. Wichtig: Die kleinen Wurzelzotteln bzw. die flache Seite müssen nach unten zeigen, damit der Spross oben aus der Zwiebel ans Licht wachsen kann. Erde wieder auffüllen, eventuell mit ein bisschen Kompost angereichert. Grasdeckel wieder aufsetzen, fertig.

Auch noch wichtig

Schneeglöckchen und Co. sehen nach der Blüte etwas trist aus. Bitte aber nicht abschneiden. Wenn sie keine Samen bilden können, verwildern sie nicht. Wird das Laub zu früh abgeschnitten, kann die Pflanze die Nährstoffe aus den Blättern nicht in die Knolle zurückholen und die Frühblüher kommen nächstes Jahr nicht wieder. Sie sterben, wie ein Igel, der sich vor dem Winterschlaf keinen Speck anfuttern konnte. Wenn die Blätter beim Berühren fast alleine abfallen, in der Regel fünf bis sechs Wochen nach der Blüte, können Sie den Rasen wieder mähen. Der wird es Ihnen ebenfalls danken, wenn Sie so lange warten. Jeder Zentimeter Grün mehr macht ihn robuster gegen die kommende Trockenheit des Sommers. Und nicht zuletzt freuen sich die Wildbienen, Schwebfliegen und Schmetterlinge, die sich bei Ihnen auf der Frühlingsblumenwiese schon sehr wohlgefühlt haben, wenn im Anschluss auch Klee, Gänseblümchen und Taubnesseln blühen dürfen.

Wieso, weshalb, warum?

Je geblümter ihr grüner Rasenteppich ist, desto robuster wird er. Monokulturen sind immer zimperlich. Sie selbst wissen am besten, welche Sisyphusarbeit es ist, den Rasen als grünen Teppich fit zu halten, und wie viel Zeit, Geld, Wasser und Arbeit Sie dafür aufwenden müssen. Mit jedem Kleeblatt und jedem Gänseblümchen wird die Arbeit ein bisschen weniger. Der Rasen hält auch in trockenen Sommern durch und bleibt grün. Kleine Lücken fallen nicht mehr so deutlich auf, braune Stellen, Maulwurfshügel zum Beispiel, werden außerdem auch schneller wieder bewachsen.

Dass man eine blühende Rasenfläche nicht betreten darf, stimmt nicht. In der Tat stehen die meisten natürlichen Blumenwiesen, die es noch gibt, unter Naturschutz und sollten streng geschont werden – weil es ja nur noch so wenige gibt; vielfältiges Grünland ist hierzulande einer der am meisten bedrohten Lebensräume. Aber ein Kräuterrasen ist keine Blumenwiese. Wären alle Rasenflächen, vom Bolzplatz bis zur Liegewiese, blütenreiche Grünflächen, würden sie weniger gemäht, nie gedüngt, gewässert oder gar mit Pestiziden behandelt – wäre viel für die Artenvielfalt getan.

Wenn Sie es lieber eine Nummer kleiner hätten

Vielleicht brauchen Sie Ihre Grünfläche gar nicht mehr? Dann lassen Sie diese doch einfach verschwinden. Nicht unter Schotter oder Pflaster. Lassen Sie andere Gartenbereiche größer werden. Den Apfelbaum können Sie mit Frühblühern und Stauden unterpflanzen, die Hecke verlängern, vergrößern, verbreitern, ausladender wachsen lassen und davor Stauden und Bodendecker pflanzen. Den Gartenteich können Sie mit einer Zone aus Steinen und Totholz umgeben, in denen sich die Amphibien im Winter gerne zurückziehen. Rund um den Kompost lassen sich Gemüsebeete, Laubhaufen und andere Haufen aus Steinen, Holz und Sand anlegen. Das Kräuterbeet darf ausufern und es findet sich Platz für Hochbeete oder ein Steinbeet. Wo jetzt noch Rasen ist, legen Sie Blühflächen mit Stauden an, die Insekten anziehen. Und dazwischen schaffen Sie mit Mulch Wege und Plätze für Gartensessel und Liegestühle. Die Sitzmöglichkeiten werden Sie brauchen. Sie werden so viel Leben im Garten haben, dass es immer etwas zum Beobachten gibt: Distelfinken und Blindschleichen, Grünspechte und Wespenspinnen, Schmetterlinge, Grashüpfer und vielleicht sogar Gartenschläfer (siehe Seite 155). Und Zeit haben Sie auch. Düngen, vertikutieren, Kanten schneiden, gießen, nachsäen, Löwenzahn stechen … – all das ist Geschichte.

In Töpfen und to go

Alternativ zum Blumenrasen oder zusätzlich für Fensterbänke und Balkon: Auch in Kübeln und Kästen können Mini-Wiesen wachsen. Dafür gibt es spezielle Blumenmischungen für jeden Geschmack und für jede Jahreszeit. Damit es nicht nur schön aussieht, sondern auch Wildbienen Futter bietet, achten Sie darauf, dass sie heimische Blumensamen enthalten. Gut sind verschiedenen Flockenblumen, Karden und Knautien, Glockenblumen und Allrounder wie Mohn oder Schafgarbe, Malven und Margeriten. Sie alle werden im Topf wohl etwas kleiner bleiben als in der Erde, das schadet nicht. Lassen Sie die Stängel stehen, auch wenn die Blumen verblüht sind. In den Stängeln überwintern Insekten und auch die Vögel bekommen Nahrung. Die Samen streuen sich aus – und siedeln sich vielleicht noch ganz woanders an.

Darf's ein bisschen mehr sein?

Sie haben ein großes Grundstück und wollen es größer, echter – eine Blumenwiese? Dem steht nichts entgegen. Was Sie brauchen sind gute Planung, etwas Arbeit, Zeit und Geld. Aufräumen sollten Sie allerdings mit ein paar Klischees im Kopf: Denn dass es oft nicht klappt, liegt daran, dass unter dem Begriff »Blumenwiese« ganz unterschiedliche Vorstellungen existieren. Wir haben oft ein buntes Sommerblumenmeer vor Augen, mit rotem Klatschmohn und blauen Kornblumen. Genau dafür gibt es viele Saatgut-Sonderangebote. Die preiswerten Blumenmischungen bestehen aber überwiegend aus einjährigen, schnell auflaufenden Ackerbegleitblumen, die sich zwar zum Teil selbst wieder aussäen, aber nicht wieder keimen, weil sie dafür auf offene Flächen angewiesen sind. Samen für die eigentlichen Wiesenblumen, die auch in der dichten Pflanzendecke und Grasnarbe neu keimen, sind in diesen Mischungen in der Regel nicht enthalten; oder die Samen sind aus ganz Europa zusammengewürfelt. Das Ergebnis: kein Blumenmeer. Wichtig ist also, sich gut beraten zu lassen und lieber etwas mehr Geld zu investieren und das Saatgut gezielt zu kaufen, zum eigenen Boden passend, zusammengestellt aus gebietsheimischen Arten.

Erst nach drei Jahren lässt sich abschließend sagen, ob die Blumenwiese gelungen ist. Das regelmäßige Mähen ist dann die einzige Arbeit, die Sie noch haben. Als Faustregel gilt: die gesamte Fläche zwei- bis dreimal im Jahr schneiden. Idealerweise nicht am Stück, sondern abschnittsweise.

Lassen Sie im Sommer immer ein paar blühende Inseln stehen, im Herbst einen Saum. In den verblühten Stängeln finden Insekten im Winter ein warmes Plätzchen, die Vögel Samen zum Fressen. Das Schnittgut lassen Sie liegen, bis es zu Heu getrocknet ist, und dann räumen Sie es ab, sonst reichern sich zu viele Nährstoffe an.

Noch mehr Pflanzen: für einen bunten Frühling

Die **Zweiblättrigen Blausterne** *(Scilla bifolia)* haben in manchen Gegenden ganze Parks durchwurzelt. Wer dort im Frühling einen Spaziergang macht, erlebt wirklich sein blaues Wunder. Scheint die Sonne, summt und brummt es zwischen den kleinen Blütenglöckchen. Im Sommer gehen die Blausternchen dann wieder schlafen. Auch das **Sibirische Blauglöckchen** *(Scilla siberica),* der fast weiße **Kaukasische Blaustern** *(Scilla mischtschenkoana)* und das **Hasenglöckchen** *(Hyacinthoides non-scripta),* das früher auch zur Gattung *Scilla* gezählt wurde, fühlen sich als Unterwuchs von Bäumen und Hecken und auf Grünflächen wohl.

Frühlings-Gedenkemein *(Omphalodes verna)* sieht dem Vergissmeinnicht ähnlich, blüht aber noch ein bisschen früher. Die Pflanzen sind ausdauernd, treiben freundliche Ausläufer, ohne lästig oder pflegeintensiv zu sein, und werden von verschiedenen Insekten besucht, von der Beinwell-Sandbiene oder der Weißen Bindenpelzbiene zum Beispiel.

Vom **Krokus** *(Crocus)* gibt es zahllose Arten und Sorten und genauso viele Tipps zum »Verwildern«; die meisten tun es mit Ameisenhilfe, deswegen unbedingt die Blüten fruchten lassen. Welche sich besonders wohlfühlen, ist von Garten zu Garten unterschiedlich, deshalb am besten einen ordentlichen Schwung unterschiedlicher Krokusse pflanzen und dann schauen, wer sich ansiedelt.

Die **Küchenschelle** *(Pulsatilla vulgaris)* ist mit ihren violetten Blüten nicht nur ein echter Hingucker, sondern sehr beliebt bei Wildbienen und anderen nektarhungrigen Tieren. Sie bildet zottelige Fruchtstände, sehr apart anzusehen – nicht nur deshalb nicht abschneiden, sondern auch, damit die Samen sich verbreiten oder als Tierfutter dienen können.

Die fantastischen blauen Blüten des **Leberblümchen** *(Hepatica nobilis)* bietet zwar keinen Nektar, aber reichlich Pollen. Viele Wildbienen holen sich davon etwas ab, um sie zum Ei in die Niströhre zu stecken, als Proviant für die Larve. Aber auch Schwebfliegen, Käfer, Schmetterlinge und viele andere Interessenten kommen hier auf einen Snack vorbei; später dann die Ameisen, wenn die Blüte vorbei ist und die Samen reif sind.

Märzenbecher *(Leucojum vernum)* ähneln den Schneeglöckchen, blühen aber später und haben grüne Punkte auf den Blütenglocken. Sehr beliebt bei Bienen und Schmetterlingen, Samen und Früchte mögen Ameisen, Vögel und kleine Säugetiere. Also nach der Blüte stehen lassen.

Narzissen *(Narcissus)* haben, so heißt es, allen anderen Frühblühern gegenüber den Vorteil, dass Wühlmäuse sie weitgehend verschmähen. Deswegen »verwildern« sie umso besser, allerdings nicht alle Arten gleichermaßen in allen Böden: einfach viele verschiedene Sorten nehmen; Blätter und Blütenstände stehen lassen, bis die reifen Samen aus den Kapseln herausgefallen sind. Es gibt sie in allen Größen und Gelbtönen, mit variabler Blütezeit von Februar bis Mai.

Die **Schachbrettblume** *(Fritillaria meleagris)* heißt so, wie sie aussieht, mit ihrem Würfelmuster sind die Blüten ein faszinierender Anblick. In der Natur eher selten, kann sie im Garten quicklebendig werden. Sie mag nasse Füße und ist ideal für feuchte Ecken, das Regenspeicherbeet (siehe Seite 68) oder rund um den Gartenteich.

Das **Scharbockskraut** *(Ficaria verna)* wächst gut unter Bäumen und Sträuchern und bildet dichte Teppiche. Ein toller Bodendecker, der im

1 | Wildtulpe
2 | Küchenschelle
3 | Schneeglöckchen
4 | Winterling
5 | Frühlings-Gedenkemein
6 | Krokus
7 | Blausterne

Frühjahr seine gelben Blüten zeigt, und ein wichtiger früh blühender Nektar- und Pollenlieferant für viele Insektenarten ist.

Die **Schlüsselblume** *(Primula veris)* blüht goldgelb und bietet erstes Bienenfutter, sie bildet Ausläufer und reichlich Samen zum Verteilen.

Schneeglöckchen *(Galanthus nivalis)* sind in den ersten ein, zwei Jahren nach dem Pflanzen eher zögerlich. Aber wenn dann Brutzwiebelwuchs, Samenbildung, Ameisenbrötchenproduktion und dadurch der Ameisentransport eingespielt sind, wird irgendwann die ganze Wiese erblühen. Sie mögen es feucht und freuen sich auch auf ein bisschen Kompost nach der Fruchtreife. Im Herbst darf gerne ein bisschen Laub liegen bleiben. Gut gewärmt, kommen sie im Januar um so schneller ans Licht.

Traubenhyazinthen *(Muscari)* produzieren kleine Kapseln voller schwarzer Samen, die über den Sommer nach und nach herausfallen oder von Tieren gefressen und verschleppt werden. So verteilen sie sich an die malerischsten Orte und jedes Jahr gibt es mehr blaue oder weiße *Muscari* zu bewundern. Um in die knubbeligen Blüten zu gelangen, brauchen Insekten einen langen Rüssel, so wie der Wollschweber.

Bei **Tulpen** *(Tulipa)* lohnt es sich, zwischen Zucht- und Wildtulpen, auch botanische Tulpen genannt, zu unterscheiden. Gartentulpen sind oft hochgezüchtete Kunstwerke, die sich nicht fürs Verwildern eignen, manchmal noch nicht mal fürs Wiederkommen im nächsten Jahr. Für Insekten haben sie außerdem nicht viel zu bieten. Anders bei den Wildtulpen. Sie sind eigentlich Steppenpflanzen und mögen es lockerer, wärmer und trockener, als es bei uns in der Regel ist – oder war. Mittlerweile fühlen sich verschiedene Arten durchaus sehr wohl. Zum Beispiel die krokusartig Tarda-Tulpe *(Tulipa tarda)* und die Wilde Tulpe *(Tulipa sylvestris).* Die Mehrblütige Tulpe *(Tulipa praestans)* eignet sich auch fürs Verwildern.

So hübsch **Veilchen** sind, so nützlich sind sie auch. Vor allem das Duftveilchen *(Viola odorata)* sollte im Frühlingsgarten einen Platz finden, denn Raupen vom Kleinen Fuchs oder Perlmuttfalter fressen nur Duftveilchen. Gut geeignet für Steingärten und die Beetränder.

Upgrade Wildnis

Erst jede Menge Arbeit, die Grasnarbe entfernen, um eine Wiese anzulegen, und dann sollen Sie auch noch abschnittsweise mähen? Das ist zu viel? Vielleicht ist dann eine sogenannte Pflegeumstellung Ihr Ding. Dafür müssen Sie nicht mehr machen, sondern weniger. Erstens: Nicht mehr düngen. Denn Dünger mögen nur die paar Rasengräser, es lässt sie besonders gut wachsen. All die anderen Pflanzen werden verdrängt. Da diese aber weit besser mit Hitze, Trockenheit und starken Regenfällen klarkommen, müssen die Rasengräser auf ihre exklusive Förderung in Zukunft verzichten. So bekommen die anderen Pflanzen mehr Platz. Zweitens: Kein »Unkraut« jäten oder vergiften, Moos nicht mehr entfernen, nicht mehr vertikutieren. Drittens: Nicht mehr so niedrig mähen wie sonst, mindestens 3 cm Wuchshöhe sollte den Pflanzen bleiben; so wird auch ihre Mitte nicht zerstört, aus der sie dann schon bald wieder neu blühen können. Und nicht so oft mähen. Viertens: Rasen nicht mehr bewässern. Vertrocknete Stellen sind neue Möglichkeiten für neue und andere Pflanzen. Bis etwas wächst, nisten in der sandigen Lücke vielleicht

Mähroboter

Wo ein Rasen ist, ist der Mäher nicht weit. Vielleicht sogar ein Mähroboter. Sie können rund um die Uhr laufen, und viele lassen sie gerne nachts arbeiten. Das ist allerdings nicht ungefährlich, die scharfen Klingen der Roboter bringen größere Gartenbewohner wie Frösche und Kröten in Gefahr. Auch Igel sind betroffen: Begegnet ihnen auf der nächtlichen Runde durchs Revier etwas Bedrohliches, kugeln sie sich zusammen. Sie sind es nicht gewohnt, zu fliehen, sondern bleiben liegen und werden übergemäht. Oft sind die Igel nur durch kleine Schnitte verletzt, aber diese Wunden infizieren sich oft, sodass sie dann doch daran sterben. Ein Mähroboter ist außerdem gefährlich für den Rasen. Denn er hat immer Zeit und säbelt Woche für Woche alles raspelkurz. Wenn es heiß und trocken ist, sind die Gräser in kürzester Zeit verbrannt. Bleiben die Halme länger, sammelt sich morgens Tau darin, und dieser versorgt die Grünfläche von alleine mit dringend nötiger Feuchtigkeit.

Wildbienen. Größere Lücken können Sie mit Blumenwiesen-Saatgutmischungen oder mit Samen von Klee, Labkraut, Margeriten oder Flockenblumen einsäen. Aber nur, wenn Sie etwas tun möchten.

Außerdem

- Adressen von Firmen, die gebietsheimisches Saatgut für Rasen, Wiesen und Wildblumen anbieten, finden Sie auf der Internetseite des NaturGarten-Vereins (www.naturgarten.org), des REWISA-Netzwerks (www.rewisa-netzwerk.at) oder von Bioterra (www.bioterra.ch).
- Blumenzwiebeln aus Bio-Anbau können bei »Natural Bulbs« bestellt werden: www.naturalbulbs.de.
- Filmtipp: »Die Wiese – Ein Paradies nebenan«, Dokumentarfilm von Jan Haft (als DVD/Blue-ray oder bei Streamingdiensten erhältlich).
- Buchtipp: »Nahrungsnetze für Artenvielfalt«, pala-verlag. Darin erfahren Sie von mir viel über große Grasfresser und warum sie wichtig waren und sind. Dazu bekommen Sie viele Biodiversitätstipps für den Garten.
- Aktion »Mähfreier Mai« der Deutschen Gartenbau Gesellschaft. Nach englischem Vorbild ruht der Rasenmäher ab dem 1. Mai, wer mag, kann die Zahl der blühenden Pflanzen notieren und am Wettbewerb »Jede Blüte zählt!« teilnehmen. Unter dem Hashtag #MähfreierMai finden sich in sozialen Netzwerken viele Beiträge und inspirierende Fotos.

Regenwasser nutzen: nicht zu wenig, nicht zu viel

Nicht zu wenig, nicht zu viel Wasser: klingt gut, oder? Leider ist in den letzten Jahren oft genau das Gegenteil der Fall. Monatelang regnet es zu wenig, das Gießen wird teuer und manchmal ist das Wasser sogar rationiert. Dann wieder kommen viel zu viele Niederschläge auf einmal. Unwetter lassen Sturzbäche über die ausgedörrte Erde rauschen und im Winter verwandelt Dauerregen den Garten in graubraunen Matsch.

Wäre es nicht schön, unabhängiger vom wankelmütigen Wetter zu sein und sich über Blüten und deren Besucher zu freuen, egal, ob der Boden ausgetrocknet oder durchfeuchtet ist?

Auf einen Blick: Regenwasser nutzen – Regenspeicherbeet

Das Regenspeicherbeet sollte mindestens eine Größe von zehn Quadratmetern haben, mehr geht immer. Das brauchen Sie, um die Wasserfülle im Garten zu behalten, statt sie ungenutzt in der Kanalisation verschwinden zu lassen:
Material: Sand zum Markieren der Fläche. Wenn der Gartenboden sehr lehmig oder tonhaltig ist, brauchen Sie mehr Sand, einige Eimer voll. Das Wasser soll nicht durchrauschen, aber auch nicht dauerhaft stehen bleiben, ein Regenspeicherbeet ist kein Teich.
Wichtig sind auch Pflanzen, die mit viel Feuchte klarkommen und nasse Füße mögen, aber – anders als typische Wasserpflanzen – auch gewisse Trockenphasen gut aushalten (siehe Seite 73). Stöbern Sie in Pflanzenkatalogen oder Gartenmärkten, streifen Sie durch die Natur: Was Sie auf wechselfeuchten Stellen wachsen sehen und in Gärtnereien kaufen können, passt in Ihr Team Regenspeicherbeet.
Außerdem Totholz zum Gestalten der Ränder und als Lebensraum, Steine, um sie als Trittplatten zu nutzen.
Werkzeuge: Schaufel, Eimer, Schubkarre, Gießkanne, Gefäß zum Wässern der Pflanzen.
Fähigkeiten: Kraft, Ausdauer und ein wenig räumliches Vorstellungsvermögen.
Zeitaufwand: je nach Größe etwa ein Wochenende.

Planung und Vorbereitung

Das Wichtigste ist der richtige Platz. Idealerweise haben Sie diese eine Stelle, an der sich immer Wasser staut? Die bei Trockenheit am längsten grün ist oder wo die Pflanzen nach einer Dürre zuerst wiederkommen? Beobachten Sie Ihren Garten. Wo sind die Stellen? Wohin fließt das Wasser, wo sammelt es sich? Vielleicht gibt es auch mehrere Stellen. Dann können Sie sogar mehrere Regenspeicherbeete anlegen.

Haben Sie keine solche Stelle im Garten, die sich anbietet, können Sie eine Fläche absenken oder ein Gefälle schaffen und Rinnsale zu einem bestimmten Punkt hinleiten. Es reicht ein kleiner Höhenunterschied von 10 bis 15 cm zum restlichen Gelände. Eine solche Mulde erst einmal zu schaffen, ist ein bisschen mehr Arbeit, hat aber den Vorteil, dass Sie

Dort, wo sich bei Starkregen Pfützen bilden, ist ein guter Platz für ein Regenspeicherbeet. Über eine Muldenrinne fließt das Wasser zum Beet. Pflanzen für wechselfeuchte Standorte, Insekten, Vögel und Amphibien fühlen sich dort wohl. Totholz sorgt für noch mehr Leben.

völlig frei sind, den Standort des Regenspeicherbeets festzulegen und die Fläche nach Ihren Vorstellungen zu modellieren.

Wichtig generell: zu Kellerfenstern, Terrassentüren und zur Hauswand bitte mindestens 3 m Sicherheitsabstand einhalten und ein Gefälle auf Fenster oder Türen zu unbedingt vermeiden.

Wieso, weshalb, warum?

Erinnern Sie sich, dass mehr Vögel im Garten genauso positiv auf die Lebenszufriedenheit wirken wie eine Gehaltserhöhung (siehe Seite 31)? Deshalb ist eine solche feuchte Stelle das Beste, was Sie für Ihre Lebensqualität tun können. Denn je mehr Wasser, desto mehr Vögel werden Sie im Garten haben. Schwalben zum Beispiel brauchen Wasser, um aus ihrem Nistmaterial baufähigen Matsch zu machen. Vögel können in kleinen Wasserpfützen baden, um sich zu kühlen, um die Federn zu pflegen – und um zu trinken. Dann bleiben Ihnen auch mehr von Ihren Erdbeeren und Kirschen, denn Vögel fressen die saftig süßen Früchtchen auch, um ihren Durst zu löschen. Außerdem produziert Wasser Vogelfutter. Denn viele Insekten entwickeln sich im Wasser und bieten proteinreiche Mahlzeiten für die Küken.

Wasser ist Leben und ein feuchter Gartenteil verändert das Kleinklima im Garten zum Positiven, Gemäßigten. Am Wasser wird es im Sommer weniger warm, im Winter seltener klirrend kalt. Ein Regenspeicherbeet ist wie eine kleine natürliche Klimaanlage. Und sie kann deutlich mehr Wasser aufnehmen als eine Rasenfläche; als Pflaster oder Schotter sowieso. Bei sommerlichem Starkregen sind Sie vor Überschwemmungen besser geschützt, wenn das Wasser versickern kann. Der Garten ist länger grün, auch in trockenen Zeiten, und erholt sich schneller. Das Beet sieht schön aus und Sie haben wenig Arbeit. Denn wenn Ihr Garten das Wasser wie ein Schwamm aufnimmt und nach Bedarf abgibt, müssen Sie weniger gießen.

So gehen Sie Schritt für Schritt vor

Markieren Sie den Umriss des künftigen Regenspeicherbeetes mit Sand. Die Form können Sie nach Ihrem Geschmack und nach den Gegebenheiten wählen. Heben Sie eine Grube von etwa 50 Zentimeter Tiefe aus. Mischen Sie den Aushub mit Sand, wenn er zu lehmhaltig ist, oder mit lehmiger Erde und Grünkompost, wenn er sandig ist.

Füllen Sie die vermischte Erde teilweise wieder ein. Es soll eine kleine Senke bleiben, die zu den Rändern leicht schräg ansteigt. Aus dem Rest des Aushubs können Sie einen kleinen Damm gegenüber dem Zulauf bilden. So sammelt sich mehr Wasser und es bleibt auch länger stehen.

Während Sie graben, wässern die Pflanzen in einer Wanne oder einem Eimer (siehe Seite 24). Dann verteilen Sie die Pflanzen an ihre Positionen und pflanzen sie ein. Je wasseraffiner, desto mittiger sollten die Pflanzen gesetzt werden, je größer sie werden, desto schöner sieht es aus, wenn sie im Hintergrund stehen. Gut einschlämmen und wenn es zunächst trockener ist, regelmäßig gießen, bis die Pflanzen gut eingewachsen sind.

An den Rändern und dazwischen können Sie noch Totholz und Steine als Trittplatten verteilen. Das sieht gut aus, wertet die ökologische Qualität auf – und Sie kommen trockenen Fußes durchs Regenspeicherbeet.

Wenn Sie die Regentonne anzapfen wollen, schließen Sie einen Schlauch an deren Auslaufhahn an und legen ihn durch den Garten bis ins Regenspeicherbeet. Schöner sieht es aus, wenn Sie ihn leicht in die Erde eingraben. Es geht auch ohne Schlauch, wenn Sie das gesammelte Wasser aus dem Überlauf der Regentonne auf den Boden lenken und einen kleinen Bachlauf oder eine Muldenrinne formen, die genau ins Regenspeicherbeet läuft. Diese Mulde können Sie ebenfalls mit passenden Blumen, die wechselnde Feuchte mögen, bepflanzen. Wichtig ist dann natürlich, dass es ausreichend Gefälle gibt, hin zum Beet, weg vom Haus. Ist die Regenrinne so gebaut, dass ihr Fallrohr direkt in die Kanalisation führt, wie bei vielen Neubauten und sanierten Häusern, dann können Sie einen »Regendieb« genannten Regensammler an das Fallrohr montieren, der dann das Regenwasser vom Dach in die Tonne ableitet oder über die Muldenrinne ins Regenspeicherbeet.

Auch noch wichtig

Kommen dann nicht viele Mücken? Ja – und nein. Mückenlarven und andere Kleinstlebewesen wie Flohkrebse zum Beispiel können sich in wenigen Tagen bis Wochen vom Ei bis zum Eierlegen entwickeln, und das auch schon in einer Pfütze. Das stimmt. Die meisten Larven enden aber als Futter für Vogelküken, Libellen, Fledermäuse, bevor sie zum fertigen Insekt geworden sind. Je naturnäher ein Garten ist, desto mehr

Libellen (Bild links) suchen Mückenlarven. Insekten freuen sich über Wasserstellen (Bild rechts).

potentielle Mückenfresser beherbergt er. Auch Wespen mögen und brauchen Mücken. Sie werden Mückenlarven im Wasser haben. Aber bestimmt keine Mückenplage im Garten.

Wenn Sie es lieber eine Nummer kleiner hätten

Buddeln, graben, Wasser umleiten, passende Pflanzen finden – für Sie klingt das nach viel Aufwand und sehr kompliziert? Dann ist eine kleine Sumpfecke vielleicht das Richtige für den Anfang. Tragen Sie dafür an der gewünschten Stelle die obere Erdschicht ab, etwa 20 bis 25 cm reichen, und verdichten Sie den Untergrund oder legen Sie das Loch mit EPDM-Teichfolie aus. Auf diese Sohle geben Sie eine dünne Schicht vom Aushub. Den Rand polstern Sie mit den abgestochenen Grassoden oder dem Aushub, sodass ein kleiner Deich entsteht. Ein guter Platz ist zum Beispiel die Rasenfläche oder ein Beet, in dem es keinen Schaden anrichtet, wenn der kleine Sumpf trotzdem mal überläuft. Und dann warten Sie ab, was passiert. Wenn es regnet, füllt sich die kleine Pfütze, Vögel werden sie lieben, ebenso Insekten. Besonders Schwalben sind auf solche feuchten Stellen angewiesen, einerseits, weil sie das dort schlüpfende Mückengetier jagen, und andererseits, weil sie für ihre Nester feuchten Matsch brauchen, um daraus die charakteristischen Kugelbauten zu machen. Mit der Zeit werden sich sicherlich passende Pflanzen ansiedeln und bleiben. Natürlich können Sie die Sumpfecke auch mit feuchtetauglichen Blumen bestücken.

In Töpfen und to go

Tiere haben Durst, ob Biene, Vogel, Igel oder Eichhörnchen. Zum Teil benötigen die Tiere das Wasser aber auch zum Nestbau, um Holzfasern oder andere Materialien schön klebrig und matschig zu bekommen. In der Natur trinken die Tiere aus kleinen Pfützen oder dort, wo sich Wasser an einem alten Baum zwischen den Wurzeln sammelt. Insekten trinken auch an Regentropfen auf Blütenblättern. Verteilen Sie solche kleinen Trinkstellen im Garten, ist vielen sehr geholfen. Aussortiertes Geschirr oder alte Blumenuntersetzer mit Steinen befüllen – damit Insekten gut landen können –, an verschiedenen Stellen verteilen, sonnig, schattig, auf der Erde für Igel, weiter oben für Vögel, und regelmäßig reinigen und wieder auffüllen. Das geht ganz einfach und ist auch eine schöne Ferienbeschäftigung für Kinder.

Darf's ein bisschen mehr sein?

Anders als unser Selfmade-Speicherbeet gibt es auch professionell angelegte Regengärten, die das Niederschlagswasser, das über die Dachfläche eines Hauses gesammelt wird, aufnehmen können. Meist werden dazu Versickerungsflächen mit Rigolen kombiniert. In diesen Kiesspeichern kann das Wasser unterirdisch langsam versickern und den Grundwasserspiegel auffüllen. Zisternen werden direkt an die Fallrohre angeschlossen. In den Speicherbehältern kann Wasser für die Gartenbewässerung oder den Grauwasserkreislauf für Toilette und Waschmaschine zur Verfügung gestellt werden. Dafür sollten Sie sich an Profis wenden. Das gilt auch, wenn Sie einen Gartenteich anlegen wollen oder eine sogenannte Sickergrube, die wie ein kleines Klärwerk funktioniert.

Noch mehr Pflanzen: Manche mögen's wechselfeucht

Zu den Pflanzen, die wechselfeuchte Standorte mögen, zählen viele Arten, die das Wort »Wiese« im Namen tragen: **Wiesen-Knöterich** *(Bistorta officinalis),* **Wiesen-Schaumkraut** *(Cardamine pratensis),* **Wiesen-Storchschnabel** *(Geranium pratense),* denn oftmals sind Wiesen feucht (gewesen). Deswegen gefällt es dort auch verschiedenen Kleesorten.

1 | Schmalblättriges Weidenröschen
2 | Wiesen-Schaumkraut
3 | Sumpf-Dotterblume
4 | Blutweiderich
5 | Hohler Lerchensporn
6 | Wasserdost
7 | Wurmfarn und Hahnenfuß

Klee bietet Nektar, Pollen und auch süße Pflanzenkost an Blättern und Blüten, vor allem für Schmetterlingsraupen.

Außerdem eignen sich vor allem für den mittleren Bereich, der lange feucht bleibt: **Sumpf-Dotterblume** *(Caltha palustris),* **Baldrian** *(Valeriana officinalis)* und **Mädesüß** *(Filipendula ulmaria),* **Blutweiderich** *(Lythrum salicaria)* und **Schmalblättriges Weidenröschen** *(Epilobium angustifolium),* **Hohler Lerchensporn** *(Corydalis cava)* und **Wasserdost** *(Eupatorium cannabinum)* sowie **Braunwurz** *(Scrophularia nodosa),* **Pestwurz** *(Petasites hybridus)* oder **Engelwurz** *(Angelica archangelica).*

Gräser gibt es für jeden Standort, auch für den wechselfeuchten. Hier eignen sich das **Berg-Reitgras** *(Calamagrostis varia),* egal, ob sonnig, halbschattig, trocken, feucht oder ob Baumwurzeln in der Nähe sind, es wächst. Und es bietet verschiedenen seltenen Schmetterlingsarten Raupenfutter, Nektar und Winterquartier. Außerdem passend sind die **Wald-Simse** *(Scirpus sylvaticus),* **Schneeweiße Hain-Simse** *(Luzula nivea)* und **Flatter-Binse** *(Juncus effusus)* sowie das **Mittlere Zittergras** *(Briza media);* es ist genügsam, kann mal trocken stehen und mal ganz nass, am liebsten allerdings immer schön feucht und sonnig. Zittergras ist Raupenfutter und auch Nektarquelle für verschiedene Schmetterlinge.

Auch Farne finden sich für diese Stellen, zum Beispiel der **Gewöhnliche Tüpfelfarn** *(Polypodium vulgare).* Er ist wintergrün und mehrjährig und verbreitet sich über Wurzelausläufer. Der **Braunstielige Streifenfarn** *(Asplenium trichomanes)* ist zum Teil wintergrün, ist aber nicht ganz so feuchtigkeitsliebend und deshalb gut für schattigere und trockenere Stellen mit steinigem Boden an den Rändern. Pollen und Nektar haben Farne nicht zu bieten, aber viel Blattgrün. Verschiedene Schmetterlingsarten brauchen das für ihren Nachwuchs. Sie legen dort ihre Eier ab und die Raupen verbringen einen großen Teil vor der Verpuppung auf dem Farn. Eier und Raupen der Schmetterlinge sind wiederum leckeres Fressen für Käfer, Ameisen und für Vögel.

Upgrade Wildnis

Beete ausheben, Muldenrinnen bilden, Folie legen – das ist nichts für Sie, viel besser wäre es, wenn der Garten alles ganz alleine macht? Dann helfen Sie dem Gelände, ankommendes Wasser gut zu verteilen, zum Beispiel indem Sie nackte Erde auf den Beeten und rund um Sträucher oder Hecken vermeiden, über die der Regen einfach hinwegrauschen würde. Bewuchs dagegen wirkt wie ein Schwamm, dichte Kräuter saugen sich erst selbst voll, bevor sie das Wasser nach und nach weitergeben. Pflanzen mit hohen Stängeln fangen den Regen schon oben ab und leiten ihn über ihr Blattwerk kontrolliert direkt zu den Wurzeln. Viele Wurzeln halten die Erde locker und aufnahmefähig, sodass das Wasser gut auch noch tiefer fließen kann. Nicht ganz so wirksam, aber auch ein bisschen hilfreich sind Pflanzen in Töpfen. Sträucher bremsen den Wind und schützen den Garten vor Austrocknung, den Boden vor Sonne. Regnet es stark, sind sie wie ein Schirm: Zunächst halten die Blätter stand und erst wenn sie völlig übernässt sind, tropft es durch sie hindurch. Und lange, nachdem es aufgehört hat zu regnen, tropfen sie noch nach. Das Wasser hat so viel mehr Zeit, in die Erde einzusickern, und verteilt sich besser, hält länger. Weniger Überschwemmung, weniger Austrocknungsgefahr.

Außerdem

- Kampagnen fürs Wassersparen oder zur Anpassung an geänderte Klimabedingungen gibt es bei vielen Städten und Gemeinden, fragen Sie nach. Manchmal gibt es Unterstützung mit Rat oder Fördermittel.
- Speziell zum Regengarten informiert ausführlich, allerdings in englischer Sprache, folgende Internetseite: www.bit.ly/regengarten.
- Buchtipps: »Regenwasser nutzen – ein Geschenk für meinen Garten« von Paula Polak, pala-verlag; »Wasser im Garten« von Peter Himmelhuber, ökobuch Verlag.

Sandspielplatz: leuchtende Kinderaugen statt Langeweile

Kinder sind oft der Grund, dass wir einen Garten haben: Damit sie draußen spielen können und glücklich sind. Nach der Sandkastenmuschel für die ganz Kleinen kommt noch ein Spielhäuschen, dann ein Schaukelgestell mit Rutsche, später ein Trampolin. Aller Erfahrung nach – und das zeigen auch Studien – spielen die Kleinen mit den Geräten aber oft nur wenige Minuten, dann ist es wieder: sooo langweilig. Was Kinder wirklich wollen und brauchen, sind vielseitig einsetzbares, fantasieförderndes Material und Möglichkeiten, keine bunten Kunststoffgeräte aus dem Discounter oder die von Opa selbst gezimmerte Kletterburg, auch wenn sie diese erst mal toll finden. Kinder wollen gestalten – und nicht von anderen gestaltete Sachen benutzen. Mit den Händen im Matsch rühren, sich Rollenspiele ausdenken, Geheimverstecke in der Brombeerhecke anlegen, im Gras liegen und Wolken beobachten, Marienkäfer auf die Hand nehmen, Schmetterlingen nachlaufen …

Vor allem mit Sand und Wasser, Steinen und Holz spielen Kinder oft und lange, Tag für Tag.

Auf einen Blick: Sandspielplatz – matschen, toben, träumen

Das brauchen Sie, um ein Stück Rasen in ein Kinderparadies zu verwandeln:
Material: Sand, viel Sand; es muss kein Spielsand sein, der gewaschen, gereinigt und sehr teuer ist. Sand vom Baustoffhändler ist ideal, am besten unsortiert, mit verschiedenen Korngrößen und genügend feinen Anteilen. Der klebt schön, das ist wichtig, damit Bauwerke und Backwerke auch halten. (Menge siehe Seite 80.) Dazu noch Kies, um ganz unten eine Schicht Drainage einzufüllen.
Große Steine mit glatter Oberfläche und Baumstammabschnitte aus wetterfestem Holz als Umrandung; ein Rahmen sieht einfach immer besser aus und die Kinder können den Rand nutzen, um darauf zu sitzen oder ihre Sandkuchen zu platzieren.
Werkzeuge: Spaten, Schaufeln und Schubkarre, eventuell Eimer, Maßband und Zollstock.
Fähigkeiten: Kraft und Ausdauer. Ein Loch zu graben und Sand zu schaufeln, ist ziemlich anstrengend. Vielleicht laden Sie Freunde und Familie ein. Wenn man sich abwechseln kann, geht es schneller und das Kind hat gleich Besuch. Außerdem ein bisschen Mut zum Matschen und Freude an leuchtenden Kinderaugen.
Zeitaufwand: ein Nachmittag.

Wieso, weshalb, warum?

Sie haben Ihre Ruhe und glückliche Kinder. Sie sparen Geld für die Geräte, die auch als Angebot beim Discounter mehr kosten als ein paar Säcke Sand. Vor allem: Eine solche Sandkuhle kann vom Matschspielplatz bis zur Feuerstelle alles Mögliche sein, vielseitiger geht es kaum. Das ist die allerbeste Förderung für Kinder. Sie machen sinnliche Erfahrungen mit Händen und Füßen, Augen, Ohren, Herz und Verstand. Gerade im heutigen sogenannten »Medienzeitalter«. Je jünger das Kind ist, desto wichtiger sind ohnehin noch frische Luft, Bewegung und motorische und haptische Erfahrungen. Zwischen Lernen und Erleben, zwischen Benutzen oder Gestalten ist ein Unterschied wie zwischen Vitamintabletten und einer Handvoll selbst gepflückter Walderdbeeren. Sind die Kinder irgendwann zu alt für Sandspiele, müssen Sie kaum etwas ändern oder entsorgen. Der Sandspielplatz wird zum Sandarium, viele Wildbie-

So wird die Sandkiste zum Spieleparadies: Mit Baumstämmen, ausrangiertem Geschirr, Steinen, Ästen und Wasser können die Kinder matschen, bauen und ihrer Fantasie freien Lauf lassen. Sie werden stundenlang beschäftigt sein.

nen und andere Insekten leben gerne im Sand. Und mit der Zeit wächst der Garten darüber.

Planung und Vorbereitung

Den Sand und die Steine sollten Sie rechtzeitig bestellen und liefern lassen. Überlegen Sie sich, wie groß und wie tief das Sandparadies werden soll. Eine Seitenlänge von mindestens 2 m und eine Tiefe von 30 bis 50 cm sind ideal. Daraus ergibt sich, wie viel Sand Sie brauchen. Wie viel genau, müssen Sie ausrechnen:

- für eine eckige Sandstelle: Länge × Breite × Tiefe,
- für eine runde Sandstelle Radius (Hälfte des Durchmessers) zum Quadrat × Pi (Kreiszahl, 3,1415…) × Tiefe.
- auch für Dreiecke oder rautenförmige Figuren gibt es spezielle Formeln.
- Ist der Sandkasten sehr kreativ geformt, teilen Sie ihn in Einzelformen auf und rechnen für diese jeweils das Volumen aus. Dann addieren Sie alles.

Ein Beispiel: Eine Sandkuhle von 2 m × 2 m × 0,5 m hat ein Volumen von 2 m^3, das heißt, Sie brauchen 2 m^3 Sand. Für einen runden Sandplatz mit 2 m Durchmesser bzw. einem Radius von 1 m und 0,5 m Tiefe brauchen Sie rund 1,6 m^3 Sand.

Bestellen Sie lieber mehr Sand als zu wenig. Nach und nach wird er von alleine weniger, er verteilt sich auf Gummistiefel und Hosentaschen und in die Beete. Nach einiger Zeit müssen Sie noch mal nachfüllen.

Auch Baumstammstücke und große Steine sollten Sie vorab besorgen. Idealerweise haben Sie von anderen Projekten in diesem Buch vielleicht das ein oder andere übrig. Wenn nicht: All das Material gibt es beim Baustoffhändler, im Gartencenter oder im Baumarkt. Auch bei Kleinanzeigen kann man oft fündig werden. Oder Sie fragen im Bekanntenkreis oder bei anderen Gärtnern und Gärtnerinnen herum.

Außerdem produzieren Sie eine ganze Menge Aushub. Wie und wohin damit, müssen Sie ebenfalls planen.

Den Platz sollten Sie vorher festlegen. Sie können mit einer Schnur oder mit hellem Sand verschiedene Ideen auf den Rasen »zeichnen«. Wollen Sie die Sandgrube immer im Blick haben oder lieber nicht? Soll die Rutsche an der Sandgrube enden, damit die Kleinen weich fallen? Soll der Sandplatz unter dem Apfelbaum liegen? Der spendet im Sommer Schatten, lässt aber auch Laub hineinfallen, das Sie entfernen müssen.

So gehen Sie Schritt für Schritt vor

Markieren Sie mit gestreuseltem Sand die gewünschten Umrisse.

Stechen Sie die Grassoden ab und schaufeln Sie das Loch in der geplanten Tiefe, besser noch: ungefähr 10 cm tiefer, als der Sandkasten werden soll. Die Sandschicht sollte mindestens 30 bis 50 cm tief sein, damit die Kinder gut buddeln können.

Füllen Sie eine dünne Schicht Kies als Drainage ein. Dann holen Sie den Sand mit der Schubkarre heran und füllen Sie das Loch bis zur Bodenkante mit Sand, Fuhre für Fuhre.

Zum Schluss legen Sie Steine oder Bohlen als Umrandung drum herum. Natürlich können Sie auch zuerst die Umrandung bauen und dann erst den Sand einfüllen. Bitte lassen Sie aber in diesem Fall eine Lücke für die Schubkarre frei.

Auch noch wichtig

In einem solchen Spieleparadies werden die Kinder natürlich dreckig. Zum Sand kommt meist noch Wasser zum Matschen dazu. Damit es keinen Stress gibt, empfiehlt sich, Buddelhosen zu benutzen oder eine andere nur für den Garten bestimmte Kluft festzulegen, die dann vor der Haustür an- und ausgezogen werden muss. Schon mal draußen die Hände grob waschen zu können und einen Platz für die Gartenschuhe einzurichten, hilft ebenfalls, den Sand draußen zu halten. Außerdem sollte klar abgesprochen werden, welche Pflanzen die Kinder für Sandtorte und Hexensuppe ernten dürfen und welche nicht. Erstens weil man die Lieblingsblumen und das Basilikum nicht zerrupft haben möchte, zweitens aus Sicherheitsgründen, siehe Seite 82.

Blüten für die Hexensuppe

Sicherheit

Beim Spielen im Garten sollten Kinder in Sicherheit sein. Alles sollte so gestaltet sein, dass sie sich nie ernsthaft verletzen oder in Gefahr bringen. Das heißt für Ihr Spieleparadies: Wasserstellen kindersicher abdecken oder einzäunen. Je kleiner das Kind, desto gefährlicher sind auch kleine Wasserstellen. Unter Kletterbäumen und wo immer es hoch hinaus geht, wird weicher Untergrund, also Gras, Sand, Mulch, gebraucht. Es darf unter ihnen keine harten Kanten oder herausstehende Wurzeln geben. Man landet dann immer noch nicht wirklich sanft, aber schwere Verletzungen werden vermieden. Kinder unter vier Jahre sollte man immer im Blick haben – aber nicht gleich eingreifen, verbieten und vermeiden. Stattdessen kontrolliert den Umgang üben mit allem, was man lernen muss: ob das nun das Balancieren auf der Gartenmauer oder das Hantieren mit Schnitzmesser und Feuer ist.

Ein wichtiges Thema im Garten sind giftige Pflanzen: Viele sind nicht gleich tödlich, aber doch unverträglich. Kinder müssen zwar nach und nach lernen, dass man nicht alles anfassen und in den Mund nehmen sollte, weil es brennt, piekst oder Bauchschmerzen verursacht wie Brennnesseln oder rohe Holunderbeeren. Pflanzen, die schon in kleinen Mengen hochgefährlich sind, sollten in einem Garten mit kleinen Kindern aber besser gar nicht wachsen. Dazu zählen Eisenhut, Goldregen, Seidelbast, Zaunrübe, Fingerhut, Herbstzeitlose, Lupine, Maiglöckchen und die verschiedenen Schierlingsarten.

Wenn Sie es lieber eine Nummer kleiner hätten

Auch ein bestehender Spielplatz aus Sandkastenmuschel, Schaukelgestell und Rutsche kann zum Naturspielplatz werden. Ersetzen Sie zum Beispiel die schwarzen Fallschutzmatten durch Mulch oder Holz. Darauf landet man genauso abgefedert; es ist gleichzeitig ein natürliches Spielmaterial und Lebensraum für Käfer und andere Tiere. (Mehr dazu auf Seite 104.) Säen Sie rundherum Sommerblumen und lassen Sie das Schaukelgestell mit rankenden Pflanzen bewachsen.

In Töpfen und to go

Nicht in jedem Garten kann oder darf gespielt, gebuddelt, gematscht werden. Aber buddeln, matschen und gärtnern können und sollen die Kinder trotzdem. Das geht auch unterwegs. Im Wald auf Bäume klettern und im Unterholz verstecken, Mandalas legen, mit Tannenzapfen Boule spielen. Eine schöne Idee: Mit den Kindern einen Garten in der Kiste anlegen, dann geht das sogar auf dem Balkon. Viele Kinder lieben es, einen Kistengarten für ihre gerade aktuell liebsten Spielfiguren einzurichten: eine Regenbogenlandschaft für die Einhörner oder den Spielplatz für die Hundchen aus der Serie »Paw Patrol«. Alles, was sie brauchen, außer ein bisschen Fantasie, ist eine leere Obstkiste oder ein anderes stabiles Behältnis. Um eventuelle Lücken abzudichten, bekommt das Behältnis einen Boden aus Pappe oder Folie und eine Grundlage aus Kies, Mulch, Sand oder Erde. Besonders schöne Steine und auch Muscheln aus dem letzten Urlaub können hier Verwendung finden. Dann brauchen die Kinder noch Garten-Baumaterial: kleine Pflanzen oder bunte Blätter, einen ausrangierten Topf, glänzende Nüsse, lackrote Hagebutten, Moos, Gräser, Äste. Das geht übrigens zu jeder Jahreszeit. Im Frühling, Sommer und Herbst können die Kleinen aus dem Vollen schöpfen, aber auch die vermeintlich winterstarre Natur hat staunenswert viel an Zapfen und Beeren, alten Blüten oder neuen Knospen zu bieten. Das Gute ganz zum Schluss: Die Frage »Wohin damit?«, wenn die Kinder keine Lust mehr haben, ist ganz einfach beantwortet. Weil sie kein Sondermüll voller Glitzer und Plastik ist, kann eine solche Naturbastelei ganz einfach in den Kreislauf der Dinge zurückgebracht werden, in den Garten oder die Natur. Und beim nächsten Mal bauen die Kinder einen neuen Kistengarten.

Darf's ein bisschen mehr sein?

Dann machen Sie den ganzen Garten zum Spielplatz. Zum Beispiel gibt es viele Blumen, die direkt zum Spielen einladen. Mit denen es sich toll basteln lässt, die Tiere anlocken und beobachtet werden können. Pflanzen, die man essen kann, wie Gänseblümchen oder Kräuter, oder einfach gerne anfassen mag, wie den Woll-Ziest mit seinen flaumigen Blättern

Woll-Ziest

und wolligen rosa Blütenbällchen oder das Hasenschwanzgras mit dicken Ährenpuscheln. Es gibt viele solcher und ähnlicher Arten von Spielpflanzen, die heimisch und robust sind. Sie wachsen quasi von alleine, das heißt sie machen keine Arbeit. Mehr als sie im Garten zu setzen, muss man also gar nicht tun. Ringelblumen oder Kapuzinerkresse beispielsweise. Deren große Samen lassen sich auch von kleinen Fingern gut aussäen und es geht recht schnell, bis sich daraus Blätter und Blüten bilden. Die flachen Schoten der Mondviole sind Spielgeld, mit den Früchten des Kletten-Labkrauts kann man kleine Ornamente auf die Kleidung zaubern, mit der Großen Klette spielen wie mit Mais-Bausteinen. Man kann sich mit Blumen Kränze winden, Mandalas legen und mit dem Milchsaft des Löwenzahns Gänseblümchen als Ohrringe ankleben. An den Sandkastenrand kommen ein paar Nachtkerzen. Wenn sie ihre Blüten öffnen, ist es Zeit aufzuräumen und zum Abendessen ins Haus zu gehen.

Noch mehr Pflanzen: fürs Garten-Spielparadies

Säen und pflanzen Sie Gartenklassiker. Sie sind wie alte Freunde, wir kennen sie seit der Kindheit und freuen uns jedes Jahr auf ihre Blüten. Geben Sie das gerne an Ihre Kinder weiter und bestücken Sie den Garten reichlich damit. Manche Arten – wie Dahlien oder Geranien – tragen nichts oder wenig zur Artenvielfalt bei, andere wiederum sehr viel. Manche sind Stauden und kommen jedes Jahr an gleicher Stelle wieder, andere eher kurzlebige Sommerblumen sind sogenannte Einjährige. Das heißt, sie keimen im Frühjahr, wachsen, grünen, blühen und fruchten innerhalb eines Jahres, verteilen ihre Samen auf die ein oder andere Art in der Umgebung und sterben im Herbst ab. Statt viel Energie ins Überwintern zu stecken, warten ihre Nachkommen einfach als Samenbank im Boden auf den nächsten Einsatz. In trockenen und heißen Gefilden überstehen Pflanzen auf diese Art Dürrezeiten und starten wieder durch, wenn Regen fällt. Damit sie jedes Jahr wiederkommen, brauchen sie offene Stellen, die das Wetter mit Hagelschlag, Trockenheit, Hitze oder Überflutung eigentlich recht zuverlässig in unseren Gärten produziert. Dann kommen die Einjährigen wie Turbo-Lückenfüller zum Einsatz und begrünen die leere Fläche in kürzester Zeit. Damit das so klappt, müssen die Blüten stehen bleiben, wenn sie verblüht sind, bis die Samen reif sind. Ein Teil der Samen ist gehaltvolles Futter für Vögel und Haselmäuschen, die Stängel und Blätter werden Winterquartier für Insekten und andere Krabbeltiere, die als Ei, Larve oder Puppe optisch mit der Pflanze verschmelzen.

Mohn ist die Sommersonnenblume par excellence, im kollektiven Gedächtnis verankert und in berühmten Gemälden verewigt, wie Klatschmohn *(Papaver rhoeas),* der einmal gesät, immer wieder kommt und sich versamt, solange er offene Stellen zum Keimen findet. Oder der hellrote Saat-Mohn *(Papaver dubium),* der länglichere und kleinere Samenkapseln bildet. Der Island-Mohn *(Papaver nudicaule)* mag's kühler und schattiger, ist recht klein, hat aber verschiedene Farbnuancen zu bieten, von Gelb über pastellige Rot- und bis zu Orangetönen. Auch er versamt sich und erhält sich selbst. Für sonnige trockene Stellen zum Beispiel im Steingarten oder im Schotter-Magerbeet ist der nicht heimische Kalifornische Goldmohn *(Eschscholzia californica)* geeignet.

Wo Mohn ist, dürfen **Kornblumen** *(Centaurea cyanus)* nicht fehlen. Sie haben noch viele Geschwister, sie alle zählen zu den **Flockenblumen** und sind mehrjährig. Es lohnt sich, ein paar Arten mehr in den Garten zu holen. Nicht nur weil sie schön sind oder weil es für jeden Standort eine Passende gibt, wie die bis spät in den Herbst blühende Wiesen-Flockenblume *(Centaurea jacea)* oder die sogar straßenrandtaugliche Skabiosen-Flockenblume *(Centaurea scabiosa).* Es lohnt sich auch, weil viele Insekten auf Kornblume und ihre Verwandtschaft fliegen.

1 | Skabiosen-Flockenblume
2 | Kornblume
3 | Ringelblume
4 | Johanniskraut
5 | Ehrenpreis
6 | Klatschmohn
7 | Schafgarbe

Rot, Blau, fehlt noch Weiß, das Weiß der **Margeriten** nämlich. Optisch ähneln sie den Kamillenblüten; es gibt viele, viele Arten. Manche blühen ein paar Wochen, manche sind mehrjährig. Beliebt bei Mensch und Tier ist zum Beispiel die Magerwiesen-Margerite *(Leucanthemum vulgare)* oder die Fettwiesen-Margerite *(Leucanthemum ircutianum).*

Mutterkraut *(Tanacetum parthenium),* auch Zierkamille genannt, findet überall sein Plätzchen: egal, ob sonnig oder eher schattig, an Wegen, Zäunen, in Pflasterfugen oder auf Schotterplätzen. Dort blüht es dann malerisch in Kamillenoptik. Insekten fliegen drauf.

Schafgarbe *(Achillea millefolium)* ist gut für alle Gelegenheiten. Sie bildet Ausläufer, versamt sich, bewächst selbstständig, aber nicht allzu aufdringlich Wiesen, Beete, Fugen und Mauern, zieht mit ihren weißen Blütenkörbchen Insekten an und bildet Samenfutter.

Außerdem sehr zu empfehlen: **Akelei** *(Aquilegia vulgaris)* und die gelben Blütensterne des **Johanniskrauts** *(Hypericum perforatum)* oder die **Ringelblumen.** Hier bitte darauf achten, keine gefüllten Sorten auszusäen. Deren Staubblätter sind in Blütenblätter umgewandelt und sie liefern deshalb keinen Pollen. Für den heimischen Garten oder den Balkon sollte man Schmetterlingen und Wildbienen zuliebe besser die Acker-Ringelblume *(Calendula arvensis)* oder ungefüllte Sorten der Garten-Ringelblume *(Calendula officinalis)* wählen.

Ehrenpreis-Arten haben den schönen botanischen Namen *Veronica.* Es gibt sie für sonnige, halbschattige oder schattige Standorte und sie sind durchaus auch geeignet für Kübel, Balkon und Terrasse. Bei Wildbienen besonders beliebt ist der niedrige, zarte Gamander-Ehrenpreis *(Veronica chamaedrys).* Der Niederliegende Ehrenpreis *(Veronica prostrata)* bildet helllila Blütenteppiche, der Langblättrige Ehrenpreis *(Veronica longifolia)* beeindruckt durch seine dunkelblauen Blütenkerzen und wird bis zu 1 m hoch. Auch der Große Ehrenpreis *(Veronica teucrium)* passt gut in den Garten. Schmetterlinge mögen die Blätter für ihre Raupe und Ameisen knuspern die Samen.

Upgrade Wildnis

Nicht nur beim Sandkasten kann man darauf verzichten, Geräte im Baumarkt aus buntem Plastik zu kaufen. Ein großes Brett über ein Stück Baumstamm gelegt, funktioniert als Wippe oder Rutschbahn. Decken, Stangen, Planen und Wäscheklammern werden zum Zelt, zur Burg oder zum Stall für die Fantasie-Einhörner. Die Kinder können daraus Verkaufsstände für Sandkuchen oder Eiskuchen bauen; und auch Sandkastenförmchen braucht man nicht. Altes Küchen- und Gartengerät statt neuer Plastikteile reicht völlig. Dornenloser Astschnitt wird, ordentlich aufgestellt, zum Zelt aus Zweigen, auf einen Haufen gehäuft ist es ein prima Trampolin. Das sieht dann alles etwas »wild« aus, aber Ihre Kinder werden es lieben.

Außerdem

Während die Kinder spielen, haben Sie Zeit, Bücher zu lesen und sich neue Ideen zu holen, was die Kinder im Garten noch machen können:

- »Der Spielgarten« von Irmela Erckenbrecht und Rainer Lutter, pala-verlag,
- »Selfie mit Löwenzahn« von Frauke Hohberger und Rita Lüder, Haupt-Verlag,
- »Schere, Stein, Papier. Basteln mit Naturschätzen« von Karoline Lawson, AT Verlag,
- »Wildkräuter und Naturabenteuer« von Sigrid Tinz, Verlag Eugen Ulmer.

Staudenbeete:
Klimaheldinnen und Reservisten

6

Bestimmt hat Ihr Garten ein Blumenbeet. Oder vielleicht sogar mehrere. Sie sind die Highlights im Garten. Toll, wie es grünt und blüht und leuchtet. *Wenn* es grünt und blüht und leuchtet. Hitze und Trockenheit lassen die üppigsten Stauden verdorren; die frisch gepflanzten Trockenheitshelden werden vom feuchten Herbst und Winter dahingerafft. Noch toller wäre, wenn immer etwas blühen würde, ohne viel Arbeit und ohne neu- oder nachpflanzen zu müssen, wenn es auch im Herbst und Winter gut aussieht und alles im Frühling von alleine wiederkommt.

Alant

Damit das Jahr über immer etwas zu sehen ist, brauchen Sie für jede Jahreszeit die passenden Akteure. Für den Winter: Stauden, die auch verblüht gut aussehen, sogenannte »Wintersteher«, zum Beispiel Fetthenne oder Färber-Hundskamille, Schafgarbe, Malven, Wilde Karde oder Wilde Möhre. Auch Gräser eignen sich gut, sie sehen unglaublich malerisch aus, wenn Frost und Schnee sie verzieren. Und weil ihre Samenstände stehen bleiben, kommen Vögel auch im Winter, um Futter zu finden; in den Stängeln überwintern Insekten und diese sind dann im Frühling am Start, um bei der Bestäubung zu helfen und auch um sich gegenseitig in Schach zu halten.

Außerdem brauchen Sie Frühblüher wie Christrosen, Schneeglöckchen, Krokusse oder Winterlinge, die von Dezember bis März nacheinander blühen und wieder Farbe in den Garten bringen (siehe Seite 55). Sie brauchen ein paar große, auffällige Pflanzen fürs Auge. Dafür eignen sich die Zaunguckerpflanzen (siehe Seite 130). Sie brauchen dann noch Bodendecker, die die Reihen geschlossen halten, zum Beispiel Storchschnabel, Frauenmantel, Walderdbeere und Glockenblumen. Wichtig auch: Herbstblüher, damit mit dem Sommer nicht die Blumenpracht vorbei ist.

6 Auf einen Blick: Staudenbeet – gekommen, um zu bleiben

Das brauchen Sie, um trostlosen Rabatten zu immerwährender Blüte zu verhelfen:
Material: Für eine Fläche von 1 m² als Faustregel etwa neun niedrig wachsende Pflanzen; bei größeren Stauden vier bis fünf. Wer Geld und damit Pflanzen und Arbeit sparen möchte, kann auch weniger nehmen, nach einiger Zeit ist die Fläche trotzdem vollständig bewachsen. Wer ungeduldig ist und keine nackte Erde möchte, nimmt ein, zwei Pflanzen mehr. Vorschläge für die Pflanzenauswahl auf Seite 89 und 96.
Werkzeuge: Spaten, Gießkanne, Eimer oder Wanne zum Wässern.
Fähigkeiten: vorausschauende Planung, Pflanzarbeit, Geduld.
Zeitaufwand: Wenn Sie ein Beet komplett neu anlegen, planen Sie ein Wochenende ein. Das reine Pflanzen dauert wenige Stunden.

Planung und Vorbereitung

Sie können grundsätzlich die Pflanzen nehmen, welche Sie mögen und die Artenvielfalt fördern. Wichtig ist, all die Kandidaten auf ihre Tauglichkeit zu checken. Informieren Sie sich über Blütezeit und Wuchshöhe, Licht- und Wasserbedarf sowie den Wert für Bienen, Schmetterlinge oder Vögel. Wichtig ist auch, wie klimawandeltauglich die Kandidatin ist, ob sie sich selbst aussät oder mehrjährig ist und von alleine wiederkommt. Die vielfach übliche Wechselbepflanzung mit Stiefmütterchen, Dahlien, Geranien, Petunien und Heidekraut ist für ein robustes Beet in Zeiten der Klimaveränderung ungeeignet. Jeweils frisch gepflanzt und schon blühend im Gartencenter erworben, sind die Neuankömmlinge kaum in der Lage, auf eigenen Füßen zu stehen. Sie sind oft im Gewächshaus gepäppelt worden und empfindlich. Bis sie sich im Boden eingelebt und mit den Bodenlebewesen bekannt gemacht haben, kommt schon die Dürre oder der nächste Pflanzkandidat dran. Mehrjährige heimische Stauden oder sich durch Ausläufer oder Samen selbst erhaltende Pflanzen dagegen sind die alten Hasen im Revier. Sie wissen, wo sie wachsen können und wollen, sind gut im Boden verwurzelt und kommen alleine klar.

Rosen, Dahlien, Phlox und dazwischen nackte Erde – das ist nicht pflegeleicht. Einfacher wird's, wenn rund ums Jahr immer etwas blüht und sich die bunte Blütenpracht aus Einjährigen, Stauden und Gräsern selbstständig verbreitet.

Wenn Sie eine Auswahl an Pflanzen getroffen haben, machen Sie am besten eine Skizze, einen groben Pflanzplan auf dem Papier. Arrangieren Sie die Pflanzen so, wie es Ihnen gefällt, und bedenken Sie dabei: Es blühen nie alle zur selben Zeit und die eine oder andere wird sich mit der Zeit ihren liebsten Platz selbst suchen.

So gehen Sie Schritt für Schritt vor

Die neuen Bewohner werden zunächst in einer Wanne oder im Eimer gut gewässert (siehe Seite 24). Dann bereiten Sie das Beet vor. Gibt es bereits eine bepflanzte Fläche, dann holen Sie alle toten und nicht mehr wohlgelittenen Exemplare, ebenso alte Wurzeln und große Steine heraus. Gibt es noch kein Beet, können Sie die Umrisse auf der Erde mit hellem Sand oder einer Schnur markieren. Den Rasen abstechen, dann den Boden lockern, je nach Zustand mit der Harke oder der Hacke. Je nach Bodenbedingungen die Erde mit Kompost aufbessern oder mit Sand abmagern. Zum Schluss schön glatt rechen, dann ist das Beet bereit.

Verteilen Sie die Pflanzen nach Ihrem Entwurf auf der Beetfläche. Passt alles? Dann graben Sie passende Pflanzlöcher und setzen die Pflanzen ein. Noch einschlämmen, Erde etwas auflockern, fertig.

Zwischen den Stauden und Blumenzwiebeln verteilen Sie dann die Sommerblumensamen. In den kommenden Wochen sollte das Beet regelmäßig gewässert werden. Alle paar Tage gründlich ist besser als jeden Tag ein bisschen. Und dann freuen Sie sich auf das, was kommt.

Auch noch wichtig

Zum Standort habe ich bewusst nichts geschrieben, also sonnig, schattig, frisch oder trocken. Sonne ist nicht gleich Sonne, ein Südgarten nicht gleich Südgarten. Es ist ein anderer Standort, ob die Sonne voll auf einen leichten Sandboden scheint oder auf einen fetten Lehmboden oder eher auf ein Grundstück mit hohem Grundwasserspiegel. Und wer sich seinen Garten genau anschaut, wird sehen, dass es noch viel mehr unterschiedliche sonnige Bereiche gibt. Stellen, auf die weiße Mauern oder Metalldächer Licht spiegeln, oder solche, wo nur mittags die Sonne scheint, aber dann mit voller Kraft. Und dann gibt es immer noch Jahre, in denen es die Sonne im Sommer einfach nicht so vollsonnig werden lässt, wie die Pflanzen es gerne hätten. Das Gleiche im Schatten. Im Norden, hinterm Schuppen, unterm Dachüberstand, unter Bäumen und Sträuchern, direkt an der Hauswand, es gibt in jedem Garten schattige Plätze, nicht nur im klassischen Nordgarten oder dicht von Bäumen oder anderen Häusern umrahmten Grundstück. Feucht oder trocken? Das hängt auch ab vom Boden, vom Grundwasserstand und davon, was wann vom Himmel herunterkommt … Jeder Standort ist ganz besonders, Ihr Garten, Ihr Beet eine einzigartige Kombination aus unterschiedlichsten Eigenschaften. Deshalb kann es sein, dass eine Sonnenstandort-Pflanze bei Ihnen nicht so gut wächst, wie sie sollte, oder lieber an einer anderen Stelle, weil sie vielleicht eine andere Eigenschaft wie Bodenfeuchte oder das passende Nährstoffangebot wichtiger findet. Je mehr Vielfalt Sie im Garten haben, desto mehr können Sie es den Pflanzen überlassen, sich zurechtzufinden – und trotzdem wird überall etwas wachsen.

Wieso, weshalb, warum?

Ein solches Beet ist absolut anfängertauglich, Sie können wenig falsch machen oder müssen nicht aus Angst vor Unwissenheit und zu viel Arbeit alles mit Rasen einsäen oder im Vorgarten Kies aufschütten. Wer Staudenbeete aus Gartenzeitschriften nachpflanzt, ist oft enttäuscht. Es kostet viel Geld, nichts wächst, wie es soll, hier gibt es Lücken, dort jede Menge Beikraut, ständig muss man gießen … Mit der richtigen Auswahl an robusten, selbstständigen, standorttauglichen Arten – und nicht nach Farbe, Form oder Größe sortierten Exemplaren – kommen Sie besser zurecht. Und sollte es doch mal die eine oder andere Pflanze nicht schaffen, dann wächst schnell wieder etwas anderes, Schöneres, Robusteres, Passenderes über die Fehlplanung und die Lücke. Lassen Sie die

Kompost statt Kunstdünger

Gedüngt wird am besten mit Kompost oder mit anderen organischen Düngern wie zum Beispiel Schafwollpellets. Auf die landläufig als »Kunstdünger« bezeichneten mineralischen Dünger, also Flüssigdünger oder Stickstoffkügelchen zum Streuen, verzichten Sie besser. Die Blumen bekommen damit zwar die Nährstoffe, aber die Bodenlebewesen bekommen kein Futter und damit auch nichts, woraus sie Humus bilden können. Gespeichert werden die Nährstoffe auch nicht. Was die Pflanzen nicht unmittelbar aufnehmen, landet im Grundwasser.

Bunte Mischung mit Natternkopf, Rittersporn, Brandkraut und Mohn

Blumen selbst machen. Pflanzen wachsen seit Millionen von Jahren und haben das lange Zeit ohne Menschen ganz gut hinbekommen. Wer so vertrauensvoll gärtnert, erlebt kaum Misserfolge und hat weniger Arbeit, wenn das Beet einmal angelegt ist. Und vor allem: Sie haben nicht nur ein Staudenbeet, sondern ein kleines Artenreich. Ein Blütenmeer, das vom Frühjahr bis zum Herbst Farbe in den Garten bringt und Bienen, Schmetterlinge und viele andere Insekten anlockt.

Wenn Sie es lieber eine Nummer kleiner hätten

Sie haben gar kein größeres Blumenbeet oder keine Lust, das vorhandene Beet komplett umzumodeln? Dann bringen Sie den restlichen Garten zum Blühen. In die Pflasterfugen kommen Einjährige und Sukkulenten, die Wege werden mit Minze und Thymian zu Duftteppichen. Pflanzen Sie Herbst- und Winterblüher in Töpfe, und an jedem freien Platz werden Frühlingsblumenzwiebeln versenkt. Der Komposthaufen wird umpflanzt und auch die Baumscheiben bekommen einen Unterwuchs aus Kräutern und heimischen Wildpflanzen. An den Zaun kommen Rosen und Wicken, und schon blüht der ganze Garten.

In Töpfen und to go

Kräuter aller Art bereichern jeden Garten. Auch wenn Sie wenig Zeit haben, Kräuter zu ernten, zu trocknen und daraus Tees, heilwirkende Auszüge oder Gewürzmischungen herzustellen: Sie tun gut daran, reichlich Kräuter anzubauen. Denn diese sind zum großen Teil das, was aktuell als pflanzliche Klimahelden bezeichnet wird. Robust, pflegeleicht – außer Basilikum vielleicht – unerschrocken – und sie kommen auch nach trockenen Sommern oder feuchten Winter oft wieder. Die meisten fühlen sich auch im Topf sehr wohl, gerade die mediterranen Kräuter sind es gewohnt, die Füße nicht in allzu üppiger Erde stehen zu haben. Pflanzen Sie die Töpfe voll und platzieren Sie diese, wo es Ihnen gefällt, und genießen Sie. Bis weit in den Herbst hinein blüht Ihr Topfgarten, in Weiß, Rosa, Hellblau, Lila oder Gelb, umsummt und umschwirrt von Bienen und Schmetterlingen. Wenn Sie die Kräuter über den Sommer immer mal zurückschneiden, etappenweise, dann treiben sie immer wieder durch. Beständig blüht etwas. Was nicht geschnitten wird und über den Winter stehen bleibt, nützt den Insekten doppelt. Finden sie doch so im Blattwerk und in den Stängeln warme Plätzchen zum Überwintern. Die meisten Kräuter bringen sich ohnehin ganz gut selbst durch den Winter. Schnittlauch oder Petersilie beispielsweise ziehen ein, von Rosmarin und den anderen mediterranen Kräutern gibt es winterharte Sorten. Diese sind eine immergrüne Gartenzierde, auch wenn es friert und schneit.

Darf's ein bisschen mehr sein?

Vielleicht möchten Sie auch ein bisschen frischen Wind ins Gemüsebeet bringen? Üblich ist es ja, im Frühjahr Gemüse zu säen, ins Frühbeet, Gewächshaus oder auf der Fensterbank, dann auszupflanzen oder direkt auszusäen, schön in Reihen, all die kleinen Möhren, Kohlrabi und

Gurken zu vereinzeln und dann irgendwann zu ernten. Gemüse und Blumen wachsen strikt getrennt. Warum eigentlich? Auch viele Gemüsearten blühen sehr schön und viele Blumen passen gut ins Gemüsebeet. Zum Beispiel Rucola oder Feldsalat; um die brauchen Sie sich – einmal ausgesät – nie wieder zu kümmern. Sie können reichlich ernten und wenn Sie jeweils ein paar Pflanzen blühen und fruchten lassen, haben Sie immer Nachschub im Beet. An den schönen Blüten erfreuen sich außerdem Bienen und Schmetterlinge. Gilt auch für all das Gemüse, was Sie nicht ernten wollen: blühen lassen. Aus Möhren und Pastinaken, Kohl und Salat wachsen beeindruckende Blütenwolken, beliebt bei Insekten und später, wenn sie reif sind, auch bei Vögeln. Einfach stehen lassen im Herbst und Winter. Sieht fast aus wie Kunst. Wem damit nicht so wohl ist, alles bunt durcheinander anzubauen, bleibt bei geordneten Saatreihen und mischt Blumen ins Gemüse. Das ist nicht nur schön, sondern praktisch, zum Beispiel spart es das lästige Vereinzeln, wenn Sie zum Beispiel Möhrensamen mit Kamille und Borretsch mischen: Das so vergröberte Saatgut verhindert zu dichtes Auflaufen und das Weiß und Blau der Blüten leuchtet mit dem hellgrünen Möhrenlaub wie der Sommer persönlich. Ringelblumen, Kapuzinerkresse oder Königskerzen lockern die Reihen nicht nur optisch auf, sondern sind auch Insektenweide und Vogelfutter, und viele Kräuter sollen das Obst und Gemüse stärken und schützen: Bohnenkraut hält Läuse von den Bohnen fern. Salbei, Thymian und Minze den Kohlweißling. Schnittlauch bewahrt mit seinen ätherischen Ölen in Blättern und Wurzeln Erdbeeren vor Grauschimmel. Er ist so eine Beet-Einrahmung und ein leckeres Gewürz zugleich; und eine schöne Schnittblume ist er außerdem.

Noch mehr Pflanzen: zum Schauen und zum Schmecken

Kräuter passen in jeden Garten, nicht nur in Töpfen. Hier kommt eine kleine Auswahl für alle Sinne und jeden Zweck. Heilkräftig sind viele außerdem.

Bohnenkraut wie *Satureja hortensis* oder *montana* gibt's in verschiedenen Sorten, Größen, Blühfarben und Winterhärtegraden. Es kann alles sein, von Rosenunterwuchs über Gewürzkraut bis zum Pflasterfugenfüller auf der Terrasse. Bohnenkraut bildet Polster und Teppiche, versamt sich reichlich und kommt mit dem Ameisentaxi weit herum.

Borretsch *(Borago officinalis)* produziert blaue Sternchenblüten am laufenden Band und ist eine Wildbienenlieblingsblume. Einmal im Garten, versamt er sich freundlich zurückhaltend überall, wo Platz ist.

Weicher Frauenmantel *(Alchemilla mollis)* ist eine langlebige Pflanze, die sich überall wohlfühlt, weil sie wenige Ansprüche an den Standort stellt. Pralle Sonne und Vollschatten, Staudenbeet oder Pflasterlücke, egal. Neben der bekannten Variante gibt es noch viele andere Arten und Sorten. Bienen und Schmetterlinge mögen Frauenmantel.

Kamille *(Matricaria chamomilla)* ist eigentlich ein Ackerbegleitkraut und eine uralte Heilpflanze. Man muss sie einfach im Garten haben. An lichten Stellen, Beet- und Wegrändern erhält sie sich durch Selbstaussaat.

Echte Katzenminze *(Nepeta cataria)* ist hübsch und robust. Sie besiedelt Fugen und Lücken und zieht tagsüber Bienen an, nach Einbruch der Dämmerung Nachtfalter.

Lavendel *(Lavandula angustifolia)* hat es gerne warm, trocken und mager, dann blüht er ab Juni. Verschieden Sorten zu pflanzen oder ihn portionsweise zurückzuschneiden, hilft, dass er bis in den Herbst blüht. Die Blüten sind äußerst beliebt bei vielen Arten von Wildbienen und Schmetterlingen.

Minzen *(Mentha)* wachsen üppig, sind robust und pflegeleicht, blühen herrlich weiß, rosa, hellblau, werden von Hummeln, Bienen und Schmetterlingen umsummt und umschwirrt. Sie brauchen alle paar Jahre frische Erde, damit sie gut wachsen, oder einen neuen Standort. Das können Sie den Pflanzen aber selbst überlassen, Minzen sind sehr wanderfreudig und bilden lange, schnell wachsende Ausläufer, die sich knapp unter der Oberfläche in alle Richtungen ausbreiten. Auch für den Teich gibt es eine Art: die **Wasserminze** *(Mentha aquatica)*, auf die zum Beispiel das Wasserminzen-Bärchen spezialisiert ist, ein kleiner Falter. Bienen und Schmetterlinge mögen die frisch duftenden Blüten ebenfalls sehr gerne.

Oregano *(Oregano vulgaris)* ist winterhart, andere Oregano-Arten weniger. Pflanzen Sie, was gefällt, es wird insektenumsummt blühen, dann fruchten und sich versamen.

Neben dem klassischen **Rosmarin** *(Rosmarinus officinalis)* gibt es noch viele andere große, kleine, hängende oder polsterbildende Varianten. Insekten lieben die lila Blüten. Hierzulande empfiehlt es sich, winterharte Sorten zu pflanzen.

Salbei *(Salvia officinalis)* ist eine mehrjährige Pflanze, die auch im Winter im Kräuterbeet die Stellung hält. Für Dachgarten und Steingarten ist sie ebenfalls geeignet.

Die kleinen zartblauen Blüten der **Berg-Minze** *(Calamintha nepeta)*, auch **Steinquendel** genannt, werden von Insekten geliebt, sie ist mehrjährig und frosthart. Sie wächst auch im Steingarten oder auf der Mauerkrone sowie im Balkonkasten und Topf.

Thymian hat man nie genug, vom Frühlings- bis zum Zitronen-Thymian, natürlich den echten *Thymus vulgaris* oder was auch immer Ihre Lieblingssorte ist. Das Laub schillert in allen Farben, die Blütenfarbe reicht von Weiß bis Lilablau. Groß oder klein, winterhart robust oder eher empfindlich, hängend oder kriechend: Pflanzen Sie, was Ihnen gefällt, und schauen Sie, was in Ihrem Garten selbstständig bleibt.

Waldmeister *(Galium odoratum)* vermehrt sich flink durch Ausläufer, und wo es ihm gefällt, zeigt er Anfang Mai jedes Jahr mehr von seinen grünen, duftenden Blattquirlen und den zart darüber schwebenden Blüten. Dann kommen der Sommer und das Laub, die Blumen ziehen ein. Verwandt mit ihm ist das **Wiesen-Labkraut** *(Galium mollugo)*, mit noch viel größeren weißen Blütenwolken. Es zieht vor allem Schmetterlinge an, Labkrautspanner und Laubkrautschwärmer und deren Raupennachwuchs. Das **Echte Labkraut** *(Galium verum)* überzieht sonnige Standorte mit Ausläufern und seinen goldgelben Blütenrispen.

Eine horstige, ausdauernde Kräuterpflanze ist die **Zitronenmelisse** *(Melissa officinalis)*, sie sät sich mal hier, mal da aus, wird aber nie aufdringlich. Mit ihren weißen Blüten lockt sie Wildbienen an.

1 | Frauenmantel
2 | Lavendel
3 | Borretsch
4 | Oregano
5 | Echtes Labkraut
6 | Salbei
7 | Thymian

Upgrade Wildnis

Freunden Sie sich mit Disteln an. Sie sind nicht bei jedem beliebt, aber wenn man ihr schlechtes Image beiseitelässt, die tollsten Blumen, die man sich in diesen Zeiten wünschen kann. Selbst wenn es nur Disteln gäbe, wäre der Garten bunt und die Tierwelt glücklich. Statt sie wie früher als »Teufelspflanzen« anzusehen, gebührte ihnen eigentlich der Titel »Königin der Blumen«. Denn die schönen Distelblüten sind eine üppige Nahrungsquelle für Hummeln, Bienen, Käfer und Schmetterlinge, außerdem auch für zahlreiches Kleinvieh – Läuse, Pilzsporen –, die dann wiederum Marienkäfer und andere Raubtierchen anziehen. Die fluffigen Flugsamen mögen vor allem Vögel. An ihren Blättern fressen Raupen, was dem Distelfalter sogar zu seinem Namen verholfen hat. Gegen größere, rabiatere Pflanzenfresser schützen sie sich mit teils piksigen Dornen, einer der Gründe für ihr schlechtes Image. Dabei ist das eine clevere Einrichtung der Evolution. Ein wichtiger Teil des Überlebenskonzepts sind auch die tiefen Wurzeln, denn würde eine Pflanze doch mal von einem hungrigen Maul herausgerissen, könnte sie schnell wieder durchtreiben. Wunderbar aus Sicht der Natur – anstrengend und fordernd aus menschlicher Sicht. Artischocken sind übrigens auch nur Disteln. Zwischen diesen Extremen – unbeliebtes »Unkraut« und Edelgemüse – gibt es viele Arten und Sorten, die auch im Staudenbeet eine gute Figur machen. Es gibt so viele verschiedene Disteln, dass für jeden Garten etwas dabei sein dürfte, zum Beispiel die **Nickende Distel** *(Carduus nutans)* oder die **Golddistel** *(Carlina vulgaris)*.

Gänsedisteln *(Sonchus)* haben weiche Blätter und kaum Dornen. Früher waren sie Gemüse für Arme, deswegen auch Kohldisteln genannt. Heute verwenden viele trend- und gesundheitsbewusste Menschen sie für Wildkräutergerichte oder in Smoothies. Sie ist weniger piksig als disteltypisch und auch die gelbe Blüte erinnert mehr an Löwenzahn. Sie wurzelt tief, deshalb auch gut in Fugen und auf trockenen Stellen wie Sand oder Vorgärten oder Stellplätzen.

Kratzdisteln *(Cirsium)* sind die mit den vielen kleinen lila Blüten. Sie kündigen sich im Herbst mit kleinen Blattrosetten an und treiben im

Wo Disteln und Wilde Karden wachsen, kommt der Distelfink gerne zu Besuch

Frühjahr dann hohe, weiche Stängel. Sie sind dann eine Bereicherung vor allem für die Insektenwelt, Schmetterlinge fliegen drauf.

Die **Eselsdistel** *(Onopordum acanthium)* ist ein riesiges Prachtexemplar. Kommt mit Trockenheit wunderbar klar, weil ihre geflügelten Stängel wie Dachrinnen Regen direkt zum Wurzelfuß leiten.

Kugeldisteln (*Echinops*-Arten) wie *Echinops ritro* sind zwar nicht heimisch, aber die violettblauen Kugelblüten sind bei Generalisten unter den Insekten sehr beliebt. Nach der Blüte sehen die Kugeln erst recht toll aus und es braucht keine Überwindung, sie über den Winter stehen zu lassen. Nur die Drüsenblättrige Kugeldistel *(Echinops sphaerocephalus)* sollten Sie besser im Gartencenter stehen lassen und im Garten ein scharfes Auge auf sie haben; bzw. mit einem scharfen Messer *vor* der Samenreife die Blüten herunterschneiden. Sie ist sehr wanderlustig und dort, wo sie wachsen will, wächst sie auch. Sie kann so anderen weniger robusten Arten den Platz wegnehmen.

Nicht ganz so forsch, aber doch sehr zuverlässig kümmern sich die meisten Arten via Selbstaussaat darum, im Garten zu bleiben, besondere Pflege brauchen sie nicht. Über den Winter einfach stehen lassen ist das Beste. Das sieht außerdem auch noch schön aus und die dicken Stängel bieten Unterschlupf für Käfer und andere Insekten.

Optisch gut zu Disteln passen großblütige Stauden wie Sonnenhut, Schafgarbe und Färber-Hundskamille genauso wie filigran blühende Königskerzen oder Federgras. Kleine Disteln wie die Nickende Distel wirken in der Gruppe, große wie die Eselsdistel wirken auch als Solitär. Und weil die Königin sich gerne volksnah gibt, sucht sie sich ihr Gefolge selbst: Sie siedelt sich dort an, wo und neben wem es ihr gefällt, und findet ganz alleine den besten Standort.

Außerdem

Was wächst denn da? Auch ohne botanisches Vorwissen lässt sich das leicht herausfinden: mit dem Smartphone und einer App zur Pflanzenbestimmung. Es gibt verschiedene Anbieter, die Funktionsweise ist aber immer ähnlich. Man lädt Fotos der Pflanze hoch und bekommt dafür Vorschläge angezeigt. Meist gibt es eine kostenlose Grundversion, die man für häufige oder komplexe Bestimmungsanfragen auf eine Premiumversion upgraden kann.

- Sehr empfehlenswert ist Pl@ntNet. Die Bestimmungen sind kostenfrei und es gibt keine übermäßige Werbung. Die App arbeitet zuverlässig, auch wenn die Pflanze gar nicht blüht, sondern erst im Werden oder schon ausgereift ist. Blätter oder Samenstände reichen ihr oft für einen heißen Tipp.
- Ebenfalls empfehlenswert ist Flora Incognita, ein Projekt des Max-Planck-Instituts. Sie eignet sich vor allem für heimische Pflanzenarten. Zierpflanzen und Einwanderer kennt sie oft nicht.
- Dritter Vorschlag: ObsIdentify, ein Bestimmungsportal der Stiftung Observation-International. Teilnehmende können Fotos zum Bestimmen hochladen und der Community zur Verfügung stellen.

Teilen Sie Ihre Erfahrungen in sozialen Netzwerken. Auf Instagram und Co. gibt es jede Menge passende Hashtags wie #Staudenstehenlassen oder #Klimawandelhelden. Wenn Sie Ihre Bilder und Texte mit bestimmten Hashtags versehen, dann finden andere Menschen Ihre Erfahrungen und Sie können auch von anderen neue Ideen bekommen.

Schwierige Standorte: kein Problem für Käfer und Co.

»Tote« Ecken hat wohl jeder Garten, an denen es zu trocken, zu feucht, zu heiß, zu dunkel ist und »nichts« wächst. Angesichts der Klimakrise werden es nicht weniger. Aber tote Ecken lassen sich zum Leben erwecken. Mit Totholz. Klingt paradox, funktioniert aber super. Denn Totholz ist gar nicht tot. Nur der gefällte Baum oder abgeschnittene Ast sind abgestorben, ins Holz zieht aber sofort neues Leben ein. Zuerst kommen die Spezialisten: Mikroorganismen und Pilze wie der Birkenporling, die sich vom schwer verdaulichen Holz ernähren. Danach kommen die Krabbeltiere, ganz viele, ganz kleine und ganz große. Käfer zum Beispiel. Es gibt viele, viele Arten, die sehr gerne Holz fressen. Sie haben im Darm Bakterien, die helfen, die schwere Kost zu verdauen. Andere Arten fressen am liebsten den holzigen Kot oder das fluffige Holzmehl, das ihnen die Käfer hinterlassen haben. Wildbienen finden die Fraßgänge oft gerade richtig, um darin Eier zu legen. Holzwespen sägen sich selbst eine Stelle für ihr Ei. Fliegenlarven weiden Bakterien und Pilzgeflechte ab, nach und nach kommen Asseln, Regenwürmer, Tausendfüßer, Milben oder Springschwänze und zersetzen das Moderholz zu Humus. Der genüsslich mampfende Trupp ist gefundenes Fressen für andere: Feuerwanzen jagen Fliegenlarven, Spinnen bauen ihre Netze und Vögel brauchen nur zuzugreifen. Totes Holz ist für viele Tiere Wohnraum, Vorratskammer und Spielplatz in einem.

Nashornkäfer

Dieses Prinzip lässt sich mit der Anlage eines Käferkellers unter die Erde verfrachten – dann sieht man das Totholz nicht. Die Stelle unterm Dachvorsprung ist dafür ein ideales Plätzchen – schattig im Sommer, meistens trocken, weil kaum Regen dorthin kommt. Im »Erdgeschoss«, auf der Mulchdecke, können Sie sich eine Bank oder ein Palettensofa hinstellen. Während sie den Sonnenuntergang beobachten, läuft unter Ihren Füßen der Artenschutz auf Hochtouren.

Auf einen Blick: schwierige Standorte – Holzschnitzelkeller

Das brauchen Sie, um aus Problemstandorten Wohlfühlplätze werden zu lassen:
Material: Sand zum Markieren der Fläche, Rindenmulch oder Hackschnitzel, selbst gemacht aus Astschnitt, wenn Sie einen Häcksler haben, oder zugekauft. Kleine Mengen können Sie aus dem Garten- oder Baumarkt holen; soll die Fläche größer werden, lohnt sich eine Bestellung beim Baustoffhändler oder im Sägewerk. Auf den Liter gerechnet ist das erheblich günstiger und es wird vielleicht sogar bis vors Gartentor oder an Ort und Stelle geliefert. Es sollte unbehandelt sein, keine Pestizide und Schadstoffe oder Unrat enthalten.
Außerdem Totholz in Form von Astschnitt, Baumstümpfen, Holzscheiten.
Eventuell als Drainage ein paar Eimer Kies. Käfer mögen es zwar tendenziell auch mal feucht, aber Sumpfbewohner sind sie nicht.
Werkzeuge: Schaufel, Spaten, Eimer oder Schubkarre.
Fähigkeiten: ein bisschen Ausdauer, Zeit und Kraft, grundsätzlich ist die Anlage eines Käferkeller aber ein Kinderspiel.
Zeitaufwand: je nachdem wie groß Ihr Käferkeller wird, eine bis mehrere Stunden.

Planung und Vorbereitung

Je nachdem wie groß Ihr Käferkeller wird, brauchen Sie mehr oder weniger Holzhäcksel. Die Mindestmaße sollten 1 m × 50 cm × 50 cm sein – das sind 0, 25 m^3. Für 1 m^3 brauchen Sie 1000 l Mulch, in diesem Fall also 250 l. Das sind circa 5 Säcke oder 25 Wassereimer voll. Je nach Größe Ihres Problemstandorts müssen Sie die Menge anpassen. Tiefer graben können Sie außerdem auch. Bedenken Sie, dass diese Mindestgröße aus der Sicht der Käfer beschrieben ist. Planen Sie auch für sich. Wenn Sie darauf ein Palettensofa oder eine Hollywoodschaukel stellen möchten, brauchen Sie mehr Platz, als wenn Sie nur einen Blumentopf oder einen Stuhl darauf stellen. Am besten vorher ausprobieren – oder zumindest ausmessen.

Unterm Balkon oder Dachüberstand ist es meistens sehr trocken. Ein guter Platz für einen Käferkeller. Unterirdisch wachsen darin viele kleine Schneckenjäger heran. Davon bekommen Sie bei Ihrer Pause auf der Gartenbank aber wenig mit.

Wieso, weshalb, warum?

Mit diesem Käferkeller werden Sie eine Menge Schneckenjäger zu sich einladen. Denn viele Käfer fressen vor allem sehr gerne Schneckeneier. Glühwürmchen zum Beispiel, die viele Jahre als Larve in Laub und Totholz leben, ernähren sich vor allem von Eiern verschiedener Schneckenarten. Laufkäfer und ihre Larven erbeuten kleine Schnecken. Auch Hundertfüßer oder Weberknechte, die sich im Käferkeller wohlfühlen, fressen Schnecken und Schneckeneier.

So gehen Sie Schritt für Schritt vor

Legen Sie die Umrisse des Käferkellers fest und markieren Sie diese mit hellem Sand.

Heben Sie mit dem Spaten innerhalb der markierten Fläche eine Grube aus und packen Sie den Aushub beiseite.

Füllen Sie das Loch zuerst mit einer Schicht Kies als Drainage, wenn es bei Ihnen unter dem Dachüberstand eher feucht ist.

Dann füllen Sie die kleinen und großen Totholzstücke ein, darüber dann so viel Holzhäcksel, bis der Rand der Grube wieder mit dem Boden abschließt, und harken Sie alles glatt.

Damit sind Sie eigentlich schon fertig – aus Sicht der Käfer. Fehlt nur noch Ihre Sitzgelegenheit.

Auch noch wichtig

Generell zersetzen sich Hackschnitzel und Mulch recht schnell – sie werden zersetzt von der Armada an Tierchen, die jetzt zu Ihren Füßen einziehen wird. Es kann also durchaus sein, dass Sie regelmäßig etwas Holzhäcksel nachlegen müssen, damit die Bank nicht kippelt. Auch nach einer längeren Benutzungspause vergewissern Sie sich besser, dass alles noch stabil ist, bevor Sie sich mit Schwung auf dem Lieblingsplätzchen niederlassen.

Wenn Sie es lieber eine Nummer kleiner hätten

Holzschnitzel, Häcksel oder Rindenmulch können Sie auch einfach so im Garten nutzen, es muss kein Extrahaufen oder Käferkeller sein. Sie können damit Ihre Gartenwege anlegen oder Sitzplätze, die Hecke damit unterfüttern oder das Holz als Fallschutz rund um Trampolin, Schaukel oder Rutsche verteilen. Engerlingen und anderen Käferkindern ist es vergleichsweise egal, wenn jemand über ihrem Kopf herumtrampelt.

In Töpfen und to go

Viele Käfer fühlen sich durchaus in Blumentöpfen wohl, vielleicht haben Sie beim Umpflanzen auch schon mal einen Engerling gefunden? Das sind meistens Rosenkäfer, die holzhaltige Komposterde mögen, und für diese können Sie in den Kübelpflanzen einen Käferkeller anlegen. Dafür brauchen Sie pro Topf einen deutlich größeren Übertopf, wichtig ist, dass der Übertopf ein Abzugsloch hat. Das ist die Eingangstür für die Käfer, falls sie den Weg von oben nicht finden. Idealerweise steht der Übertopf nicht auf Stein oder Kies, sondern direkt auf der Erde. Steht er auf Pflastersteinen, streuen Sie eine Schicht Holzhäcksel aus und stellen den Topf darauf. Wenn Sie exakt den Durchmesser des Topffußes nehmen, sieht man von außen nichts davon. In den Übertopf kommt eine ordentliche Schicht Holzhäcksel. Darauf kommt die Kübelpflanze in ihrem Topf, den Zwischenraum streuen Sie ebenfalls mit Mulch aus. So bekommen die Kübelpflanzen auch gleich noch eine Isolation gegen Winterkälte.

Rosenkäfer

Darf's ein bisschen mehr sein?

Dann her mit den Problemstandorten. Oft gibt es ja nicht nur eine schwierige Ecke auf dem Grundstück, sondern auch noch die staubige Rückseite des Geräteschuppens, die feuchte Mauer an der Ecke zum Nachbarn, die knorrig verwurzelte Baumscheibe vom alten Apfelbaum. Laubbaumschatten ist zum Beispiel ein Spezialfall, der sich gut bepflanzen lässt. Vorbild ist hier der Wald: Im Winter und Frühling ist es hell und sonnig, weil die Bäume keine Blätter haben, erst dann wird es schattig. Das ist der ideale Standort für Frühlingsblüher von Schneeglöckchen bis Osterglocken und natürlich auch für allen anderen typischen Laubwaldunterwuchs, von Bärlauch bis Waldmeister. Dann kommt der Sommer und mit ihm das Laub; die Blumen ziehen ein. Im Schatten wachsen jetzt noch Dreiblattspiere oder Haselwurz, verschiedene Farnarten vielleicht auch. Die feuchte Mauer könnte malerisch mit Zimbelkraut bewachsen werden.

Ein Patentrezept gibt es nicht, aber viele Möglichkeiten. Schauen Sie sich jeweils um, was die Natur an einem vergleichbaren Standort macht. Die knallhart gebackene Erde hinterm Schuppen braucht vielleicht nur eine Runde Gründünger, von Klee bis Sonnenblumen gibt es viele Möglichkeiten, die auch das Auge erfreuen. Und wenn die Erde wieder auferstanden ist, können Sie auch andere Stauden pflanzen. Vielleicht ist es aber genau der richtige Standort für ein Sandarium? Das klingt megaprofessionell, ist aber das einfachste und beste Insektenhotel, das es gibt: ein Haufen Sand. Denn rund zwei Drittel aller Wildbienen nisten nicht in Halmen, Holzbohrlöchern, Mauerziegeln oder in billig produzierter Massenware, sondern in der Erde. Kleiner Nachteil eines Sandariums: Diesen Platz können Sie sich nicht wie den Käferkeller mit den Tieren teilen. Wildbienen haben nicht die Gemütsruhe von Käfern und reagieren empfindlich auf Störungen.

Der Sandhaufen sollte mindesten 50 cm hoch sein, denn so lang können die Brutröhren verschiedener Wildbienen durchaus werden.

Noch mehr Pflanzen: für schwierige Ecken

Witwenblumen, die auch **Knautien** heißen, und **Skabiosen** sind tolle Insektenpflanzen, auch für trockene Standorte, alle sind als Kardengewächse miteinander verwandt. Allerdings unterscheiden die Insekten zum Teil sehr genau, welche Art sie fressen mögen. Wollen Sie zum Beispiel die Knautien-Sandbiene anlocken, sollten Sie die **Wiesen-Witwenblume** *(Knautia arvensis)* oder die **Gelbe Skabiose** *(Scabiosa ochroleuca)* und die **Tauben-Skabiose** *(Scabiosa columbaria)* säen; Schmetterlinge mögen sie ebenfalls gerne. Eine Empfehlung ist auch die **Wilde Karde** *(Dipsacus fullonum),* die spektakulär blüht und bei langrüsseligen Hummeln, Bienen und Schmetterlingen beliebt ist. Bis in den Winter ziert sie den Garten und ernährt Vögel wie den Distelfink. Die Halbkugeln sind Wohnstatt für Spinnen und Schnirkelschnecken.

UNSER SAATGUT VERSPRECHEN

Alle enthaltenen Pflanzensorten sind hilfreich zur Verbesserung der Artenvielfalt und gelten als gute Nektar-, Pollen- und Futterpflanzen für nützliche Insekten wie Bienen, Hummeln, Schmetterlinge & Co. Wir garantieren wie immer hohe Keimfähigkeit und samenfestes Saatgut, ohne Hybrid-Sorten.

OUR SEED PROMISE

All the plant varieties included help to promote biodiversity and are considered good nectar, pollen and food plants for beneficial insects including bees, bumblebees and butterflies. As always, it’s really important to us that our seeds have high germination rates and are open-pollinated varieties (no hybrid seeds).

1 | Großer Schuppenkopf
2 | Tauben-Skabiose
3 | Wilde Karde
4 | Gelbe Skabiose

Nicht verwandt oder verschwägert, aber optisch ein bisschen ähnlich den Witwenblumen ist der **Große Schuppenkopf** *(Cephalaria gigantea)*. Er ist zwar nicht heimisch, aber trotzdem für Hummeln, Rosenkäfer und andere Pummelchen ein stabiler Platz zum Landen und Fressen. Allerhand Kleinvieh tummelt sich hier auch, weswegen auch Marienkäfer gerne auf Schuppenköpfen sitzen – und Läuse, Pilzporen und Algen fressen.

Upgrade Wildnis

Noch mehr Natur und Wildnis bekommen Sie, wenn Sie keine Bank auf den Käferkeller stellen, sondern das oberirdische Stockwerk anderen Tieren zugänglich machen. Mit einem Steinhaufen zum Beispiel, siehe Seite 53. Ist Ihre Problemstelle sonnig und trocken, werden sich Spinnen, Heuschrecken, Libellen und vielleicht sogar Eidechsen einfinden. Ist der Boden in der Ecke unterm Dachvorsprung eher feucht, haben Sie ein Versteck für goldäugige Kröten und glitzergrüne Frösche geschaffen. Dort können sie im Sommer die Hitze verdösen und im Winter die Kälte. Vorteil: Sie haben noch mehr Schneckenfresser an Ihrer Seite. Jede Menge Fliegen und Mücken verspeisen die Amphibien auch. Auch dicke Stämme Totholz können Sie obendrauf stapeln. Mit der Zeit bilden sich auf Steinen und Stämmen sogar malerische Polster aus Moos und Flechten. Sie sind lebende Feinstaubfilter, in ihnen tummeln sich jede Menge kleinste Lebewesen: Bärtierchen, Asseln und Fadenwürmer, Springschwänze, kleine Spinnen und Schnecken und – je nach Größe des Moospolsters – bis hin zu Regenwürmern und Reptilien. Sie alle schätzen die angenehme Feuchte und das reiche Futterangebot. Vögel und kleine Säugetiere polstern ihr Nest mit samtigem Moos.

Außerdem

- Noch mehr Ideen für Tierwohnungen und Lebensräume gibt's beim Hortus-Netzwerk: www.hortus-netzwerk.de.
- Buchtipp: »Haufenweise Lebensräume – Ein Lob der Unordnung im Garten«, von Sigrid Tinz, pala-verlag.
- Wissenswertes und Fotos von Käfern und vielerlei anderen heimischen Insekten, Vögeln oder Spinnentieren finden Sie auf der Internetseite www.naturspaziergang.de.

Dächer und Wände: grüner wird's nicht

8

Schön sehen sie aus, diese kleinen verwunschenen Häuser, bedeckt mit Kräutern, die vom Dach schwappen, umrankt von Wildem Wein und Efeu. Im Urlaub und beim Spaziergang kann man sich nicht sattsehen. Aber am eigenen Haus? Lieber nicht. Es macht Dreck und Arbeit, womöglich leidet die Fassade, so befürchten viele. Eine begrünte Häuserfassade erfordert zwar eine gewisse Pflege, aber die Pflanzen machen nichts kaputt. Eher schützen sie die Grundsubstanz des Gebäudes wie eine Outdoorjacke vor Regen, Sonne und Temperaturschwankungen. All das lässt zum Beispiel den Putz abplatzen und Algen wuchern. Wenn alles bewachsen ist, müssen Sie nicht neu streichen und die »Optik« des Hauses sanieren, niemand kann Ihnen ein ungelenkes Graffiti auf die Mauer sprühen – weil es mit viel Schönerem besetzt ist: mit Pflanzen. Also warum nicht klein anfangen und es einfach mal ausprobieren?

8 Auf einen Blick: Gründach für die Tonnen

Das brauchen Sie, um für zwei Abfalltonnen (Volumen 120 Liter) ein grünes Häuschen zu bauen:
Material: Zollstock, Papier, Stift; zugeschnittenes Holz, Schrauben und weiteres Material für den Bau der Einhausung, siehe Seite 115.
Für die Bepflanzung 20 l Feinkies, etwa 50 l Pflanzerde,
20 bis 30 Pflanzen bzw. Sprossen für eine extensive Dachbegrünung, die in dünner Substratschicht wachsen,
6 bis 8 Pflanzen, um die Seitenwände zu begrünen: Efeu und andere Kletterpflanzen oder schmale Sträucher sowie hohe heimische Stauden.
Werkzeuge: Akkuschrauber, Bohrer, Forstnerbohrer (Durchmesser 5 cm), Vorschlaghammer, Schaufel, großes Gefäß zum Wässern der Pflanzen.
Fähigkeiten: Kraft und handwerkliches Geschick.
Zeitaufwand: ein Wochenende.

Wieso, weshalb, warum?

Jede Fläche, die mit Pflanzen bewachsen ist, macht die Welt ein bisschen besser. Grüne Dächer und Fassaden können Wasser aufnehmen und mildern so die Folgen der Bodenversiegelung. Die Pflanzen produzieren Sauerstoff, speichern CO_2, säubern die Luft von Staub und Schadstoffen und sie gleichen die Umgebungstemperaturen aus. Außerdem sind die Grünflächen zusätzliche Lebensräume, sie sind gut für die Artenvielfalt. Wenn auch die Seitenwände und nicht nur Dächer begrünt werden, dann kommen auch krabbelnde und kriechende Tiere hinauf, nicht nur alles, was fliegen kann. Der Fuß dieses Fassadengrüns kann ein guter Lebensraum für Kröten, Spitzmäuse und andere kleine Tiere sein. Und im rankenden Dickicht finden Vögel wie Amseln oder Rotkehlchen gute Nistplätze. Ein kleines Mülltonnenhäuschen mag dafür zu klein sein, aber es ist schon mal ein Anfang. Und Sie werden mit Blüten und Bienensummen dafür belohnt, dass Sie den Müll rausbringen.

Irgendwo müssen die Mülltonnen auf dem Grundstück stehen. In einem Häuschen mit begrüntem Dach und Fassadengrün aus Stauden oder Kletterpflanzen finden sie einen schönen Platz. Die Bauweise lässt sich je nach Geschmack und Bepflanzung variieren.

Vorbereitung und Planung

Ist das Häuschen gebaut, lässt es sich nicht mal eben woanders hinstellen, denn es ist ja mit den Pfosten in der Erde verankert. Grundsätzlich können Sie das Bauwerk auch nur auf den Boden stellen. Haben Sie als Untergrund Pflastersteine oder Beton, wird das auch nur so möglich sein. Entscheiden Sie deshalb zuerst, wo die Tonnen stehen sollen. Gesetzlich festgelegt ist, dass bei Mülltonnen zu den Fenstern und Türen der Nachbarn mindestens ein Abstand von 2 m bleiben muss. Nutzen

Sie gemeinsam mit mehreren Parteien eines Hauses dieselben Abfalltonnen, sprechen Sie sich ab. Die Einhausung der Tonnen sollte nicht zu weit vom Hauseingang entfernt sein, aber auch nicht zu nahe, wegen der Gerüche. Das Aussehen des Hauses darf nicht verschandelt werden und natürlich soll es auch möglich sein, die Tonnen für die Müllabfuhr gut erreichbar bereitzustellen.

Unser Beispiel ist berechnet für zwei Tonnen von 120 l, die jeweils ungefähre Standardmaße haben (55 cm × 55 cm × 92 cm). Es gibt unterschiedliche Tonnengrößen, messen Sie also bitte nach. Wenn Ihre Tonne größer oder kleiner ist, müssen Sie die Maße entsprechend anpassen. Oft gibt es pro Haushalt nicht nur zwei Tonnen, sondern vier oder mehr. Falls Sie mehrere Tonnen in Häuschen stecken möchten, vergrößern Sie die Dachplatte entsprechend und verlängern Sie die Latten für die hintere Wand des Häuschens. Achten Sie aber auf die Statik der Bodenplatte. Drei Mülltonnen lassen sich sicherlich noch gut unter ein Dach bringen, bei vier und mehr bauen Sie lieber mehrere Häuschen.

In unserem Beispiel haben wir die Höhe so berechnet, dass die Tonne bequem darunter passt, aber zum Öffnen herausgezogen werden muss. Möglich ist auch, die Pfosten zu verlängern und so das Dach deutlich höher zu machen. Dann kann man die Tonne öffnen, ohne sie herausziehen zu müssen. Die Seitenpfosten müssen dann entsprechend länger sein und Sie müssen zur Stabilisierung eventuell weitere Querlatten anbringen.

So gehen Sie Schritt für Schritt vor

Messen Sie an den Pfosten die Position aus, an der Sie die Latten (L1 und L2) anbringen wollen, idealerweise gleichmäßig zwischen oben und unten verteilt. Bohren Sie die Löcher für die Schrauben vor (siehe Seite 29). Die Latte sollte mit je zwei 15er-Schrauben an jeder Seite befestigt werden, also brauchen Sie vier Schrauben pro kurze (L1) und sechs Schrauben pro lange Latte (L2).

Messen Sie am Standort auf dem Boden rund um die Tonnen die Position der seitlichen Pfosten und des mittleren Pfostens aus und markieren

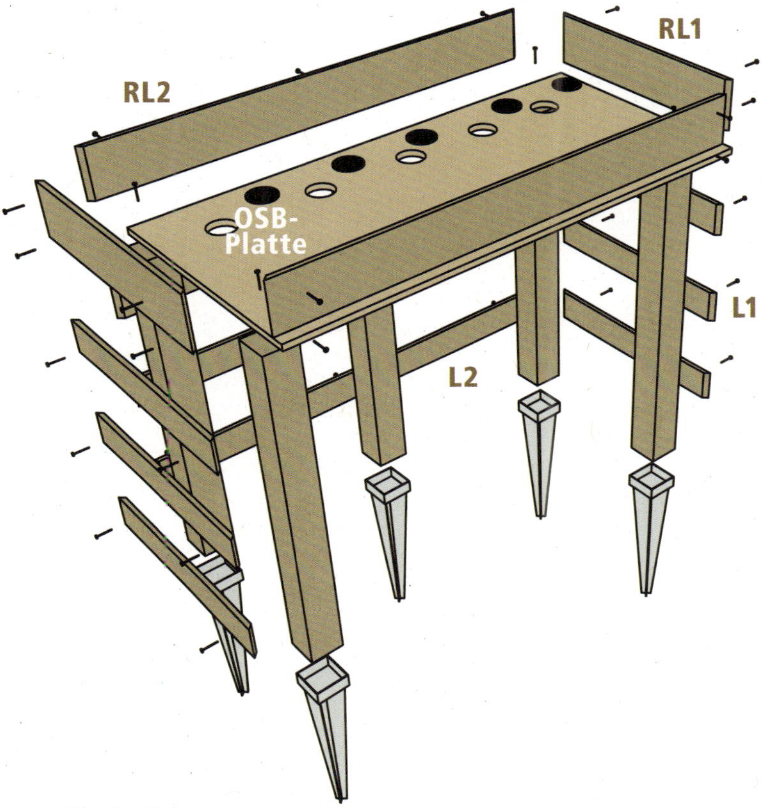

Material für die Einhausung:
Lärchen- oder Fichtenholz (Maße jeweils Dicke × Breite × Länge), zugeschnitten auf folgende Teile:

6 Holzlatten, unbehandelt: 1 cm × 10 cm × 70 cm, auf Gehrung geschnitten (L1),
3 Holzlatten, unbehandelt: 1 cm × 10 cm × 144 cm auf Gehrung geschnitten (L2),
2 Holzlatten, unbehandelt: 1 cm × 15 cm × 70 cm auf Gehrung geschnitten (RL1),
2 Holzlatten, unbehandelt: 1 cm × 15 cm × 144 cm auf Gehrung geschnitten (RL2),
1 OSB-Platte (Klasse 3): 1,8 cm × 70 cm × 144 cm,
5 Pfosten: 10 cm × 10 cm × 120 cm,
5 Pfostenträger/Einschlaghülsen für Pfosten, 10 cm × 10 cm mit jeweils passendem Befestigungsmaterial,
68 Spax-Schnellbauschrauben, 15 mm Länge, 4 – 5 mm Durchmesser, Senkkopf,
12 Spax-Schnellbauschrauben, 20 mm Länge, 4 – 5 mm Durchmesser, Senkkopf,
5 Küchenablaufsiebe.

OSB-Platten sind nicht wasserfest und werden mit der Zeit verwittern. Wenn Sie die Lebenszeit verlängern möchten, können Sie das Dachbeet mit Vlies und Folie auslegen.

Passende Bodenhülsen

Eine Bodenhülse besteht aus der Spitze – dem Anker – und dem im Fachjargon »Topf« genannten Teil – das ist der Teil, der am Ende noch aus dem Boden schaut und in den der Holzpfahl hineingesteckt wird. Der Topf sollte den Holzpfosten komplett umschließen, das heißt, der Topf muss der Form und dem Durchmesser des Pfahls entsprechen. Es gibt rechteckige und runde Töpfe für Einschlagbodenhülsen. Auch beim Anker gibt es Unterschiede, vornehmlich in der Länge. Je lockerer das Erdreich ist, desto länger sollte der Erdanker sein, damit alles schön stabil steht. Lassen Sie sich beim Kauf beraten, welche Einschlaghülse für Ihre Zwecke und den individuellen Standort die richtige ist.

Sie diese mit etwas Sand. An der Hinterseite haben die Außenkanten der äußeren Pfosten einen Abstand von 144 cm, an den Seitenwänden 70 cm. Der mittlere Pfosten sitzt am besten genau in der Mitte.

Jetzt müssen die Pfosten in die Erde. Eine Möglichkeit ist, den Holzpfosten in den Pfostenträger zu stecken und dann mit dem Hammer in die Erde zu treiben. Bei weichem Boden und hartem Holz ist es besser, Einschlaghilfen zu nutzen. Die kann man extra kaufen, aber auch ein stabiler Holzpflock erfüllt seinen Zweck. Er muss in den Topf passen und noch ein Stück darüber hinausragen. Den schlagen Sie mit dem Hammer in die Erde, bis der Pfostenträger richtig sitzt. Ist die Einschlaghülse an Ort und Stelle, ziehen Sie die Einschlaghilfe heraus und stecken den Holzpfahl hinein. Mit Schrauben oder Nägeln wird der Pfosten in der Hülse befestigt. Und dann ist der nächste Pfosten dran.

Wenn alle fünf Pfosten an Ort und Stelle sitzen, schrauben Sie jeweils drei Latten (L1) an der Seite und drei Latten an der Rückseite (L2) mit den 15er-Schrauben an die Pfosten fest.

Mit dem Forstnerbohrer bohren Sie am hinteren Rand der OSB-Platte fünf große Löcher. Das sind die Abflusslöcher. Damit Kies und Erde nicht durchrauschen, setzen Sie in die Löcher die Küchenabflusssiebe. Haben Sie Vlies und Folie als Feuchtigkeitsschutz eingeplant, dann entsprechend auch hier Löcher einschneiden.

Bohren Sie die Löcher in den Randlatten (RL1 und RL2) vor, um die OSB-Platte mit den 15 cm breiten Latten als Umrandung zu versehen. Dafür werden die Latten hochkant am Rand der Bodenplatte angesetzt und seitlich an den Rand geschraubt. Die Latten werden mit 15er-Schrauben befestigt, pro kurze Seite nutzen Sie vier, pro lange Seite fünf Schrauben. Damit dieser Rahmen hält, schrauben Sie jeweils noch die Kanten mit je zwei Schrauben zusammen.

Bohren Sie in jeder Ecke der Bodenplatte auch die Löcher vor, um die Platte auf die Eckpfosten zu schrauben. Setzen Sie die Bodenplatte auf die Pfosten und verschrauben Sie die Platte von oben mit dem Pfosten. Hierfür nutzen Sie die 20er-Schrauben, pro Pfosten sollten Sie drei Schrauben verwenden, damit es wirklich gut hält.

Schütten Sie den Kies in die so entstandene Pflanzkiste auf die Bodenplatte und glätten Sie die Schicht.

Geben Sie darauf zunächst eine etwa 5 cm hohe Schicht Pflanzerde. Nehmen Sie die Dachpflanzen oder Teilstücke der Sedum-Arten aus dem Topf oder der Platte und verteilen Sie diese auf der Fläche. Dann die restliche Erde einfüllen, angießen und festdrücken. In den ersten Wochen gleichmäßig feucht halten.

Links und rechts vom Häuschen graben Sie Pflanzlöcher für die Fassadenbepflanzung. Vermischen Sie etwas Grünkompost mit dem Aushub. Nehmen Sie die Kletterpflanzen oder Stauden aus den Töpfen, setzen Sie sie in die Pflanzlöcher und schlämmen Sie die neuen Pflanzen ein.

Auch noch wichtig

Sind die Dachgewächse nach ein paar Wochen angegangen, bitte wenig gießen. Dachbegrünungspflanzen sind ausdauernd und robust, sie leiden, wenn Sie zu viel gießen. Welche Pflanzen besonders gut wachsen und welche nicht, welche verschwinden werden oder welche von alleine dazu kommen, wird sich entwickeln. Je nach Klima und Wetter, Lage, Sonneneinstrahlung und Dachausrichtung. Bei einem extensiven Gründach können Sie das der Gemeinschaft der Pflanzen entspannt selbst überlassen. Was wächst, ändert sich, aber es wird etwas wachsen.

Größere Pflanzen und auch Rank- und Klettergewächse brauchen ein wenig mehr Pflege. Sie wachsen auf dem dünnen Substrat des Dachs und auf dem mageren Boden rund um das Mülltonnenhäuschen weit weniger üppig. Aber ab und zu sind, wie in jedem Beet, ein paar Pflegemaßnahmen angeraten, abhängig davon, wie »wild« es wachsen darf: Stauden stutzen, Ranken festbinden oder in das Holz verwinden, sodass die »Tentakel« nicht beim Müllwegbringen stören. Das war's aber auch schon.

Wenn Sie es lieber eine Nummer kleiner hätten …

… dann begrünen Sie Ihr Vogelhäuschen, einen Nistkasten, das Futterhaus fürs Eichhörnchen oder das Gartenschläferhaus auf Seite 155. Das Dach ist idealerweise nicht zu stark geneigt, sonst lässt es sich nicht so leicht mit einer hohen Substratschicht versehen. Sägen Sie eine Holzleiste von einigen Zentimetern Breite in vier zu den Dachkantenlängen passende Stücke auf Gehrung, damit sie sich gut ineinanderfügen. Diese Leisten dann rundherum wie ein Geländer auf das Dach nageln, schrauben oder leimen. Geben Sie ein Stück Folie und eine dünne Schicht magere Pflanzerde darauf, darauf dann kleine Wurzelstücke oder Ableger gründachtauglicher Pflanzen. Weil hier die Pflänzchen nur wenig Boden unter den Füßen haben, sollten es wirklich zähe Exemplare sein. Umgeben Sie diese mit feuchter Pflanzerde und drücken alles gut fest. In den ersten Wochen bei Trockenheit gießen.

In Töpfen und to go

Wer nicht pflanzen will oder kann, stellt kleine Töpfe mit Sukkulenten aufs Mülltonnenhaus und Kübel mit großen Stauden oder rankenden Pflanzen drumherum. Oder bauen Sie einen Rosenbogen über die Tonnen und ein Rankspalier dahinter und lassen Sie diese mit in Kübeln gepflanzten Rosen, Clematis oder Feuerbohnen bewachsen. Und nicht nur Dächer von Mülltonnen-Einhausungen können Sie mit Töpfen begrünen. Auch den Abgang der Kellertreppe im Hinterhof und jede kleinste Fensterbank.

1 | Berg- und Spinnweb-Hauswurz
2 | Felsen-Fetthenne
3 | Scharfer Mauerpfeffer
4 | Florentiner Habichtskraut
5 | Dach-Hauswurz
6 | Grasnelke
7 | Weißer Mauerpfeffer

Noch mehr Pflanzen: horizontal und vertikal

Unter dem Sammelnamen **Hauswurz** verbergen sich verschiedenste *Sempervivum*-Arten wie der Dach-Hauswurz *(Sempervivum tectorum),* die auf Mauern oder Dächern, unter Dachüberständen oder in Steinbeeten wachsen und blühen. Diese zähen Sukkulenten sind optimal an trockene Standorte angepasst und verbreiten sich mit ihren Tochterrosetten langsam wie Schildkröten, aber beharrlich und ausdauernd. Die Erscheinungsformen reichen von großen Blattrosetten bis hin zu roten, knubbeligen Häufchen. Manche blühen an langen drachenhalsartigen Stängeln mit kleinen Sternchen wie der Serpentin-Hauswurz *(Sempervivum pittonii),* andere treiben in schillernden Farben große Blüten aus ihrem Dickblattgewächskörper, so zum Beispiel der Spinnweb-Hauswurz *(Sempervivum arachnoideum).* Besonders Wildbienen stehen auf die Blüten, die Samen verbreitet der Wind.

Optisch etwas ähnlich sind **Fetthenne** und **Mauerpfeffer** *(Sedum),* sie gehören wie *Sempervivum* zur Familie der Dickblattgewächse. Große Varianten sind fürs Dach nicht geeignet, aber für den Steingarten und andere magere Standorte oder als Herbstblume im Staudenbeet sehr empfehlenswert. Scharfer Mauerpfeffer *(Sedum acre)* ist mit seinen typischen wurmförmigen Stängeln und kleinen gelben Sternchenblüten vielleicht die bekannteste Sedum-Art. Aber es gibt noch viele andere, weiß, rot, blau, grün blühende Arten, größer oder kleiner, noch blütenreicher. Oft haben Sedum-Arten sehr flache, offene Blüten: gut für nektarsuchende Insekten, die nicht mit langen Saugrüsseln ausgestattet sind.

Beim **Steinbrech** *(Saxifraga)* ist der Name Programm. Die zarten Pflanzen brechen Stein, wenn es sein muss, und wachsen ganz prima zwischen Pflaster und Kies, auch an anderen strapaziösen Orten. Es gibt ihn als heimische und in nicht-heimischen Varianten. Fürs Dach zu empfehlen ist beispielsweise der Keilblatt-Steinbrech *(Saxifraga cuneifolia),* für den Steingarten oder die Mauerkrone der Rispen-Steinbrech *(Saxifraga paniculata).*

Die **Grasnelke** *(Armeria maritima)* bildet – einmal gepflanzt – mehrjährige Polster, besonders gut, wo es warm, durchlässig und sonnig ist;

die kugeligen Blüten sollten stehen bleiben, damit die kleinen Samen Winterfutter für Vögel sein können.

Das **Florentiner Habichtskraut** *(Hieracium piloselloides)* und das **Kleine Habichtskraut** *(Hieracium pilosella)* wachsen auf trockenen Standorten und Wegrändern, sie verteilen ihre flauschigen Flugsamen mit dem Wind in die weite Welt. Rund um ihren Standort erhalten und verbreiten sie sich durch Ausläufer.

Die kurzlebige **Heide-Nelke** *(Dianthus deltoides)* sollten Sie unbedingt blühen und fruchten lassen, damit fürs nächste Jahr genug Samen in Umlauf sind. Wo es ihr gefällt, bildet sie schöne Polsterteppiche.

Auch Kräuter wie Thymian oder Kamille sowie robuste Wildpflanzen wie Wegerich eignen sich für die vertikale und horizontale Begrünung. Ebenso kleine Glockenblumenarten oder Walderdbeeren.

Darf's ein bisschen mehr sein?

Das ganze Haus und das ganze Dach zu begrünen, scheint Ihnen ein bisschen viel, Sie möchten aber noch mehr ausprobieren? Dann fangen Sie vielleicht mit der Garage oder dem Gartenschuppen an. So oder so muss man kein Ökopionier sein, der selbst oben auf dem Dach herumkraxelt, baut und pflanzt. Sowohl für grüne Wände als auch für den Aufbau und die Planung eines großen Dachgartens kann man sich von Fachmenschen und erfahrenen Firmen unterstützen lassen. Vor allem beim Dach gibt es viele Möglichkeiten, von Eigenbau bis zum kleinen richtigen Garten auf dem Dach.

Im Fachjargon unterscheidet man zwischen intensiver und extensiver Dachbegrünung. Eine intensive Dachbegrünung ist im Grunde wie ein richtiger Garten, mit Grünfläche, Stauden und Sträuchern. All diese Gartenpflanzen brauchen eine entsprechende Substratschicht, außerdem sind Sicherheitsvorkehrungen wie Geländer und Aufgänge nötig. Ein solcher Dachgarten muss und soll wie jeder Garten gepflegt und genutzt werden, dafür muss er zugänglich sein. Es braucht außerdem Be- und Entwässerungstechnik. All das hat Gewicht, das Dach muss oft weit über 200 kg / m^2 aushalten, und erfordert Bauanträge und Fachwissen, was

Technik und Statik, Mengen, Maße und Neigungen betrifft. Laien sollten es nicht umsetzen.

Extensives Grün dagegen ist kein grünes Wohnzimmer in der Höhe, eher eine Dacheindeckung aus Pflanzen. Verwendet werden dazu solche Arten, die, wenn sie einmal angewachsen sind, mehr oder weniger alleine klarkommen, die Hitze, Trockenheit und Kälte gut vertragen, keine üppigen Substratdicken brauchen, kein Bewässerungssystem. Das heißt: Ein extensiv begrüntes Dach wiegt weit weniger als ein intensiv begrüntes; in etwa so viel wie ein üblicher Kiesbelag, den jedes Dach ohnehin aushält. Extensivgrün lässt sich gut nachträglich auf dem Dach verlegen. Ob Sie einen Antrag stellen müssen oder eine Genehmigung brauchen, ist nicht einheitlich geregelt. Erkundigen Sie sich am besten bei Ihrer Kommune, welche Möglichkeiten es für Ihr Projekt gibt.

Upgrade Wildnis

Ob groß oder klein, mit wenigen Tricks können Sie Ihr Gründach zu einem Biotop- oder Biodiversitätsdach erweitern, wie Fachleute es nennen. Etwa indem Sie kleine Sandhaufen aufschütten, die bieten verschiedenen Wildbienen und anderen Insekten Platz für ihre Brutröhren. Über Wasser freuen sich viele Tiere ebenfalls, besonders natürlich Vögel, die hier baden und trinken können. Dafür lassen Sie eine Stelle unbepflanzt und kleiden diese Senke mit Folie oder Lehm aus, damit sich Regenwasser darin sammeln kann. Oder Sie stellen Schalen auf. Dazu einige Stücke Totholz, das freut vor allem Käfer; auch Moose, Flechten und Pilze werden es besiedeln.

Außerdem

- Der Bundesverband GebäudeGrün e.V. bietet Informationen auf seiner Website: www.gebaeudegruen.info.
- Über den Versandhandel der Hofstetter Mühle bekommen Sie alles, was ein Dach begehrt. Von fertigen Pflanzmatten bis hin zu ein paar Handvoll Sedumsprossen: www.dach-begruenung.de.
- Buchtipp: »Phyto for Future« von Tim Kaysers, Büchner-Verlag.

Grüne Grenze: die Hecke am Zaun

Lebensbaum (Thuja) oder Kirschlorbeer sind hierzulande häufig gepflanzte Heckensträucher, vielleicht stehen sie auch entlang Ihres Grundstückszauns. Und vielleicht wollten Sie sich nicht von dieser Hecke trennen. Aber nun trennt sie sich von Ihnen. Kommt in die Jahre, verkahlt, wird braun, rot, trocken und tot. Also raus damit. Aber was dann? Folie in den Zaun flechten? Praktisch scheint das zu sein, aber es ist kein guter Ersatz. Auch Kunststoff altert und sieht dann noch weniger schön aus. In wenigen Jahren kommt dann die gleiche Arbeit wieder auf Sie zu. Den alten Kunststoff zu entsorgen und einen neu erzeugten zu kaufen, belastet die Umwelt erheblich. Es anders zu machen, ist deshalb doppelt gut.

Hecken mit heimischen Gehölzen sind Hotspots der Artenvielfalt und Wohnstatt, Jagdrevier und Nahrungsquelle für viele Tierarten, von der Spitzmaus bis zur Eidechse, für Vögel und Insekten. Die Hecken sind auch deren Verbindungsnetze. Entlang der grünen Säume können die Tiere bequem von Lebensraum zu Lebensraum wechseln. So kommen die Arten rum in der Welt und treffen auch paarungswillige Artgenossen.

9 Auf einen Blick: Grenzen wiederbeleben – Hecke statt Doppelstabmatten

Das brauchen Sie, um Hecken mit toten Thujen oder kahlem Kirschlorbeer in eine lebende Grundstücksgrenze zu verwandeln:

Material: 3 bis 5 Heckenpflanzen pro laufender Meter; für ein ähnliches Wuchsbild empfehlen sich Wacholder, Eibe, Liguster, Aronia oder Strauchefeu. Um für das kommende Klima gewappnet zu sein, sind auch Ginster-Arten oder die Strauch-Kronwicke gut geeignet. Wählen Sie eine Gehölzart aus oder mixen Sie, das ist noch besser.

Außerdem benötigen Sie noch Pflanzerde.

Werkzeuge: Spaten, Heckenschere, Astschere, Gartenhandschuhe, Säge, Eimer, Schubkarre, Gießkanne oder Gartenschlauch.

Fähigkeiten: Ausdauer und Kraft.

Zeitaufwand: pro Gehölz, das Sie ersetzen, etwa zwei Stunden. Für eine längere Hecke mit toten Bäumen sollten Sie also ein ganzes Wochenende einplanen.

Planung und Vorbereitung

Bevor Sie zur Tat schreiten, machen Sie eine Bestandsaufnahme der Schäden in der Hecke und messen Sie die Länge der Hecke. Berechnen Sie die Menge der benötigten Sträucher und bestellen Sie die Pflanzen rechtzeitig in der Gärtnerei oder Baumschule. Lassen Sie sich bei der Auswahl bitte beraten. Standort, Wuchshöhe und Breite sollten zum Grundstück passen. Vielleicht gibt es auch schmale oder kleinwüchsige Sorten.

Außerdem empfiehlt es sich, Hilfe zu organisieren. Sind die toten Thujen sehr groß und alt gewesen, wird es ohne Maschinen sehr schwer, sie zu roden. Vielleicht kennen Sie jemanden, der mit Kettensäge und Seilwinde umzugehen weiß. Planen Sie auch, was Sie mit den gerodeten Sträuchern machen: häckseln, entsorgen, einen Totholzstapel anlegen … Zwei, drei Tage vor dem Arbeitseinsatz sollten Sie den Boden um die alten Bäume herum intensiv wässern. Dann ist es etwas einfacher, die Wurzeln aus dem Boden zu holen.

Mit trockenen Sommern kommt Thuja nicht klar. Als Ersatz bieten sich heimische Gehölze an. Eibe und Liguster eignen sich für eine grüne Schnitthecke, bunter wird es mit einem Mix verschiedener Sträucher, beispielsweise mit Geißklee oder Strauch-Kronwicke.

Wieso, weshalb, warum?

Eine Heckte bietet Ihnen Ruhe und Privatsphäre, Windschutz und Kühlung, Schatten und ein angenehmeres Kleinklima. Auch Müll flattert nicht von der Straße in den Garten, Abgase, Feinstaub, Geräusche werden durch das Laub gefiltert. Machen Sie mal den Liegestuhltest, das reicht als Gedankenspiel: Würden Sie sich im Badeoutfit auf die Gartenliege legen, wenn da nur ein Doppelstabgitterzaun wäre? Möchten

Sie auf eine Plastikfolienwand schauen? Oder doch lieber auf grüne Heckensträucher?

Eine grüne Hecke sieht nicht nur schöner aus, sie leistet auch einen wichtigen Beitrag für den Artenschutz. Im Geäst können Vögel brüten, Nahrung für den Nachwuchs suchen und sich vor Fressfeinden verstecken. Wenn die Sträucher blühen, werden Bienen und Hummeln darin summen, und vielleicht können Sie Schmetterlinge beobachten. Eine Hecke macht den Garten zu einem wundervollen Rückzugsort, nicht nur für Sie, sondern auch für viele heimische große und kleine Tiere.

So gehen Sie Schritt für Schritt vor

Schneiden Sie die Äste des toten Lebensbaums oder des Kirschlorbeers nah am Stamm ab. Vor allem beim Umgang mit Thuja empfiehlt es sich, feste Gartenhandschuhe zu tragen. Alle Teile sind giftig, Kontakt kann zu Haut- und Schleimhautreizungen führen.

Schneiden Sie den Stamm auf einer Höhe von circa 50 cm ab, sodass Sie den Stumpf gut fassen und als Hebel nutzen können, um ihn hin- und herzuruckeln. Wie bei einem Milchzahn.

Graben Sie rund um den Stamm den Boden auf und legen Sie die Wurzeln so weit wie möglich frei. Hacken Sie so viele wie möglich ab und ziehen Sie die Wurzelstücke aus der Erde.

Bewegen Sie den Stamm hin und her, her und hin, sodass sich der Wurzelballen immer mehr lockert. Das kann dauern, aber irgendwann können Sie den Stamm samt Wurzeln herausziehen. Dann klauben Sie die restlichen Wurzelstücke aus dem Loch.

Das wiederholen Sie Strauch für Strauch.

Nun geht es ans Einpflanzen: Prüfen Sie zunächst, ob die beim Roden entstandenen Löcher vom Abstand und in der Position für die neuen Bewohner passen. Wenn sie nicht zur Strauchart passen oder die Hecke dichter oder lichter werden soll, passen Sie die Pflanzlöcher an.

Dann wird auch die Größe der Pflanzlöcher passend gemacht: auffüllen, sodass das neue Pflänzchen gut hineinpasst, aber nicht versinkt – oder erweitern, damit der Pflanzballen rundum genug Platz hat.

Holen Sie die gewässerten Sträucher aus den Töpfen und setzen Sie sie in die Pflanzlöcher. Mit dem Aushub oder der Pflanzerde (siehe Seite 26) auffüllen, einschlämmen und in den ersten Wochen regelmäßig gießen. Sind alle Sträucher erst mal angewachsen, versorgen sie sich meist problemlos selbst.

Auch noch wichtig

Sollten Sie sich mit Ihrer Nachbarschaft eine Hecke oder einen Zaun teilen, sprechen Sie sich ab und suchen Sie Kompromisse, falls die Vorstellungen von der grünen Grenze unterschiedlich sind.

Und: Achten Sie darauf, kleine Lücken im Zaun zu schaffen, damit Igel oder Eidechsen von Grundstück zu Grundstück gelangen können. Auch Amphibien brauchen freies Geleit, wenn sie sich im Frühjahr aufmachen, um zu ihren Laichgewässern zu gelangen. Gartengrenzen sind nur Grenzen für Menschen, Tiere haben einen anderen Blick auf ihr Revier. Ein Garten ist ja – in den meisten Fällen – keine isolierte Insel, sondern in der Regel nur ein künstlicher, durch Zaun, Mauer oder Hecke abgetrennter Teil der restlichen Umgebung.

Igel brauchen eine Lücke im Zaun

Wenn Sie es lieber eine Nummer kleiner hätten

Die Thuja muss raus, aber neue Heckensträucher vor den Zaun zu pflanzen, dafür fehlt ihn Zeit oder Kraft? Bitte trotzdem nicht zur bedruckten Folie oder zum Kunstefeu greifen. Greifen Sie lieber zum Original. Setzen Sie rankende Pflanzen an den Zaun und flechten Sie die grünen Triebe regelmäßig in die Stäbe, während sie wachsen. Ob Efeu, Rosen oder Hopfen, ab Seite 128 finden Sie passende Pflanzen, die robust und selbstständig sind und gut alleine klarkommen. Oder säen Sie hohe Sommerblumen aus und setzen Sie als »Zaungucker« an die Grenze: hoch wachsende Pflanzen, die zwischen und über den Zaun wachsen und sich an die Stäbe anlehnen. Stockrosen, Wegwarten, Großer Schuppenkopf, hohe Wolfsmilcharten, Disteln, Alant, Wiesenknopf, Wilde Möhre oder Wilde Karde sind einige Beispiele, die traumhaft blühen. Einige dieser Arten sind sogar für manche Wildbienen oder bestimmte Schmetterlinge ein exklusives Futterangebot. Für Sie entsteht eine blickdichte und blütenschöne Hecke, für die Tiere ein ganzes Universum.

In Töpfen und to go

Ist der Zaun »in Stein gemeißelt« und darf oder soll davor nichts gepflanzt werden, dann können Sie auf Balkonkästen ausweichen. Es gibt viele Varianten, die mit einem Click oder ein paar Haken in den Draht gehängt werden können. Die Kästen können Sie mit allem bepflanzen, was Ihnen und der Tierwelt gefällt, schön blüht und Sichtschutz bietet, zum Beispiel indem die Triebe von oben nach unten ranken. Auch Insektennisthilfen, Futterhäuschen und Vogeltränken können an den Zaun gehängt werden und so ein bisschen mehr Lebensraum bieten.

Darf's ein bisschen mehr sein?

Wie wäre es mit einer Wildrosenhecke? Anders als es das Image der Rose als »Königin der Blumen« vielleicht vermuten lässt, mit ihren filigranen Zweigen und opulenten Blüten, sind viele Arten sehr robust und winterhart – Wildrosen auf jeden Fall. Sie sind robust und müssen auch nicht ständig nach einem Masterplan geschnitten werden. Sie können mehr oder weniger so wachsen, wie die Natur sie geschaffen hat, und werden nur ab und an im Frühjahr ausgelichtet: alt gewordene Haupttriebe werden direkt über dem Boden herausgeschnitten, ebenso vertrocknete, erfrorene, geknickte, überkreuz wachsende oder von Krankheiten befallene Triebe – oder was zu viel ist. Rankende Rosen können manchmal recht einnehmend sein. Gute Arten sind **Hunds-Rose** *(Rosa canina),* **Wein-Rose** *(Rosa rubiginosa),* **Hecht-Rose** *(Rosa glauca),* **Kletterrose**

Wildrosen bieten Pinselkäfern (Bild links) und Hummeln (Bild rechts) Nahrung

'Veilchenblau' *(Rosa multiflora* 'Veilchenblau') und **Bibernell-Rose** *(Rosa pimpinellifolia).*

Auch Bodendecker-Rosen oder Kleinstrauch-Rosen brauchen keinen besonderen Schnitt. Wer Platz hat, lässt sie buschig und raumgreifend wachsen, wenn nicht: nach Bedarf zurückschneiden. Das geht auch mit der Heckenschere.

Gießen müssen Sie Rosen nicht. Wenn sie eingewachsen sind, kommen sie mit ihren langen Pfahlwurzeln gut allein ans Wasser in den tiefen Bodenschichten. Rosen mögen es im Sommer warm, deshalb kommen sie auch mit steigenden Temperaturen zurecht. Im Winter reichen ein bisschen Laub und Mulch an den Füßen, damit sie gut durch die feuchte Kälte kommen.

Mit der richtigen Sortenauswahl blüht eine solche Wildrosenhecke von Ende April bis in den Dezember hinein. Sie bleibt lange grün und die Blätter sind früh im Jahr schon wieder da. Ihre roten Hagebutten leuchten im Herbst, der Duft ist großartig, nicht nur für Insekten. Praktisch an Rosen ist auch: Ihre langen, tiefen Wurzeln machen sie vom Regenwasser autark. Sie halten auch lange Trockenperioden aus.

Eine Wildrosenhecke zieht nicht nur Bienen und Vögel. Nach ein, zwei Jahren können Sie damit rechnen, dass Menschen beim Spaziergang anhalten, um ihre wunderschöne Hecke zu bewundern und an den Blüten zu schnuppern.

Noch mehr Pflanzen: für die grüne Grenze

Zaungucker, Rankpflanzen, Wegbegleiter, so verschieden die Pflanzen sind, die im Folgenden aufgelistet werden, so ähnlich sind sie sich in einer Eigenschaft: Sie sind charmant anzusehen, wie sie über den Zaun ragen, sich mit üppigen Blüten daran lehnen oder an ihm entlangranken. Und sie wachsen hoch oder dicht genug, um Nachbarn oder Passanten daran zu hindern, in den Garten zu spähen. Und gut für die heimische Tierwelt sind sie auch noch!

Der **Echte Alant** *(Inula helenium)* hat fransige gelbe Strahlenblüten, die im Sonnenuntergang leuchten. Er wird bis zu 1,5 m hoch und wächst gerne auf der Sonnenseite an Zäunen. Wildbienen, Schmetterlinge und andere Insekten mögen Alant gerne.

Auf dem langen Stängel des **Eisenkrauts** *(Verbena officinalis)* thronen kleine helle Blüten in festen Büscheln. Eisenkraut ist ein Bienenliebling. Die zarten Stängel halten auch noch nach den ersten Frösten die Stellung.

Hauhecheln mögen es sonnig, locken mit ihren Schmetterlingsblüten Bienen und Hummeln an. Die Dornige Hauhechel *(Ononis spinosa)* blüht rosarot, die Kriechende Hauhechel *(Ononis repens)* zart rosa, die Gelbe Hauhechel *(Ononis natrix)* wächst auch im Topf.

Die **Gewöhnliche Wegwarte** *(Cichorium intybus)* ist recht unempfindlich, hält auch Hunde-Urin und den Winterdienst gut aus und wächst deshalb auch im Straßenraum. Die helllila Körbchenblüten dienen vielen Insekten als Pollenlieferanten. Einige Hosenbienenarten fressen nur an Wegwarten. Sie teilen mit ihrer Nahrungspflanze auch die Vorliebe für den Lebensraum: locker bewachsene Erdstellen – wie es sie am Rand eines unbewachsenen Weges zahlreich gibt. Dort graben die Bienenweibchen kleine Niströhren in den Boden.

Der **Große Wiesenknopf** *(Sanguisorba officinalis)* wird bis zu 1 m hoch, die Blüten sehen tatsächlich wie knubbelige rote Knöpfe aus. Bei Schmetterlingen ist er sehr begehrt, als Nektarpflanze und als Raupenfutter. Beispielsweise vom Wiesenknopf-Ameisenbläuling.

Die **Acker-Winde** *(Convolvulus arvensis)* hat keinen besonders guten Ruf, weil sie da, wo sie sich einmal eingewurzelt hat, auch bleibt und alles

1 | Geißblatt
2 | Waldrebe
3 | Wegwarte
4 | Acker-Winde
5 | Hopfen
6 | Rotbeerige Zaunrübe
7 | Efeu zieht Falter an

berankt. Schön sieht sie trotzdem aus und die Tierwelt freut sich an den Blüten und Blättern.

Die **Echte Brombeere** *(Rubus fruticosus)* ist nicht nur eine Power-Heckenpflanze, die in kürzester Zeit Zäune berankt, sondern auch eine wichtige Nahrungspflanze für viele heimische Tiere. Pollen für Wildbienen und Hummeln, Nektar für Schwebfliegen und Schmetterlinge, Beeren für Vögel und kleine Säugetiere, bis hin zu Füchsen, die in der Not auch Beeren fressen. Im Dickicht können viele Tiere außerdem unterschlüpfen Wer viele Meter Gartengrenze zu begrünen hat und die Zeit, sie hin und wieder in ihre Grenzen zu verweisen, ist mit Brombeere gut beraten. Wem sie zu wild ist: Es gibt auch sanftere Arten, mit weniger Wuchsfreude und weniger Stacheln.

Das **Echte Geißblatt** *(Lonicera caprifolium)* ist auch bekannt unter »Jelängerjelieber«, das verwandte **Wald-Geißblatt** *(Lonicera periclymenum)* ist ebenfalls empfehlenswert. Die Schlinger wachsen an Büschen und Bäumen hoch, an Zäunen und Rankhilfen, und das recht schnell. »Heckenkirsche« werden sie auch manchmal genannt, der roten Beeren wegen, die von Vögeln und kleinen Säugetieren gerne gefressen werden. Die Blüten verströmen einen schweren Duft und locken damit besonders Nachtfalter zum Fressen – und Bestäuben.

Gewöhnlicher Hopfen *(Humulus lupulus)* taucht im Frühling wie aus dem Nichts auf, dort, wo es ihm feucht genug ist, und bildet schnell viele lange Triebe, die Mauern, Zäune und Hecken beranken und im Herbst dann duftige Hopfenzapfen bilden. Schmetterlinge nutzen das Blattwerk des Hopfens gerne als Raupenfutter, zum Beispiel der Hopfen-Blütenspanner, der Hopfen-Wurzelbohrer und die Hopfen-Zünslereule.

Waldreben *(Clematis)*, zum Beispiel *Clematis vitalba*, kommen auch wild vor und beranken schnell alles, wenn es ihnen irgendwo gefällt. Im Winter sind sie wegen ihrer fedrigen Samenstände ein schöner Anblick.

Wicken und die ihnen ähnelnden **Platterbsen** sind ebenfalls schöne rankende Pflanzen, darunter die bekannte Duftende Platterbse *(Lathyrus odoratus)*, die sich sehr selbstständig verbreitet. Das kann durchaus lästig werden, aber verschiedene Schmetterlinge und Wildbienen wie die Blaue

Holzbiene lieben sie. Sie hat verschiedene Schwestern, groß und rankend oder klein für den Topf. Die Hecken-Wicke *(Vicia dumetorum)* ist vor allem bei Sandbienen und Hummeln beliebt, auf ihr Grünzeug fliegen verschiedene Falter. Ähnlich ist es bei der kleinen Zaun-Wicke *(Vicia sepium)*.

Die **Rotbeerige Zaunrübe** *(Bryonia dioica)* legt erst im Frühsommer mit ihren Ranken so richtig los. Sie blüht hübsch weiß und ist Nahrung für viele Bienenarten, manche können sich nur von Zaunrübe ernähren und ohne sie nicht existieren wie die Zaunrüben-Sandbiene. Die Früchte sind giftig, aber für Tiere lecker, über sie verbreitet sie sich auch.

Upgrade Wildnis

Am Tag scheint die Sonne, auch der Sternenhimmel ist schön. Aber: nichts ist so faszinierend wie ein Sonnenauf- oder -untergang. Das Farbenspiel, das Licht, die Stimmungen, jede Sekunde und in jeder Richtung sieht es anders aus.

Wieso ich das hier erwähne? Weil Übergänge das Beste sind, was die Natur zu bieten hat. In den Zonen zwischen Wald und Wiese oder zwischen Wiese und Weg, in den Zwischenwelten gibt es noch mehr Leben, mehr Biodiversität, weil sich hier die Bereiche verzahnen und sich auf immer neue Art kombinieren. Auch an einer Hecke ist das so. Strauch und Saum aus Kräutern und Blumen bilden zusammen ein buntes Band, in dem Insekten nisten, kriechen, futtern, krabbeln – leben – oder ans Blatt gepinnt als Ei oder Puppe den Winter verbringen und darauf warten, ein neues Insekt zu werden.

Oft genug wird aber an und unter Hecken der Bewuchs wöchentlich gemäht oder mit dem Elektrotrimmer entfernt und ein Pflegestreifen nackt und frei gehalten. Deshalb: Ob Wildrosen oder Wacholder Ihre braune Thuja und den verkahlten Kirschlorbeer ersetzen – lassen Sie das untere Stockwerk Ihrer Hecke nicht unbewohnt. Walderdbeeren, Maiglöckchen, Gräser, Storchschnabel, Frauenmantel, Schneeglöckchen, Blausternchen oder Winterlinge und Taubnesseln können hier wachsen, ebenso Einjährige wie Kornblumen, Mohn oder Ringelblumen.

Manchmal blühen die Säume sogar noch bis tief in den Herbst, weil es am Fuß der Hecke schön warm und feucht ist. Dass Hecken in vielen Gärten nackte Pflegestreifen haben, liegt nicht daran, dass Sträucher keinen Unterwuchs dulden. Schauen Sie sich draußen in der Natur um, nackte Erde gibt es dort, wo die Natur selbst die Regie führt, eigentlich nicht. Allerdings wird ein solcher nackter Pflegestreifen über die Jahre so hart und knochentrocken wie Beton, dass er zunächst mit der Spitzhacke aufgelockert und mit etwas Pflanzerde aufgebessert werden sollte. Auch ein paar Gründüngerpflanzen können die erste Runde des Unterwuchses übernehmen und den Boden für andere Arten bereiten.

Außerdem

- Wenn Sie einmal »richtige« Hecken sehen wollen, besuchen Sie die Eifel und das Monschauer Heckenland. Seit Generationen werden hier uralte Buchenhecken gepflegt, die als Wind- und Wetterschutz vor die Häuser gesetzt wurden, es gibt sogar welche mit Eingängen, Fenstern und Torbögen.
- Bei der Rosenschule Ruf in Bad Nauheim gibt es alles, was (Wild)-Rosenliebe braucht, mehr unter www.rosenschule.de.
- Buchtipps: »Der sanfte Schnitt. Schonend schneiden im Naturgarten« von Ulrike Aufderheide; »Hecken – Lebensräume in Garten und Landschaft« von Uwe Westphal, beide pala-verlag.
- Erkundigen Sie sich bei Ihrer Kommune oder auch bei den örtlichen Naturschutzverbänden, ob es vielleicht gerade Aktionen und Fördermittel gibt, eine tote Hecke in eine grüne Gartengrenze zu verwandeln.

10

Blühende Sträucher: Frühlingsgefühle und Insektenfutter

Wenn die Forsythien blühen, beginnt der Frühling. Das leuchtende Gelb ihrer Blüten ist nach den dunklen Wintermonaten im Garten willkommen. Das finden auch viele Hummeln. Die neuen Königinnen sind schon früh im Jahr unterwegs und hoffen, an den Forsythiensträuchern ein reiches Nahrungsangebot zu finden. Leider ist das aber nur eine optische Täuschung. Forsythien *(Forsythia × intermedia),* die ja auch keine Früchte bilden, haben keinen Pollen und keinen Nektar. Sie sind vor allem auf tolles Aussehen gezüchtet. Nur: Das wissen die Hummeln nicht, sie fliegen die signalfarbenen Blüten an, finden aber nichts. Nach dem langen Winter sind ihre Reserven aufgebraucht und sie sind dringend auf Nachschub angewiesen. Gut, wenn dann außer dem schönen Schein auch Nahrhaftes in der Umgebung zu finden ist.

Kornelkirsche

10 Auf einen Blick: Blühende Sträucher – Kornelkirsche und Felsenbirne

Das brauchen Sie, um Ihren Garten mit schönen Frühlingsblüten zu bestücken, an denen Sie sich satt sehen und Insekten sich satt essen können:

Material: frühblühende pollen- und nektarliefernde Sträucher wie Kornelkirsche, Felsenbirne oder eine andere heimische Gehölzart, die Sie zum Beispiel ab Seite 140 finden, wurzelnackt oder als Containerware.

Außerdem Pflanzerde, je nach Boden und Ansprüchen der neuen Sträucher mit Grünkompost aufgebessert oder etwas mit Sand abgemagert.

Werkzeuge: Spaten, Gießkanne, großes Gefäß zum Wässern, eventuell Rosenschere.

Fähigkeiten: Kraft und Ausdauer.

Zeitaufwand: pro Gehölz etwa eine Stunde.

Planung und Vorbereitung

Die besten Pflanzzeiten für Bäume und Sträucher sind der frühe Herbst oder der Frühling. Dann können die Gehölze am neuen Ort gut ankommen. Frisch gepflanzt, brauchen vor allem wurzelnackte Neulinge gute Pflege und vor allem regelmäßig ausreichend Wasser. Außerdem wichtig, bevor Sie beginnen, zu graben: der Standort. Ideal aus Sicht der Hummeln ist natürlich der Platz direkt neben und um die Forsythie herum. Dann fliegen die durchs knallige Gelb angelockten Insekten nicht ins Leere, sondern finden ein paar Äste weiter doch noch was zu futtern. Ansonsten: Der ideale Platz ist dort, wo es Ihnen gefällt, wo es dem Strauch gefällt und wo auch die Nachbarschaft nichts dagegen sagen kann. Mehr zu Grenzabständen und Rechtlichem lesen Sie auf Seite 11.

Informieren Sie sich zunächst auch, wie hoch und breit das Gehölz werden kann, damit es in die Lücke passt und Sie später nicht ständig schneiden müssen. Die Kornelkirsche wird bis zu 6 m hoch, die heimische Felsenbirne bis 3 m.

Forsythien sind Frühlingsboten, für Insekten haben sie aber nichts zu bieten. Damit Hummeln und andere Insekten Nahrung finden, sind Gehölze wie Kornelkirsche und Felsenbirne und Frühblüher wie Krokus und Blausterne wichtig.

So gehen Sie Schritt für Schritt vor

Stellen Sie die Neulinge samt Topf, in dem sie geliefert wurden, oder die wurzelnackten Gehölze in ein Gefäß mit Wasser.

Dann schneiden Sie die Forsythie kräftig zurück. Sie brauchen Platz zum Arbeiten und die Neuen brauchen Platz, um zu wachsen. Und je weniger Zweige, desto weniger Blüten, die Hummeln in die Irre führen.

Graben Sie pro Strauch ein Pflanzloch, siehe Seite 25.

Dann ziehen Sie die gut gewässerten Wurzelballen der Neulinge vorsichtig aus dem Topf heraus oder nehmen Sie die wurzelnackten Sträucher aus dem Wasserbad, schneiden kaputte Feinwurzeln und im Kreis gewachsene Ringwurzeln ab. Der Strauch wird nun mittig ins Pflanzloch gesetzt, schön gerade ausgerichtet. Mit Erde auffüllen, angießen und einschlämmen.

Zum Schluss können Sie den Wurzelbereich etwa fünf Zentimeter hoch mit Rindenkompost abdecken. Schützt vorm Austrocken und freut die Bodenlebewesen.

Auch noch wichtig

Die Freundinnen für die Forsythie müssen keine Kornelkirsche oder Felsenbirne sein, Sie können sich auch Ableger anderer Gehölze schenken lassen oder in der Gärtnerei etwas aussuchen. Wichtig ist nur, dass die Pflanzen keine exotischen oder extravaganten Züchtungen sind. Auch für die Tierwelt gilt, dass der Bauer nicht frisst, was er nicht kennt. Besonders für Insekten. Hasen ist es mehr oder weniger egal, welche Blüten, Knospen und Blätter es zu fressen gibt. Neues Grünzeug probieren sie über kurz oder lang. Auch Vögel merken meist schnell, dass Buchsbaumzünsler auch nur Raupen sind. Aber: Der Haselnussbohrer wird ohne seine Haselnuss nicht wissen, wohin mit sich und seiner Brut. Ein anderes Beispiel ist der Schmetterlingsflieder. Wenn er blüht, ist er wegen seines Nektars reich umschwärmt, wie eine Schüssel mit reifem Obst. Aber kein Schmetterling nutzt die Pflanze als Raupenfutter, da sind viele Arten spezialisiert und auf bestimmte Pflanzen angewiesen. Andere erkennen sie nicht als Futter und können sie auch nicht verstoffwechseln.

Hierzulande häufiges Strauchwerk wie Weißdorn, Eberesche oder Holunder ernährt Hunderte verschiedene Tierarten: Insekten und deren Larven und Raupen, die sich in den Blättern dick fressen und dann zum Futter werden, für Vögel oder Igel. Die heimischen Arten kommen gut mit unseren Klimabedingungen zurecht, sie müssen nicht ständig gepäppelt werden, brauchen kaum Winterschutz, wenig Dünger und wenig Wasser. Sie müssen auch nicht unbedingt geschnitten werden.

Wieso, weshalb, warum?

Wenn Sie der Forsythie früh blühende Freundinnen zur Seite stellen, bekommen Sie mehr Blüten im Garten und dazu noch mehr Schmetterlinge, mehr Bienen, mehr Hummeln. Im zeitigen Frühjahr sind fast ausschließlich die neuen Hummelköniginnen unterwegs. Mit jeder Hummel, der sie helfen, gut ernährt auf Nistplatzsuche zu gehen, retten Sie ein ganzes Volk. Nämlich das, was die Dame in den nächsten Wochen gründen wird. Das Volk kann dann Apfelblüten und Zucchini bestäuben oder auch die Wildstrauchblüten, damit sich Früchte für die Vögel bilden, und so den Kreislauf des Lebens in Gang halten.

Wenn Sie es lieber eine Nummer kleiner hätten

Wenn es nicht Ihr Busch und auch nicht Ihr Garten ist und Sie keine alten Sträucher zurückschneiden und keine neuen Sträucher setzen wollen oder dürfen: Genießen Sie Ihre Forsythie drinnen, so gut es geht. Schneiden Sie frühzeitig und reichlich Zweige ab. Im Haus in der Vase blühen sie schnell im tollsten Gelb und Sie haben von Februar bis zum Ende der Forsythienblüte den Frühling im Haus. Verschenken Sie die Sträuße. Hauptsache die Blüten können keine hungrige Hummelkönigin mit falschen Versprechungen locken. Alternativ und zusätzlich: Umgeben Sie die Forsythie mit Frühblühern. Dann finden die Hummeln doch noch was, falls sie nach dem erfolglosen Absuchen der Blüten ermattet auf dem Boden liegen. Ideal sind mehrjährige Blumen, die jedes Jahr von alleine wiederkommen: Krokusse zum Beispiel, Christrosen, Schlüsselblumen. Die kleinen roten Taubnesseln kommen oft sogar von alleine. Saisonblümchen aus dem Gartencenter sind nicht zu empfehlen. Diese sind oft im Gewächshaus mit Pestiziden hochgepäppelt und schaden den Hummeln mehr, als sie nutzen.

In Töpfen und to go

Gönnen Sie sich den Kauf einiger großer Kübel und setzen Sie die Sträucher hinein. Kornelkirsche, Felsenbirne, Faulbaum und Co. fühlen sich auch in großen Töpfen wohl. Sie müssen dann aber regelmäßig gießen

Tagpfauenauge

und im Winter die Wurzeln im Topf vor Frost schützen. Das geht gut und einfach mit dem Laub, das die Sträucher abwerfen, lesen Sie dazu auch Seite 151. So können Sie Ihre Bäume nicht nur bei einem Umzug mitnehmen, sondern auch rund ums Jahr hin- und herplatzieren, sodass Sie den jeweils schönsten Blick darauf haben.

Auch Strauchefeu *(Hedera helix* 'Arborescens') wohnt gern im Topf. Das ist so etwas wie ein Ableger eines sich bereits im Blühalter befindlichen alten Efeu-Exemplars. Fürs menschliche Auge sind die Blüten eher unspektakulär. Für alle Insekten, die im Herbst noch unterwegs sind, sind Efeublüten der Hit. Pfauenaugen und Admirale tanken hier Nektar, Wespen, Hummeln und Schwebfliegen futtern Blütenpollen. Spinnen bauen ihre Netze und lauern auf fette Herbstbeute, Marienkäfer krabbeln auf den Blättern, knuspern Algen und Pilzbeläge und auch kleine Milben, andere Mikroben, Schnecken und Wanzen tun es ihnen gleich. Im Winter werden dann die Beeren reif und bieten sich als Vogelfutter an. Eigentlich muss Efeu zehn bis zwanzig Jahre alt werden, bis sich die ersten Blüten zeigen. Strauchefeu fängt gleich damit an. Er klettert nur wenig und wird nur bis zu zwei Meter hoch. Die zahme Variante sozusagen, auch passend für den Balkon.

Noch mehr Pflanzen: noch mehr Freunde

Die **Apfelbeere** *(Aronia melanocarpa)* ist bescheiden, nur allzu trocken mag sie es nicht. Sie wird bis zu 2 m hoch, blüht weiß und reichlich und bildet dann die namensgebenden Apfelbeerchen, gesundes, herbes Superfood. Auch Vögel haben sie zum Fressen gern. Nicht immergrün, aber im Herbst färbt sich das Laub schön rot.

Die **Berberitze** *(Berberis vulgaris)* erkennt man an ihren kleinen knallig roten Beeren und dem stacheligen Geäst. Hier können sich Vögel nicht nur satt fressen, sondern auch sicher verstecken.

Auch als Vogelbeere bekannt, blüht die **Eberesche** *(Sorbus aucuparia)* früh im Jahr mit weißen Dolden und hat schon ab August die ersten Früchte im Angebot, nicht nur für Vögel, sondern auch für Igel, Mäuse oder Bilche wie den Gartenschläfer.

Die immergrüne **Eibe** *(Taxus baccata)* bietet ganzjährig reichlich Raum zum Verstecken und Nesterbauen. Die Kerne in ihren roten Beeren sind sehr giftig, das Fruchtfleisch allerdings nicht. Tiere, die wie die Vögel den Trick beherrschen, die saftige Beere zu fressen, ohne den Samen zu zerkauen, freuen sich über das leckere Futterangebot. Die für uns Menschen und Haustiere giftigen Samen in den roten Beeren sind vom Eichelhäher bis zur Kohlmeise, vom Wildschwein bis zu Wiesel und Fuchs beliebt.

Mit dem **Faulbaum** *(Rhamnus frangula)* hat man den wahren Schmetterlingsstrauch im Garten. Vor allem Zitronenfalter, aber auch viele andere Arten brauchen den unverwüstlich wachsenden Busch als Raupenfutter. Bienen, Schwebfliegen und Käfer fressen in den Blüten, die Beeren holen sich im Herbst Vögel und kleine Säugetiere. Und als Mensch freut man sich am goldgelb gefärbten Laub.

Die **Felsenbirne** *(Amelanchier ovalis)* wird wieder häufiger als Zierbaum in Naturgärten, Parks und in Städten gepflanzt, wächst aber auch wild in freier Natur und blüht schon recht früh im Jahr, nahtlos nach der Kornelkirsche. Dann gibt es von ihr Futter für Bienen und Schwebfliegen und auch Käfer; die dunklen Beeren sind recht früh reif und in der Vogelwelt sehr beliebt.

Ginster wie der **Besenginster** *(Cytisus scoparius)* und sein Bruder, der **Schwarzwerdende Geißklee** *(Cytisus nigricans)* sind keine typischen Gartenheckensträucher, könnten es aber werden. Mit ihren kleinen, harten grünen Blättern sind sie ideal ausgestattet für trockene und warme bis heiße Standorte. Sie sind durchaus auch geeignet für Kübel, Balkon und Terrasse. Im Winter werden die Blätter gern von Hasen und Kaninchen gefressen, die Samen in den schwarzen Schoten von Vögeln und von Ameisen. Ihre Blüten sind Insektenfutter und beliebt bei Hummeln und anderen Wildbienen.

1 | Weißdorn
2 | Weidenkätzchen
3 | Holunder
4 | Liguster
5 | Pfaffenhütchen
6 | Hasel
7 | Berberitze

Der **Haselstrauch** *(Corylus avellana)*, der wegen seiner frühen Blüte im späten Winter bei Pollenallergikern eher unbeliebt ist, ist in der Tierwelt der Hit: Die grünen Blätter sind wichtiges Raupenfutter und es gibt Tiere, die ausschließlich von der Hasel leben, wie der Haselnussbohrer oder die Hasel-Maskenzikade. Die Nüsse sind wichtig für Vögel und Eichhörnchen, Bilche und Mäuse.

Holunder *(Sambucus nigra)* ist als Frau Holle in Märchen und Liedern verewigt. Der Strauch beherbergt gute Geister, hieß es früher. Daher wurde Holunder an jedem Haus gepflanzt. Und wahrscheinlich auch, weil er überall gut wächst, hübsch aussieht und man aus den Blüten und Beeren viele leckere und gesunde Sachen machen kann. Insekten und Vögel lieben ihn ebenfalls: Im Sommer punktet er mit seinen weißen Blütenschirmchen, im Herbst mit unzähligen schwarzen Früchten.

Die **Kornelkirsche** *(Cornus mas)* blüht ganz früh im Frühling leuchtend gelb, wenn es draußen noch kalt ist. Ein lebenswichtiges Futter für die ersten Hummeln und Bienen. Im Herbst werden die Blätter beinahe regenbogenbunt und die kleinen Kirschen werden nach und nach reif. Die Früchte sind Futter für Vögel und Haselmäuse, man kann sie auch ernten und Marmelade oder Likör daraus machen. Kornelkirschen wachsen eher langsam, von Natur aus als verzweigter Baum. Regelmäßiger Schnitt macht ihr aber wenig aus.

Liguster *(Ligustrum vulgare)* riecht intensiv, viele Insekten mögen den Duft. Die Früchte sind schwarz und für Menschen giftig, aber nicht für die Tiere, für sie sind sie prima Winterfutter.

Pfaffenhütchen *(Euonymus europaeus)* blühen im Mai unscheinbar grünlichgelb, markant sind die rosaroten Kapselfrüchte mit orangefarbenen Samen. Sie vertragen Trockenheit und Überflutungen und sind damit für die wankelmütigste Witterung gut aufgestellt. Bei Rotkehlchen und Meisen sind die Früchte begehrt, für Menschen sind sie giftig.

Die Kätzchenblüten der **Sal-Weide** *(Salix caprea)* versetzen nicht nur uns Menschen in Frühlingsgefühle. Weit über hundert Schmetterlingsarten nutzen sie als Nektarpflanze oder als Raupenfutter, auch Wildbienen und Käfer lieben Weiden.

Roden, Fällen, Stutzen

Bäume, Sträucher und Hecken schneiden ist gesetzlich nur außerhalb der Brutzeit erlaubt, in der Regel von Anfang Oktober bis Ende Februar. Je nach Land oder Region kann das etwas differieren. Später im Frühling sind die Vögel bereits im Brutgeschäft. Selbst wenn man ums Nest herumschneidet, die Vogeleltern können sich gestört fühlen. Im schlimmsten Fall verhungern dann die bereits geschlüpften Jungvögel. Aber: Auch vorher sollten Sie vorsichtig sein. In Bäumen und Sträuchern brüten ja nicht nur Vögel; vor allem im Winter schlafen viele Tiere dort. Eichhörnchen im Kobel, Igel unten im Gebüsch. Schmetterlingsraupen und Hummelköniginnen oder Fledermäuse haben dort vielleicht ebenfalls ein Quartier gefunden und sollten nicht gestört werden.

Die **Strauch-Kronwicke** *(Coronilla emerus)* hat tatsächlich Blüten wie eine Wicke. Sie wächst bis zu zwei Meter hoch, gern entlang eines Zauns zum Anlehnen oder in der gemischten Hecke. Strauch-Kronwicken sind unaufdringliche, pflegeleichte Insektenfutterpflanzen.

Der immergrüne, kegelförmige **Wacholder** *(Juniperus communis)* ist ein guter Tipp für alle, die Heckenpflanzen wie Lebensbaum und Co. mögen. Als einheimische Konifere ist er gut geeignet für trockene, steinige, sonnige Stellen und bietet der Natur viel mehr als Thujen. Beeren zum Beispiel, die vor allem Vögel wie die Wacholderdrossel gerne fressen. An den harten Nadeln fressen verschiedene Schmetterlingsraupen.

Eingriffeliger Weißdorn *(Crataegus monogyna)* ist, wie er heißt: dornig. Wo man ihn lässt, bildet er bald ökologisch wertvolle, undurchdringliche Dornenhecken. Hier können Vögel gut geschützt Nester bauen und ihre Küken großziehen. Auch andere Tiere ziehen sich gerne in die dornige Sicherheit zurück. Die vielen schönen kleinen weißen Blüten im Frühling locken Bienen und Hummeln und all die anderen Blumenkinder unter den Insekten; die Früchte fressen im Herbst hauptsächlich Vögel und kleine Säugetiere wie Mäuse.

Darf's ein bisschen mehr sein?

Holen Sie sich noch mehr Wildsträucher in den Garten, wenn Sie Platz haben. Sie können überall wachsen, nicht nur neben der Forsythie. Wildsträucher heißt nicht Wildwuchs, sondern nur, dass diese Pflanzen auch wild vorkommen, und das schon sehr lange, sodass sich die wilde Tierwelt gut mit ihnen auskennt. Viele davon lassen sich gut in Form schneiden, eckig, säulenförmig, kurz, gerade, kugelig, wie Ziersträucher auch. Mit einer gut durchdachten Auswahl haben Sie rund ums Jahr Blüten, Früchte, schöne Blätter. Außerdem Efeu oder etwas anderes Immergrünes, das auch im Winter bleibt. Das ist ein schöner Anblick für uns Menschen und für die Tierwelt mindestens so wichtig wie das Futterangebot. Wenn alle Sträucher und Laubbäume nackt sind, finden Wildtiere im immergrünen Dickicht Schlafplätze und Tagesverstecke. Und Freibrüter wie Amseln oder Rotkehlchen können früh im Jahr mit dem Brutgeschäft starten, ohne das Nest wie auf dem Präsentierteller anlegen zu müssen.

Ob Sie Schmetterlingsflieder, Forsythien und die Rhododendren in diesem Reigen stehen lassen oder rausnehmen, ist eine abzuwägende Entscheidung. Große, alteingesessene Sträucher sind ja auch die Wohnung vieler Tiere, Stamm, Rinde und Blattwerk bieten Nistplätze und Verstecke. Andererseits: Sie zu fällen und in einen Totholzhaufen zu verwandeln, schafft nicht nur Platz für neue Sträucher, sondern bringt zusätzlich neues Leben in den Garten.

Upgrade Wildnis

Kennen Sie Benjeshecken und Totholzzäune? Im normalen Garten, mit drei, vier Sträuchern und wenig Platz ist ein solches raumgreifendes Bauwerk oft nicht möglich. Eine kleine wilde Alternative ist der Heckenhaufen, der gar nicht so »wild« aussehen muss: Dafür brauchen Sie neben Astschnitt vier Rundhölzer von 1,5 m Länge als Seitenstützen. Die werden in die Erde geschlagen, je zwei als Paar direkt gegenüber und der Abstand zwischen beiden sollte etwa halb so groß sein, wie die Äste lang sind. Das ist der Rahmen, der das Astwerk zusammenhält und auch optisch ein bisschen Ordnung ins Holzstück-Durcheinander bringt. Den Tieren ist es einerlei, es freut aber das menschliche Auge. Zwischen die Pfähle schichten und stapeln Sie Ihr Schnittgut: Wie es kommt, gleichmäßig oder abwechselnd, mit Versprüngen oder mit einer Art Muster, das entscheiden Sie. Bis zu einer Höhe von 1 bis 1,5 m. Das reicht. Sonst wird es statisch irgendwann schwierig. Sie sollten den Haufen außerdem bequem befüllen können und nicht jedes Mal eine Leiter holen müssen, wenn Sie wieder ein paar Äste, Brombeerruten oder Kräuter abgeschnitten haben. Im Laufe der Zeit sinkt der Stapel mehr und mehr in sich zusammen, weil von unten Käfer und Co. ihrer Arbeit nachgehen. So haben Sie jedes Jahr oben wieder Platz für neues Schnittgut.

Außerdem

- Filmtipp: »Die Eiche – mein Zuhause« von Michel Seydoux und Laurent Charbonnier ist ein opulent gefilmtes und bezaubernd erzähltes Naturschauspiel über alle, die übers Jahr in dem Baum leben, lieben, leiden. Den Kinofilm gibt es als DVD / Blue-ray oder bei Streamingdiensten.
- Wenn Insekten im Frühling gut starten, kann der Sommer kommen. Machen Sie mit beim #Insektensommer des NABU und beobachten Sie Ihre Tierchen nicht nur, sondern zählen und posten Sie auch. Eine ähnliche Aktion ist die »Stunde der Gartenvögel«, bzw. die »Stunde der Wintervögel«, Informationen gibt es bei: www.nabu.de.
- In der WebApp »Stadtinsekten« dreht sich alles um Insekten und Pflanzen, die für diese einen ökologischen Wert haben. Das Projekt »Stadtinsekten« hat Naturgucker.de in Kooperation mit dem NaturGarten e. V. angestoßen. Sie können eigene Beobachtungen melden, von gemeldeten Beobachtungen lernen und über die Porträts von Stadtinsekten jede Menge Neues erfahren. Zu finden unter: www.stadtinsekten.de.

11

Laub im Herbst: was alles vom Himmel fällt

Der Herbst, so heißt es, ist ein zweiter Frühling, in dem jedes Blatt zur Blüte wird. Kaum sattsehen kann man sich an den Formen und Farben, im Garten, im Wald, im Park – zauberhaft. Nervig wird Laub, wenn es auf die Erde fällt und braun und matschig wird. Das Laub muss weg, das scheint ein Naturgesetz zu sein. Nicht weggefegtes Laub hat schon so manchen Streit in der Familie oder unter den Nachbarn verursacht. Manchmal sind das viele Laub und der Stress sogar Grund, alte Bäume zu fällen oder keine neuen zu pflanzen.

Aber Bäume sind wichtig und Laub ist kein Abfall, sondern das Nährstoff-Recyclingmaterial der Natur. Blätter, die im Herbst herunterfallen, verrotten und stellen der Pflanzenwelt und den Bodenlebewesen Mineralien und andere Nährstoffe zur Verfügung. Das »Verrottenlassen« übernehmen kleine Tierchen, Mikroben, Käferlarven, Regenwürmer, sie futtern und verwerten das Laub. Für viele Tiere ist das Laub auch das Winterquartier. Schon wenige Blätter bieten kleineren Tieren wie Regenwürmern, Spinnen, Käfern, Molchen, Raupen und Faltern einen guten Unterschlupf. Größere Tiere, Kröten oder Igel, brauchen mehr. Und Laub ist dort, wo es liegen bleiben darf, mit Raureif, Schnee und Regentropfen ein wunderschöner Winterschmuck für den sonst doch sehr kahlen Garten. Klar, vom Rasen und der Wiese, von Wegen und Plätzen kann und muss das Laub runter, damit keine rutschigen Gefahrenstellen entstehen. Aber ansonsten lassen Sie das Laub einfach liegen. So wie es die Natur im Wald auch macht.

11 Auf einen Blick: Laub zum Haufen schichten statt vernichten

Das brauchen Sie, um aus Laub ein bequemes, warmes Winterversteck für Tiere zu machen:

Material: Laub – so viel, wie da ist. Schon ein kleiner Haufen aus wenig Laub in einem kleinen Garten bietet Unterschlupf und Lebensraum für ganz viele Insekten. Besser sind größere Haufen ab 3 m^2 Volumen, die mit Ästen und Reisig aufgewertet werden, dann können auch größere Tiere wie Frösche oder Igel darin den Winter verbringen. Dazu noch Steine, Baumstammabschnitte oder Wurzelstücke und Dornenranken.

Werkzeuge: Rechen, Besen oder Laubgreifer zum Laubsammeln, Schubkarre, Eimer oder Säcke zum Transportieren.

Fähigkeiten: Kraft und Ausdauer, die aber auch fürs Laubrechen nötig wären.

Zeitaufwand: eine bis mehrere Stunden, je nach Laubmenge.

Planung und Vorbereitung

Überlegen Sie sich, wo der Laubhaufen den Winter verbringen soll. Wichtig ist, dass die Stelle windgeschützt ist. Sonst spielt der Herbst: »Ihr Blätter, wollt Ihr tanzen?« und der Haufen ist schnell wieder weg. Ideal aus Sicht der Bewohnerinnen ist eine Stelle, wo auch im Winter ein paar Sonnenstrahlen hinkommen – und aus Ihrer Sicht vielleicht, wo Sie ihn nicht immer im Sichtfeld haben.

Wieso, weshalb, warum?

Wenn Sie Laub liegen lassen, leisten Sie einen unglaublich wichtigen Beitrag zum Artenschutz – ohne wirklich viel Arbeit zu haben. Im Gegenteil. Lassen Sie deshalb das Laub überall dort, wo es nicht stört, liegen: auf den Beeten, unter den Bäumen und Sträuchern. Und wenn Sie doch Blätter entfernen möchten, bitte nicht aufsaugen! Sie haben mehr Bewegung (Sitzen ist das neue Rauchen) und außerdem nutzen Sie keine Maschinen, die Energie verbrauchen und Abgase verbreiten. Das ist doppelt gesund.

Wenn im Herbst das Laub fällt, können neue Lebensräume für die heimische Tierwelt entstehen. Statt die Blätter (und damit Käfer und Insekteneier) mit dem Laubsauger aufzusaugen, besser mit Ästen und Steinen zum Haufen schichten.

So gehen Sie Schritt für Schritt vor

Wenn eine gewisse Menge Laub in Ihrem Garten gelandet ist, rechen Sie es zusammen.

Transportieren Sie das Falllaub zum gewünschten Standort und schichten Sie es zu einem großen Haufen. Dazwischen packen Sie größere Äste, Holzstücke und Steine, damit Hohlräume entstehen: beispielsweise ein Zimmerchen für den Igel, darin lässt es sich besser einkuscheln als in zusammengeklebten Blättern. Legen Sie auch ein paar Steine, Zweige und Äste obendrauf, das hält das Laub auch bei frischem Herbstwind an seinem Platz. Wenn Sie Rosenschnitt und Weißdornäste oder andere dornige Ranken verwenden, sind die Tierchen im Inneren des Haufens auch noch vor allzu aufdringlichen Besuchern geschützt, die sich für den Nährwert der überwinternden Tiere interessieren. Wiesel oder Marder machen nämlich keinen Winterschlaf.

Auch noch wichtig

Laub zieht Kinder magisch an. Laubhaufen erst recht. Sich hineinwühlen, darin herumspringen und das Laub in die Luft und über sich werfen, macht ihnen viel Spaß. Auch Hunde wühlen gerne im Laub. Überwinternde Tiere mögen das natürlich gar nicht. Sollte sich tatsächlich ein Igel eingekuschelt haben, wäre es tödlich, würde er vertrieben oder gar zu früh aufwachen. Verstecken Sie den Haufen oder sichern ihn in einem Drahtkomposter, wenn Sie kleine Kinder oder Enkel haben. Ist das Laub »eingesperrt«, verstehen die Kinder – oder auch Hunde – leichter, dass dieser Haufen kein Spielplatz ist.

Auf Laubsauger verzichten

Rechen und Fegen hält Sie in Bewegung und ist gesund. Aber mit Laubbläsern und Co. geht alles fantastisch schnell, hohe Energiekosten hin, Lärm und Feinstaub her. Falls Sie sich deshalb dennoch für den Maschineneinsatz entscheiden, benutzen Sie aber auf keinen Fall die Saugfunktion, damit werden Sie vom Gärtner zum Mörder. Laubsauger können nicht nur Laub, sondern praktischerweise auch Eicheln, Kastanien, Zapfen und Müll aufsaugen, aus dem hintersten Winkel des Gartens. Das ist extrem praktisch und leicht – verglichen mit der anstrengenden Arbeit mit Rechen, Besen oder Laubgreifern. Aber für unzählbar viele Tierarten bedeutet es den sicheren Tod, eingesaugt zu werden. Insekten, die als Ei oder Raupe im Laub auf den nächsten Frühling warten, und auch Spitzmäuschen, Frösche und Eidechsen: Alle haben dem Turbo-Saugstrom nichts entgegenzusetzen und sterben.

Wenn Sie es lieber eine Nummer kleiner hätten

Sollten Sie keinen Laubhaufen anlegen wollen, müssen Sie das Laub trotzdem nicht in der Mülltonne entsorgen. Sie können auch Laubkompost ansetzen. Das sieht ordentlich aus und macht aus den bunten Blättern in ein bis zwei Jahren allerbeste krümelige Blumenerde. So bleiben die Nährstoffe dem Garten erhalten. Laub braucht länger als bunt gemischter Kompost, um sich zu zersetzen. Am besten wird das Laub sortenrein kompostiert, idealerweise schön luftig in Draht- oder Holzkompostern. So können die Insekten das Laub als Winterquartier nutzen und im Frühling für Nachwuchs sorgen, anstatt in der Biotonne zu verschwinden. Beim Einfüllen geben Sie immer abwechselnd etwas reife Komposterde und Rasenschnitt als Starthilfe dazu. Am besten steht der Laubkompost halbsonnig, halbschattig und windgeschützt, aber nicht zu trocken, denn das Laub sollte schön feucht sein. Dann fühlen sich die Destruenten am wohlsten und die Verrottung läuft effektiv.

In Töpfen und to go

Laub ist ein prima Dämmstoff, nicht nur für Igels Winterquartier. Auch Kübelpflanzen kann man damit vor Frost schützen. Kleinere Kübel setzen Sie in einen mit Blättern gefüllten Jutesack, ein alter Bettbezug tut's auch. Oben zubinden, dann sieht es dekorativ aus und das Laub kann nicht wegfliegen. Sind die Töpfe zu groß und zu schwer, um sie hochzuheben, häufeln Sie das Laub um sie herum, bis über den Rand. Beschweren Sie die Blätter mit Ästen, Brettern, Steinen oder wickeln Sie Jute oder das Betttuch um die Kübel. Dabei das Laub nicht zu eng packen, damit es gut durchlüftet wird und nicht schimmelt.

Darf's ein bisschen mehr sein?

Sie haben Platz für mehrere und größere Haufen? Dann experimentieren Sie doch einfach damit. Legen Sie an unterschiedlichen Standorten jeweils einen Haufen an, mal sonnig, mal schattig, mal luftig, mal feucht. Je nach Vorlieben sind das Winterquartiere für ganz unterschiedliche Tierarten, vom Frosch bis zur Eidechse. Sie haben auch noch Zeit und

Lust zu buddeln? Dann bauen Sie einen Keller unter das Laubhaus. Graben Sie dafür an der Stelle, wo Sie den Haufen haben möchten, ein Loch, mindestens 50 cm tief und 50 cm breit. Haben Sie sehr lehmigen Boden, füllen Sie als Drainage gegen Staunässe eine Schicht Kies oder Schotter ein. Darauf und hinein geben Sie locker und lückig große Steine und dicke Holzstücke und jede Menge Laub, bis die Grube ebenerdig gefüllt ist. Darauf kommt dann noch mal Laub. Wichtig ist, dass ein Weg in den Keller frei bleibt. Vor allem Frösche, Kröten oder Molche lieben solche feuchten Stellen. Sie verbringen die Winterstarre sogar in leeren Mäuselöchern – oder in diesem Haufenkeller.

Noch mehr Pflanzen: Schönes im Winter

Dann, wenn der Großteil der Pflanzenwelt in die Winterruhe geht, haben einige wenige Arten ihren Auftritt. Das ist von der Natur gut eingerichtet, denn nicht die ganze Tierwelt ist im Winterschlaf. Vögel und auch kleine Säugetiere wie Eichhörnchen oder Mäuse suchen immer mal was zu fressen. Und alles, was an Insekten an warmen Herbsttagen oder von der ersten Frühlingssonne aus den Winterverstecken gelockt wird, braucht dringend und schnell etwas zu essen. Je wankelmütiger die Jahreszeiten, desto wichtiger ist es, solche Futtergaranten im Garten zu haben.

Die **Christrose** *(Helleborus niger)* mag es frühlingsfeucht und sommertrocken, ihre reichlichen Samen verteilen Ameisen und der Wind. Hilfreich sind Kompostgaben zur Regeneration, wie auch bei einigen anderen Helleborus-Arten. Diese anderen auch »Nieswurz« genannten Blumen sind sehr selbstständig, blühen aber meist eher unscheinbar.

Efeu *(Hedera helix)* blüht spät im Herbst, bildet Früchte erst im Winter und bietet antizyklisch zum Rest der Natur genau dann Nektar, Pollen und Früchte, wenn sonst kaum noch was blüht und fruchtet. Deshalb bitte erst im Frühjahr schneiden.

Die **Große Fetthenne** *(Hylotelephium telephium)* erleuchtet mit ihren rötlichen Schirmdolden den Herbst, blüht bis in den November für Bienen, Schmetterlinge, Schwebfliegen und Hummeln. Mit Raureif und Schnee wird sie zum Winterschmuck für den kahlen Garten.

1 | Christrose
2 | Früchte des Efeus
3 | Herzgespann

Rosafarbene Glockenblüten sind das Markenzeichen der **Schneeheide** *(Erica carnea)*. Ab November zeigen sich die ersten Knospen; richtig los geht es dann im Februar. Die frühen Blüten sind vor allem bei den Hummeln beliebt. Wächst im Garten und im Topf.

Und dann gibt es noch die sogenannten »Wintersteher«. Damit sind Pflanzen gemeint, die auch nach der Blütezeit noch schön anzusehen sind und interessante Akzente setzen. Sie sind natürliche Futterspender, voller kleiner Samen für Vögel und andere Tiere, selbst wenn der Rest der Pflanzenwelt in den Winterschlaf fällt. Besonders auffällig ist zum Beispiel die **Wilde Karde** (siehe Seite 109), und auch verschiedene **Disteln** (siehe Seite 100) halten bis tief in die kalte, dunkle Jahreszeit. Aber es gibt noch mehr solcher Schönheiten: Das dekorative, lila blühende **Knollen-Brandkraut** *(Phlomis tuberosa)* sieht auch im Winter großartig aus und ist bei Wildbienen und anderen Insekten beliebt.

Auch das **Herzgespann** *(Leonurus cardiaca)*, eine heimische, pflegeleichte Wildpflanze, sollte im Winter stehen bleiben. Zur Blütezeit wird sie sehr gerne von Bienen besucht.

Die **Wilde Möhre** *(Daucus carota)* ist besonders beliebt bei Schmetterlingen, aber auch bei Käfern, Fliegen oder bunten Blattwanzen. Die weißen Blütendolden, die sich nach dem Verblühen zu hübschen Nestern zusammenziehen, sind bis in den Winter gehaltvolle Samennahrung.

Upgrade Wildnis

Wie wäre es, wenn Sie der Natur die Arbeit ganz überlassen? Der Herbstwind pustet das Laub herum und es sammelt sich meist in bestimmten Ecken, an der Hecke, am Zaun. Sie lassen es dort und legen allenfalls ein paar Äste drauf, damit es auch liegen bleibt. Ist es zu wenig Laub, sammeln Sie noch ein bisschen und häufeln es dazu. Laub bleibt nur für einen Winter, es verrottet an Ort und Stelle recht schnell. Was übrig bleibt, lassen Sie bis einige Wochen nach dem letzten Frost liegen. Dann sind alle Tiere sicher aus dem Winterschlaf erwacht und unterwegs.

Bitte verbrennen Sie die Reste nicht. Zerstreuen Sie das restliche Laub erst mal in alle Richtungen, dann haben auch alle Insekten die Chance, sich eine neue Bleibe zu suchen. Die Insekten sind dann ein gefundenes Fressen für viele Vögel, die im Frühjahr brüten und ein Nest voll eiweißhungriger Küken zu versorgen haben, oder für den Igel, der aus dem Winterversteck kriecht. Wenn Sie die restlichen Blätter dann wieder zusammenrechen, nutzen Nachtfalter den kleinen Haufen als Tagesversteck; oder Frösche und Eidechsen. Was im Winter schön warm war, schützt jetzt vor zu großer Hitze und Trockenheit.

Außerdem

- Alles über Igel finden Sie auf der Internetseite des Vereins Pro Igel e. V.: www.pro-igel.de.
- #Laubliegenlassen: Wenn Sie Ihre Bilder und Texte mit diesem Hashtag versehen, dann finden andere Menschen in den sozialen Netzwerken Ihre Erfahrungen und Sie können auch von anderen neue Ideen zum Thema Laub bekommen.

12

Ein Garten für Tiere: Platz für Zorro und seine Freunde

Haben Sie schon einen Gartenschläfer-Nistkasten im Garten? Gartenschläfer? Nie gesehen, denken Sie jetzt vielleicht. Das kann gut sein, denn erstens sind die Tierchen nachtaktiv, zweitens einen guten Teil des Jahres im Winterschlaf. Gartenschläfer sind Bilche, optisch eine Mischung aus Mäusen und Hörnchen, mit großen Augen, kleinen Ohren und einem puscheligen Schwanz. Weltweit gibt es rund 30 Arten, die bekannteste bei uns ist der Siebenschläfer, die kleinste die Haselmaus und die niedlichste eben dieser Gartenschläfer. Den Spitznamen »Zorro« trägt er nicht von ungefähr, sein Fell hat im Gesicht eine auffällige schwarze Zeichnung, die wie eine Maske aussieht. Lange waren die drolligen Tierchen eine Allerweltsart, heute gibt es nur noch wenige. In der Roten Liste der Säugetiere Deutschlands ist die Art als stark gefährdet eingestuft.

Gartenschläfer

Der Gartenschläfer lebt eigentlich in Mischwäldern, Streuobstwiesen, Heckenlandschaften – all das gibt es immer weniger. Er findet gute Ersatzlebensräume und Nahrung in allen dicht und abwechslungsreich bewachsenen Gebieten, in denen es Verstecke gibt, um Hauskatzen, Mardern, Ratten und Greifvögeln aus dem Weg zu gehen. Ideal sind Kleingarten-Anlagen, Parks und Friedhöfe. Gartenschläfer leben deshalb auch in Großstädten, zum Beispiel im Rhein-Main-Gebiet.

12 **Auf einen Blick: Garten für Tiere – Häuschen für den Gartenschläfer**

Das brauchen Sie, um für Gartenschläfer einen perfekten Unterschlupf zu bauen:
Material: zugeschnittenes Holz, Schrauben und Nägel, siehe Seite 159.
Werkzeuge: Akkuschrauber, Bohrmaschine, Holzbohrer von 3,5 mm, Forstnerbohrer (3 cm Durchmesser), Hammer.
Fähigkeiten: handwerkliches Geschick.
Zeitaufwand: etwa zwei Stunden.

Wieso, weshalb, warum?

Ganz einfach: Bilche sind wie kleine Heckenschweinchen – Allesfresser. Hauptsache viel und Hauptsache viel Abwechslung. Bis zu acht Monate dauert der Winterschlaf. In dieser langen Zeit fressen sie nichts, umso mehr Nahrung brauchen sie bis zum Herbst, um sich darauf vorzubereiten. Nüsse und Bucheckern, Brombeeren, Knospen und Blüten, Samen und Früchte, außerdem Vogeleier und natürlich Insekten, egal, ob Blattwespenraupen oder Käferlarven. Auch Schnecken gehören zum Speiseplan, sogar Nacktschnecken. Mit einer speziellen Technik entpfriemelt sie der Gartenschläfer vom roten Schleim, bevor er sie genüsslich verspeist. Das vielleicht als letztes Argument, wie gut es sein kann, Gartenschläfern den eigenen Garten als Lebensraum anzubieten. Statt »Ungeziefer« mit allen Mitteln zu bekämpfen, ist es viel besser und effektiver, das biologische Gleichgewicht zu fördern.

Vorbereitung und Planung

Ist das Häuschen fertig, brauchen Sie noch einen geeigneten Platz, an dem sich Gartenschläfer wohlfühlen. Gut geschützt mögen die Tiere es am liebsten, sowohl vor Wind und Wetter als auch vor Katzen und Mardern. Eine gute Höhe ist ungefähr zwei Meter, an Wänden, in Hecken oder auf Bäumen. Um das der Witterung am stärksten ausgesetzte Dach zusätzlich zu schützen, verwenden Sie bitte keine Dachpappe. Diese enthält giftige Stoffe, die in der Natur und in einem Tier-Kinderzimmer nichts zu suchen haben. Alternativ können Sie besonders hartes Holz für

Gut geschützt vor Wind und Wetter, aber auch vor Fressfeinden, kann der Gartenschläfer die meiste Zeit des Jahres in seinem Häuschen ruhig schlafen. Wird er dann wach, braucht er reichlich Futter, das ihm ein strukturreicher Garten bietet.

das Dach verwenden, zum Beispiel Robinie oder Eiche, oder das Dach mit Leinöl einpinseln, als Schutzschicht. Oder Sie bauen ein Gründach auf den Nistkasten.

In unserem Bauplan ist die Aufhängung per Hakennagel vorgesehen: Die kleine Leiste über dem Einstiegsloch hat dafür ein kleines Bohrloch und wird damit auf einen in die Wand oder den Baum gehämmerten Hakennagel gesetzt. An den Stamm nageln – darf man das denn? Man darf. Wenn Sie Aluminiumnägel verwenden, stört das den Baum nicht.

Aluminium gibt keine schädlichen Stoffe ab und rostet nicht, was eine Infektion mit Viren, Bakterien oder Pilzen fördern könnte. Achten Sie außerdem darauf, den Nagel möglichst gerade in den Baum zu schlagen, dann bleibt die Wunde so klein wie möglich und es entsteht nur eine klitzekleine Narbe.

Wenn Sie das nicht möchten, gibt es andere Möglichkeiten. Dann können Sie links und rechts in der Rückwand des Gartenschläferhäuschen je eine Ösenschraube anbringen; ein Stück Draht oder Schnur in den Ösen befestigen und diese über einen Ast hängen.

Oder Sie stellen das Haus auf eine Pfosten: Dafür brauchen Sie ein 2 m langes Vierkantholz, das Sie mit dem unteren Ende in eine Einschlaghülse aus dem Baumarkt stecken. Diesen Bodenanker am gewünschten Ort in die Erde einschlagen und dann den Pfosten einstecken und im Anker festschrauben. Oben links und rechts zwei Metallwinkel anschrauben, und diese wiederum am Boden des Nistkastens befestigen. Bei einem Rundholz geht es noch einfacher: Eine zum Durchmesser des Pfahls passende Konservendose (sauber, trocken, eventuell lackiert) mit der Öffnung nach unten an den Kastenboden schrauben, über den Pfahl stülpen und mit je einem Nagel links und rechts fixieren.

Der Pfahl sollte selbstverständlich nicht einfach mitten auf der Rasenfläche stehen, sondern irgendwo schön geschützt im Gebüsch oder in der Nähe eines Baumes oder der Schuppenwand.

Aber erst mal bauen wir jetzt das Haus.

So gehen Sie Schritt für Schritt vor

Bohren Sie zunächst mit dem Forstnerbohrer in das als Rückwand (W1) vorgesehene Brett das Einstiegsloch. Das Loch wird im oberen Drittel, mittig zu den Seiten platziert. Schleifen Sie die Kanten des Lochs mit Schmirgelpapier glatt.

Legen Sie um das Einstiegsloch die beiden Abstandsleisten (AL1) wie ein nach unten offenes Dreieck und markieren Sie die Position. Diese Leisten halten die Rückwand später auf Abstand zum Baum oder zur Schuppenwand. So können die Bilche gut durch das Loch in den Kasten

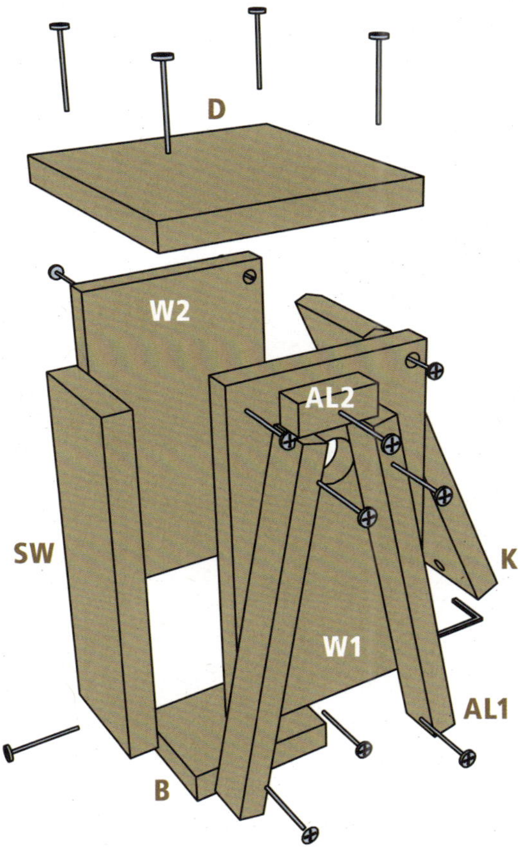

Material:
sägeraues, witterungsbeständiges Holz, idealerweise Lärche, 22 mm dick,
zugeschnitten auf folgende Teile:
für 1 Vorder- und 1 Rückwand: je 138 mm × 230 mm (W2, W1),
für die Seitenwand: 80 mm × 230 mm (SW),
für die Klappe: 80 mm × 230 mm, die obere kurze Seite angeschrägt und glatt geschmirgelt (K)
für das Dach: 165 mm × 175 mm (D),
für den Boden: 80 mm × 94 mm (B),
2 Abstandsleisten, je 30 × 30 × 200 mm (AL1),
1 kurze Abstandsleiste 30 × 30 × 50 mm (AL2).

Außerdem brauchen Sie:
18 Spax-Schrauben, 3,5 mm Durchmesser, 40 mm Länge, Senkkopf,
2 Hakennägel aus Aluminium, etwa 30 mm lang, als Verschluss und zum Aufhängen,
Schmirgelpapier.

klettern. Auf die Spitze dieses Dreiecks legen Sie die kleine Leiste (AL2). In die nach unten zeigende Seite bohren Sie in kleines Loch, das ist das Loch für den Nagel zum Aufhängen. Bohren Sie nun die Löcher in die Leisten, jeweils zwei, gleichmäßig verteilt. Dann schrauben Sie die Leisten auf der Rückseite fest.

Als Nächstes wird die Rückwand mit einer Schraube von unten an eine kurze Seite des Bodens (B) geschraubt. Auch dafür das Loch vorbohren. Dann kommt die Seitenwand (SW): Sie wird mit einer Schraube von unten an die Bodenplatte geschraubt und mit zwei Schrauben seitlich an die Rückwand.

Genauso wird dann die Vorderwand (W2) an diese Seitenwand geschraubt: unten mit einer Schraube mit der Bodenplatte verschrauben, seitlich mit zwei Schrauben befestigen. Dabei schließen die Vorder- und Rückwand bündig mit der Seitenwand ab.

Fehlt noch die zweite Seitenwand – sie ist gleichzeitig die Klappe zum Öffnen des Kastens (K). Dieses Brett so weit oben wie möglich von links und rechts mit je einer Schraube an der Vorder- und Rückwand verschrauben, sodass man sie hochdrehen kann. Die angeschrägte Seite zeigt dabei nach oben.

Unten schließt diese Seitenwand bündig mit dem Boden ab – wird aber nicht fest angeschraubt. In die Rückwand schlagen Sie seitlich einen Hakennagel, sodass er die Klappe umschließt. Zeigt der Haken zur Seite, ist die Tür fest verschlossen und verhindert, dass allzu wilde Tierchen womöglich die Klappe aufdrücken und herausfallen. Zeigt der Haken nach unten, lässt sich die Klappe öffnen, um bei Bedarf das Haus zu reinigen. Machen Sie das aber bitte wirklich nur, wenn es nötig ist, nicht aus Neugier, um mal zu gucken, ob jemand eingezogen ist. Wenn Sie das beobachten wollen, bauen Sie eine kleine Kamera ein.

Das Dach (D) wird zuletzt mit insgesamt vier Schrauben auf die Wände geschraubt. Löcher auch hier, wie bei allen anderen Schrauben, vorbohren. Wichtig ist, dass das Dach hinten, an der Rückseite, bündig mit der kleinen Abstandsleiste (AL2) abschließt, sonst lässt es sich nicht gerade aufhängen. Ob es vorne oder an den Seiten mehr oder weniger übersteht, ist nicht entscheidend. Jetzt können Sie das Häuschen am gewünschten Standort anbringen.

Auch noch wichtig

Bitte nicht stören! Öffnen Sie jeden Nistkasten nur, wenn es absolut nötig ist, und immer ganz vorsichtig. Vielleicht hält schon jemand Winterruhe? Die Tierchen verlieren sehr viel Energie, wenn sie wach werden, und sie finden selten etwas Neues, um dort weiterzuschlafen, bis es Frühling ist. Auch Hummelköniginnen, Schmetterlinge, Fledermäuse und Bienen, Ohrwürmer und Florfliegen siedeln sich in Vogelkästen oder Gartenschläfer-Häuschen an.

Wann ist es absolut nötig, einen Nistkasten zu öffnen? Eigentlich gar nicht, zumindest nicht turnusmäßig im Frühjahr. Sondern nur dann, wenn der Nistkasten mit Polstermaterial überquillt, vermutlich tote Tiere darin liegen oder es deutlich sichtbar einen Befall an Milben, Flöhen, Lausfliegen und anderen Parasiten gibt.

Wenn Sie es lieber eine Nummer kleiner hätten

… dann fangen Sie doch mit Eichhörnchen an. Diesen niedlichen Tierchen den eigenen Garten nett zu machen, geht ganz leicht. Grundsätzlich leben Eichhörnchen gut in unserer Kulturlandschaft. In den Forsten fühlen sie sich genauso wohl wie in Stadtparks. Hauptsache, es gibt hohe alte Bäume, auf oder in die sie ihr Nest aus Zweigen bauen können, den Kobel. Und zu fressen muss es geben, und zwar reichlich, denn die flinken Tierchen haben einen hohen Energieverbrauch. Zum Glück sind auch sie mehr oder weniger Allesfresser und damit in der Nahrungswahl recht flexibel: Sie lieben Nüsse und Samen, scharren sich Käfer aus dem Laub, zwicken Blätter und Knospen von den Bäumen, ernten in

Gemüsebeeten und Obstbäumen, sammeln Pilze und sagen auch nicht Nein, wenn sie ein Vogelei finden.

Ihnen Futter und einen sicheren Unterschlupf anzubieten, ist trotzdem eine gute Idee. Auch für Eichhörnchen schwindet der Lebensraum. Alte Bäume werden oft aus Sicherheitsgründen gefällt. Insektensterben und die Trockenheit machen es ihnen oft schwer, ausreichend Essen und Trinken zu finden. Neben einer Schale mit frischem Wasser freuen sich die Hörnchen über Nüsse, Körner und Kerne, Rosinen, Möhren und Äpfel. Achtung: Essensreste oder Brot vertragen die Nagetierchen nicht. Sollten mehrere Eichhörnchen regelmäßig einen Garten besuchen, empfiehlt es sich, auch mehrere Futterstellen einzurichten. So niedlich sie sind, so rabiat sind sie zur vermeintlichen Konkurrenz. Es gibt spezielle Futterhäuser für Eichhörnchen zu kaufen, ebenso Bauanleitungen zum Selbermachen. Darin sind die Nüsse vor Wind und Wetter geschützt und doch für die fingerfertigen Tiere leicht zu erreichen.

Wichtig ist vor allem, dass Eichhörnchen auch Polstermaterial haben, Fell und Tierhaare, Moos oder Laub, mit denen sie es dem Nachwuchs gemütlich machen können und sich selbst dann das Winterquartier. Dick und rund gefressen, verdösen sie die kalte Jahreszeit, stehen aber ab und zu auf, um etwas zu fressen. Deswegen sollten immer ein paar Nüsse im Futterhaus liegen. Dann kommen die Hörnchen im Winter regelmäßig vorbei und es ist eine Freude, sie zu beobachten.

In Töpfen und to go

Fertige Nisthilfen gibt es mittlerweile überall; niemand muss selbst basteln und bauen. Für Vögel aller Art sowieso, aber auch für Igel, Wildbienen, Kröten, Fledermäuse, natürlich auch für Gartenschläfer und andere Bilche, sogar für Florfliegen. Worauf Sie achten sollten: Das Material sollte schadstofffrei sein und nicht zu dünn; besonders wenn die Tiere darin überwintern – sie sollen ja nicht erfrieren.

Vor allem Insektennisthilfen sind oft besser gemeint als gemacht. Wildbienen besiedeln in der Natur Fraßgänge von Käfern – die ihre Gänge in der Regel seitlich durch den Stamm bohren, also quer zum

Stirnholz. Dicke Blumenstängel von Disteln, Königskerzen oder Sonnenblumen, Brombeer- und Himbeerruten oder Schilf werden zum Brüten und Überwintern genutzt. In der Natur stehen die Halme meist aufrecht und das sollten sie auch in der Nisthilfe tun. Einfacher ist es deshalb, abgeblühte Stauden einfach stehen zu lassen; an manchen hängen auch verpuppte Schmetterlingslarven, so gut getarnt, dass sie von einem vertrockneten Blatt kaum zu unterscheiden sind. Weit mehr als die Hälfte der Wildbienenarten nisten oder überwintern in losem Sand, zwischen Pflasterfugen zum Beispiel, in Felsspalten, alten Vogelnestern, Asthöhlen oder Mauselöchern. Ein Garten mit ein bisschen kunterbuntem Durcheinander von Rinde, Laub, Baumstücken, Ästen und Zweigen und andere Haufen aus Naturmaterialien sind für Insekten ideale Lebensräume. Hier findet dann der Gartenschläfer auch sein Futter.

Darf's ein bisschen mehr sein?

Ein Bilchkasten, irgendwo hingehängt, macht noch keinen Gartenschläfer glücklich. Tiere wollen nicht nur wohnen. Das ist nicht viel anders als bei uns Menschen, auch bei den Tieren zählt die Lage. Wo ist die nächste Futterquelle, wie steht's mit der Sicherheit? Ist es zu heiß, zu kalt? Können hier Kinder gut aufwachsen? Genauso wenig wie eine Insektennisthilfe seltene Wildbienen herbeizaubert oder eine Igelburg einen Igel, wenn der Garten ansonsten leer und gefährlich ist und nur aus gestutztem Rasen, Kies, Thuja und exotischen Stauden besteht und nichts zu fressen oder keine Verstecke bietet.

Der kleine »Zorro« ist allerdings besonders anspruchsvoll. Erstens hat ein Bilch gerne mehrere Zimmer zur Verfügung, als Tagesversteck mal hier, mal da, fürs Winterquartier und als Nisthöhle. Dafür baut er auch schon mal kleine Kugeln im Gebüsch, kuschelt sich in verlassene Mauselöcher, stopft sich Lücken im Brennholzstapel mit Moos, Federn und Haaren aus. Damit Gartenschläfer genügend Nistmaterial finden können, sollte im Garten nicht zu viel Ordnung herrschen. Umso mehr Schlupfwinkel haben auch Spinnen und Käfer und alle möglichen anderen Krabbel- und Kleintiere, von denen sich ein Bilch sehr gerne ernährt.

Noch mehr Pflanzen: Futter für den Gartenschläfer

Gartenschläfer sind Insektenfresser, aber sie lieben auch Früchte. Große Bäume finden nicht in jedem Garten Platz –Beerensträucher schon. Darauf fliegen auch viele andere Tiere. Käfer, Bienen, Schmetterlinge, Raupen und Vögel fressen an deren Blüten, Pollen, Blättern und Früchten. Sie selbst können natürlich ebenfalls zugreifen, direkt vom Strauch in den Mund. Nichts geht über eine vollreife, sonnengewärmte Stachelbeere! Bei einer großen Menge Äpfeln und Zwetschgen ist das Ernten oft Stress. Einkochen, verwerten, absammeln, damit nicht alles vergammelt. Das passiert bei Beerenobst nicht. Wenn Sie es nicht schaffen, zu ernten, dann kümmern sich die Tiere darum. Für alle Beerensorten, ob alt oder neu, gilt: Sie sind recht pflegeleicht und lassen sich problemlos in jedem Garten anbauen.

Himbeeren *(Rubus idaeus)* gibt es in vielen Züchtungen. Sie können als klassische, locker gepflanzte Reihe im Nutzgarten stehen oder als dichte Hecke gepflanzt werden, um als Zufluchtsstätte für Vögel und Kleinsäuger zu dienen. Sie eignen sich auch als Unterwuchs von Gehölzen oder um Mauern zu begrünen, auch in Kübeln wachsen Himbeeren gut.

1 | Brombeeren
2 | Rote Johannisbeeren
3 | Stachelbeeren
4 | Weintrauben

Eng verwandt ist die **Moltebeere** *(Rubus chamaemorus)*, die hellorange Früchte bildet und ein bisschen wie Aprikosenmus schmeckt.

Stachelbeeren *(Ribes uva-crispa)* haben Blüten, die voller Nektar sind. Verschiedene Schmetterlingsraupen mögen das Blattgrün, zum Beispiel der Stachelbeerspanner, ein kleiner bunt gefleckter Nachtfalter. Alte Sorten mit vielen Stacheln sind zwar schwierig zu beernten, bieten aber reichlich Unterschlupf für Vögel und Eidechsen. Auch der Gartenschläfer kann sich hier zurückziehen.

Kratzbeeren *(Rubus caesius)* sind die kleinen Schwestern der Brombeeren. Sie wachsen weniger hoch und auch die Beeren sind kleiner, aber sie wurzeln bis zu mehreren Metern tief in der Erde und kommen auch mit größerer Trockenheit gut klar.

Und natürlich: **Rote Johannisbeeren** *(Ribes rubrum)*, in Österreich auch Ribisel genannt, und **Schwarze Johannisbeeren** *(Ribes nigrum)*.

Oder vielleicht sogar Wein? Weintrauben wachsen entgegen vielen Annahmen nicht nur auf sonnigen Hängen an Rhein und Mosel oder in Südeuropa, sondern in jedem Garten. Nicht jede Art passt und die Trauben werden auch nicht immer so süß, aber die Früchte der **Echten Weinrebe** *(Vitis vinifera)* schmecken frisch vom Strauch lecker. Zudem lassen sich aus den Trauben Rosinen oder Saft herstellen. Und wenn nicht: Auch hier finden Vögel, Bilche oder auch Insekten die Früchte ausnehmend lecker.

Upgrade Wildnis

Disteln, Brennnesseln und Brombeeren voller Früchte, Gebüsch, Holz und Laub, in dem sich Käfer, Tausendfüßer und Spinnen und andere Leckerbissen tummeln, dazu ein paar Holznischen oder Steinspalten zum Schlafen und Nisten – ein solches Stück »Wildnis« wäre Gartenschläfers Paradies. Mit ein bisschen optischer Täuschung und psychologischen Tricks wird ein guter Kompromiss daraus, falls es nicht so »paradiesisch« aussehen soll. Suchen Sie sich ein Stück Garten aus, das Sie für den Gartenschläfer herrichten. Nennen Sie es nicht Wildnis, schon gar nicht »meine unordentliche Ecke«, sondern »Lebensraum für Gartenschläfer« oder »Zorros Welt«. Geben Sie dem Stück nicht nur einen Namen, sondern auch einen Rahmen. Wie bei einem Bild. Vielleicht ein Rankspalier mit einer Rose, hinter dem dann Zorros Welt der Brennnesseln und Brombeerranken beginnt, oder eine Trockenmauer oder eine Hecke. Auch zwei, drei Blumenkübel richtig platziert, ein Stapel Brennholz oder eine Bank setzen optisch eine Grenze. Schwappt der Wildwuchs zu wild in den ordentlicheren Teil des Gartens, schneiden Sie das ab, was stört.

Gerade weil »dort hinten« ein bisschen Kraut und Rüben herrscht, bietet die Ecke alles, von kleinen Schlupfwinkeln für Spinnen und Käfer über feuchte Ecken für Molche, Frösche und Kröten bis zu größeren Höhlen für Spitzmäuse, Igel und Co. Und die Armada an Tieren lebt nicht nur in dieser Ecke, sondern schwärmt von dort rund um die Uhr aus, um in Ihrem Garten die Arbeit zu verrichten: Kleine Insekten zersetzen Hinterlassenschaften und totes organisches Material, andere bestäuben die Blüten, Vögel fressen Schnecken, Marienkäfer fressen Blattläuse – sie alle halten so den Garten im Gleichgewicht, sodass Sie viel weniger Arbeit mit dem Garten haben.

Außerdem

- Der Gartenschläfer hat sogar seine eigene Website bekommen: www.gartenschlaefer.de. Zum Naturschutzprojekt von BUND, Senckenberg Gesellschaft und Universität Gießen finden Sie jede Menge Informationen, darunter eine ausführliche Bauanleitung für ein Häuschen; außerdem schöne Bilder und Hörproben ihrer unnachahmlichen Geräusche. Sie können dort Gartenschläfer-Begegnungen melden und zur Forschung beitragen. Außerdem findet man Ansprechpersonen, bei denen sich Interessierte informieren können, wie sich konkret auf den eigenen Ländereien dem Gartenschläfer Gutes tun lässt. Das Projekt wird ergänzt von einer Social-Media-Serie und dem sehenswerten Film »Soko Gartenschläfer«.
- Auch bei www.deutschewildtierstiftung.de gibt es viele Informationen zu den kleinen Nagetierchen.
- Buchtipp: »Friede den Maulwürfen!« von Sigrid Tinz, pala-verlag.

Jetzt geht es los!

Nun sind Sie dran. Klappen Sie dieses Buch zu und beginnen Sie damit, das Beste aus Ihrem Garten zu machen. Ein grünes Paradies, ein kleines Artenschutzgebiet. Vielleicht wissen Sie noch nicht so recht, womit Sie anfangen wollen oder können? Weil es ein »Aber« gibt oder mehrere? Der Vermieter, die Nachbarschaft. Zeit, Arbeit, Geld … nicht zu schaffen. Oder zu wenig? Vielleicht fragen Sie sich, was das alles bringen soll. Mein Vorschlag für alle »Abers«: Blättern Sie die Projekte noch mal durch und dort, wo sich etwas schön anfühlt – und nicht vernünftig, wichtig, einfach –, dort, wo es »leuchtet«, da halten Sie an und probieren es einfach mal aus. Und versuchen es notfalls noch ein bisschen kleiner zu machen, passender für Sie. So, dass Sie keine Mühe haben, anzufangen, und der erste Schritt keine Hürde mehr ist, weil es sich in wenigen Minuten erledigen lässt, kein Geld kostet oder den Nachbarn nicht auffällt. Oder weil es sowieso gerade anliegt, beispielsweise weil Herbst ist und das Laub fällt. Vielleicht gibt es auch etwas, das zu Ihren alltäglichen Routinen passt, beispielsweise beim täglichen Gang durch den Garten ein paar Schalen mit Wasser für die Vögel und Insekten zu füllen. Oder ein Projekt, bei dem Sie nicht *mehr* machen müssen, sondern *weniger.* Laub liegen lassen zum Beispiel oder Stauden im Herbst nicht abschneiden und abwarten, ob der Frost daraus Kunstwerke macht. Oder nur einmal im Monat Rasen mähen, nicht jede Woche – und in den freien Zeiten etwas anderes machen.

Der kleinste Schritt ist nicht »nichts«. Genießen Sie das Ergebnis gebührend: wenn immer etwas blüht, egal, was das Wetter gerade macht, wenn in der Hecke Zaunkönige nisten oder die Spinnennetze zwischen den stehen gebliebenen Stauden im Herbstlicht funkeln. Erzählen Sie

Informieren statt diskutieren

Vielleicht möchten Sie, dass der Vermieter sich finanziell beteiligt, wenn Sie seinem Grundstück eine neue Hecke spendieren oder ein Wildpflanzenbeet anlegen möchten? Dazu holen Sie ihn am besten mit ins Boot. Freundlich fragen und freundlich und gut vorbereitet argumentieren, ist immer die beste Möglichkeit. Das gilt auch für die kritische Nachbarschaft, die oft jede Veränderung beargwöhnt. Der Umweg über die Öffentlichkeit ist eine weitere gute Möglichkeit für mehr Akzeptanz: Wenn andere und vor allem »offizielle« Stellen gut finden, was Sie machen, dann kann es auch die Nachbarschaft unter einem anderen Blickwinkel sehen. Machen Sie mit bei Social-Media-Aktionen wie #MähfreierMai oder der Zählaktion des NABU: im Winter werden Vögel, im Sommer Insekten gezählt. Beteiligen Sie sich am »Tag der offenen Gärten« oder stellen Sie Ihren Garten für Veranstaltungen zur Verfügung, vom Fotokurs der Volkshochschule bis zum Workshop »Vogelhäuschen bauen« mit der Kita. Stellen Sie in Ihrem Vorgarten kleine Schilder auf, die klarmachen, dass bei Ihnen eben nicht einfach Kraut und Rüben herrscht, sondern planvoll Naturschutz betrieben wird. Ein Schild mit der Aufschrift »Hier wohnt Igelmama Ilse« steht dann vor dem Laubhaufen in der Hecke; »Achtung, hier futtern Schmetterlingskinder« heißt es neben den Brennnesseln, und in den bunt geblümten Vorgarten kommt ein Schild mit »Blühflächen für Majas wilde Schwestern«. Bei verschiedenen Garten- und Umweltverbänden kann man sich auch mit Material versorgen – Aufkleber, Faltblätter, Schilder – zum Bestellen oder als Download; auch Ihre Gemeinde macht vielleicht etwas eigenes, möchte »Bienenhauptstadt« werden oder verteilt Samenmischungen und Plaketten. Einige Organisationen veranstalten auch Wettbewerbe oder prämieren Privatgärten, zum Beispiel im Rahmen der Kampagne »Tausende Gärten – Tausende Arten« oder dem »Deutschland summt!«-Pflanzwettbewerb. Großer Vorteil: Werden Sie prämiert, dann kommt vielleicht die örtliche Presse. Und dann ist es auf jeden Fall richtig und gut, was Sie in Ihrem Garten machen.

Schreiben Sie mir gerne, welche tierischen Gartengäste Sie haben!

anderen davon, teilen Sie Ihre Erlebnisse in der Nachbarschaft, mit der Öffentlichkeit. Schreiben Sie mir, was klappt und was nicht, welche Fragen Sie haben. Ich freue mich über Fotos und kleine Geschichten an meine Mailadresse redaktion@krautundbuecher.de. Oder posten Sie ein Foto mit dem #MeinGartenmehrArtenIchbindabei. Das sehe ich dann und freue mich mit – und kann anderen davon erzählen. Also noch mal: Klappen Sie dieses Buch zu und gehen Sie in Ihren Garten. Machen Sie den ersten kleinen Schritt und danach geht es ganz leicht weiter. Ihr Garten wird sich ändern und Sie können ihn lieben wie vorher. Oder sogar noch ein bisschen mehr. Weil Sie das Beste daraus gemacht haben.

Die Autorin

Sigrid Tinz ist freie Journalistin, Autorin und Referentin für Umwelt-, Natur- und Gartenthemen. Die Geoökologin hat vier Kinder und lebt mit Katzendame Miezi und Mischlingshündin Nera im Münsterland und in Hannover. Ökologische Zusammenhänge zu vermitteln und Lebensräume der heimischen Tier- und Pflanzenwelt zu fördern und zu schützen, liegen ihr am Herzen. Sowohl beruflich als auch privat. Ihre liebste Freizeitbeschäftigung aktuell: Den Großstadtgarten im neuen Zuhause aus dem Schotter-Rasen-Dasein zu befreien und in einen bunten und klimafesten Naturerlebnisraum zu verwandeln.

Brigitte Kleinod /
Friedhelm Strickler:
Schön wild!
ISBN: 978-3-89566-367-3

Sigrid Tinz:
Haufenweise Lebensräume
ISBN: 978-3-89566-389-5

Farina Graßmann:
Wunderwelt Moor
ISBN: 978-3-89566-431-1

Michael Altmoos:
Besonders: Schmetterlinge
ISBN: 978-3-89566-408-3

Katharina Heuberger:
Mein wilder Meter
ISBN: 978-3-89566-428-1

Sigrid Tinz:
Selbst ist die Pflanze
ISBN: 978-3-89566-372-7

Ulrike Aufderheide:
Tiere pflanzen
ISBN: 978-3-89566-388-8

Agnes Pahler:
Lebensraum Gehölz
ISBN: 978-3-89566-418-2

Gesamtverzeichnis bei:
pala-verlag, Am Molkenbrunnen 4, 64287 Darmstadt, www.pala-verlag.de

ISBN: 978-3-89566-432-8

Am Molkenbrunnen 4, 64287 Darmstadt
www.pala-verlag.de

Bildnachweis:
Seite 21: Paula Polak
Seite 38: Maurice Tricatelle/Adobe Stock
Seite 49: Wolfgang Hertling
Seiten 74 oben links, 86 oben rechts, 131 oben links: Ingrid Keller
Seite 119 unten rechts: tom/Adobe Stock
Seiten 135 und 142,
oben links und unten rechts: Agnes Pahler
Seiten 155 und 161: Detlef Warren
Seite 164: Gerd Wartha
alle anderen Fotos: Sigrid Tinz

Umschlagfotos vorne:
Werner David *(oben),*
Martin Grimm/Adobe Stock *(unten Mitte),*
Michael Altmoos *(unten links),*
Sigrid Tinz *(unten rechts)*

Zeichnungen Seiten 35, 45, 57, 69, 79, 91, 105, 113, 125, 137, 149, 157:
Margret Schneevoigt
Zeichnungen Seiten 115 und 159: Jörg Buss

Lektorat: Barbara Reis

Satz und Gestaltung: Die Werkstatt Medien-Produktion GmbH, Göttingen
www.werkstatt-produktion.de

Druck und Bindung:
Beltz Grafische Betriebe GmbH, Bad Langensalza
www.beltz-grafische-betriebe.de
Printed in Germany

Gedruckt auf
100% Recyclingpapier

Toni Lauerer

Endlich wieder gschafft

Toni Lauerer

Endlich wieder gschafft

Weihnachtsgeschichten

BUCHVERLAG

Bibliografische Information der Deutschen Nationalbibliothek

Die Deutsche Nationalbibliothek verzeichnet diese Publikation in der Deutschen Nationalbibliografie; detaillierte bibliografische Daten sind im Internet über http://dnb.dnb.de abrufbar.
ISBN 978-3-95587-429-2

MIX
Papier aus verantwortungsvollen Quellen
FSC® C014138
FSC www.fsc.org

Für uns, die Battenberg Gietl Verlag GmbH mit all ihren Imprint-Verlagen, ist Nachhaltigkeit ein wichtiger Teil unserer Unternehmensphilosophie. Daher achten wir bei allen unseren Produkten auf den Einsatz umweltschonender Ressourcen und Materialien.
Dieses Buch wurde auf FSC®-zertifiziertem Papier gedruckt. FSC (Forest Stewardship Council®) ist eine nicht staatliche, gemeinnützige Organisation, die sich für die verantwortungsvolle und ökologische Nutzung der Wälder unserer Erde einsetzt.

Unsere Partnerdruckerei kann zudem für den gesamten Herstellungsprozess nachfolgende Zertifikate vorweisen:

- Zertifizierung für FOGRA PSO
- Zertifizierungssystem FSC®
- Leitlinien zur klimaneutralen Produktion (Carbon Footprint)
- Zertifizierung EcoVadis (die Methodik besteht aus 21 Kriterien in den Bereichen Umwelt, Einhaltung menschlicher Rechte und Ethik)
- Zertifikat zum Energieverbrauch aus 100% erneuerbaren Quellen
- Teilnahme am Projekt „Grünes Unternehmen“ zum Schutz von Naturressourcen und der menschlichen Gesundheit

Umschlagfoto: Foto Wagner, Furth im Wald

10. Auflage 2023
ISBN 978-3-95587-429-2

www.battenberg-gietl.de

Inhalt

Vorwort

Liebe Leserin, lieber Leser,

ich hoffe, Sie verzeihen mir die vertraute Form der Anrede, aber da Weihnachten das Fest der Liebe ist, kann ich ja schlecht mein Buch mit „sehr verehrte“ beginnen.

Für mich und bestimmt auch für Sie ist Weihnachten das schönste Fest von allen. Schon in den Tagen davor herrscht eine ganz besondere Stimmung in uns und um uns herum. Verlockende Düfte ziehen durch das Haus, Kindheitserinnerungen werden wach, draußen rieselt (eventuell) der Schnee, die Weihnachtsbeleuchtung funkelt in den Straßen, und beim Metzger kriegt man eine Wurst geschenkt. Gerade Letzteres ist für mich schon als Kind immer ein Höhepunkt der Festeinkäufe gewesen.

Viele schöne Geschichten und Gedichte wurden schon geschrieben über die Advents- und Weihnachtszeit. Einige sind lustig, viele sind besinnlich. Weil aber das Fest der Geburt Jesu ein Fest der Freude ist, habe ich mir gedacht, man darf ruhig etwas mehr lustige Geschichten darüber schreiben.

Ich habe mich hingesetzt, und nun ist ein ganzes Buch daraus geworden, was mich sehr freut. Noch mehr freut es mich, dass gerade Sie dieses Buch jetzt in Händen halten.

Einige Geschichten werden Sie vielleicht schon mal gelesen haben, da sie in irgendeinem meiner früheren Bücher abgedruckt sind. Aber weil es nunmal Geschichten vom Nikolaus oder vom Christkindl sind, mussten wir sie in mein großes Weihnachtsbuch hineinpacken, sonst wäre dieses nicht komplett. Doch keine Angst: Die meisten Geschichten in diesem Buch sind nagelneu!

Lehnen Sie sich zurück und tauchen Sie mit mir ein in die humorvolle Welt der Nikoläuse, der Christbäume, des Schneeräumens und des Christkindls.

Viel Spaß und stets frohes Fest!

Ihr Toni Lauerer

Der biologische Christbaum

Händler: Grüß Gott, schöne Frau! Brauchma ebba an Christbaam?

Kundin: Ja, ich würde gerne einen mitnehmen. Ich habe mich auch schon etwas umgesehen. Sie haben ja wirklich schöne Exemplare hier.

Händler: Nur, schöne Frau, nur! A Glump kimmt mir nicht ins Haus!

Kundin: Wissen Sie, ich finde, zum Weihnachtsfest gehört einfach ein schön geschmückter Baum.

Händler: Des moanad i aa! Wissns, wos i allaweil sog? I sog allaweil: Weihnachten ohne Christbaam, des is wia Ostern ohne … äh, ohne Ding!

Kundin: Ohne Eier!

Händler: Genau! Wia Ostern ohne Oier. Stellns Eahna vor, es is Ostersonntag und im ganzen Haus ned oa Oa. Des is doch nix! Da geht wos ab! Do fahlt wos! Do is ja schlagartig de ganze Stimmung weg, ohne Oa!

Kundin: Das würde ich auch sagen. Aber lassen wir Ostern! Mir geht es ja heute um einen Christbaum.

Händler: Omei, freilich! Sie wolln ja an Christbaam und i fang mit mein Oierschmaatz o. Entschuldigens, dass i Sie mit meine Eier gnervt hob. Hamms Eahna scho an Baam gseng?

Kundin: Dieser da würde mir sehr gut gefallen, der in der hinteren Reihe! Könnte ich den wohl mal von nahe sehen?

Händler: Ja freilich! Hä Sepp, hol amol den Baam do hint vira, dassna de Dame in Ruhe oschaun konn!

Sepp: Kimmt sofort, Schäf! *Geht nach hinten.* Moanan Sie den do, gnä' Frau?

Kundin: Ja, diesen! Wenn Sie mir den mal nach vorne bringen könnten!

Händler: Duana vira, Sepp!

Sepp *Nachdem er den Baum nach vorne gezerrt hat:* So Schäf, des waara!

Händler: Merci, Sepp! So, do schaurs her, Frau! Is des ned ein Eins-A-Baam? Des is doch ein Eins-A-Baam! Do hamms Eahna ganz wos feins ausgsuacht! Do wern d'Kinder a Freid hom! „Mama", werns sogn, „zenalln, is des a scheener Baam!"

Kundin: Meinen Sie? Sie sind schon ganz gespannt, unsere beiden Rabauken!

Händler: Des glaub i aaf's erste Mol! I sog allaweil: A Kind braucht an Christbaam! Des is wichtig für d'Entwicklung. Schauns Eahna doch de Kinder o, de wos ohne Christbaam aafgwochsn san: De meistn san gewalttätig! Manche rauchard sogor!

Kundin: Das ist mir neu, dass Christbäume dermaßen wichtig sind für die psychische Entwicklung von Kindern.

Händler: Des is Wahrheit! Des is amol aaf RTL kemma!

Kundin: Ach ja? Aber abgesehen davon: Was ist das für ein Baum?

Händler: A Christbaam holt!

Kundin: Schon klar! Ich meinte, welche Sorte?

Händler: Aso! Sepp, wos isen des für a Fass'?

Sepp: *Mustert den Baum von oben bis unten und kratzt sich nachdenklich am Hinterkopf:* Des konn normal bloß a Ding sei, a Tiroler Zwergtanne! Also normal konn des nix anders ned sei.

Händler: Genau! Jetza, wosda's sagst, Sepp, follts mir aa wieder ei. Des is a Tiroler Zwergtanne! A typische!

Kundin: Zwergtanne? Dafür ist sie aber ziemlich groß!

Händler: Hm, des stimmt allerdings. Du Sepp, warum is denn de so groß, wenns a Zwergtanne is?

Sepp: Weils a Riesenzwergtanne is!

Händler: Genau! Des is a Riesenzwergtanne. Des erkenntma daran, weil's ziemlich groß is. Dass i des ned glei gspannt hob! Sie, des is eine Super-Rass! Und optisch einwandfrei! Aa vom Ausschaun her! Oa Reih' wia de ander, wia gschnitzt! Sepp, sogs: Wia gschnitzt.

Sepp: Wia gschnitzt, Schäf!

Händler: Do hörns'es, Frau! Derf Eahna den eipacka?

Kundin: Moment! Ich hätte da schon noch einige Fragen.

Händler: Kein Problem! Frongs ruhig, do bine ja do dafür.

Kundin: Ist das ein biologischer Baum?

Händler: Biologisch? Wia moanans jetza des?

Kundin: Ich meine, ob er biologisch herangezogen wurde.

Sepp: Ja mei, i hobna vo do hint herangezogen. Virazogn holt. Direkt biologisch wor des ned.

Händler: Sei staad, Depp! De Dame moant doch ganz wos anders!

Kundin: Genau! Ich meine, ob er ohne schädliche Umwelteinflüsse wachsen konnte und natürlich gedüngt wurde. Biologisch halt.

Händler: Ja selbstverständlich! Dodal biologisch! Unsere Baama san alle biologisch. Gell Sepp, alle biologisch!

Sepp: Logisch biologisch! De Baama san kerngsund. Bumperlgsund! Schaunsna o, des is doch ein Baam wie ein ... wie ein Baam!

Kundin: Wissen Sie, man hat ja den Baum zwei Wochen im Wohnzimmer stehen. Da sollte man schon sicher sein können, dass keine schädlichen Stoffe an oder in ihm sind. Es ist ja auch wegen der Kinder. Stellen Sie sich vor, da gerät was in den Mund! Nicht auszudenken!

Sepp: Ja wos? Fressn de den Baam?

Händler: Also Sepp! Reißde a weng zamm!

Sepp: I moan ja bloß, Schäf!

Kundin: Nein, natürlich essen die Kinder den Baum nicht auf! Aber es kann ja mal eine Nadel in den Teller fallen oder in das Glas oder so.

Händler: I versteh' Sie scho, Sie hamm vollkommen recht. Da Sepp, der kenntse do ned aso aus, weil der ißt und trinkt ausschließlich im Wirtshaus.

Sepp *Mit erhobenem Zeigefinger:* Und im Bierzelt!

Händler: Und im Bierzelt. Owa Sie kinnan sicher sei, Frau: Der Baam is durch und durch biologisch. Dodal. I hob den selber pflanzt und aafzogn. Der hod nur Mist kriagt vo freilaufende Kühe. Glückliche Kühe, glücklich wie die Sau san de Kühe! Ohne Rinderwahnsinn! Und in Trockenperioden regelmäßig a Wasser!

Sepp: Ein Mineralwasser!

Händler: Genau!

Sepp: Ohne Kohlensäure!

Händler: Ja Sepp, jetza glangts scho wieder! Und zwischendurch, des is a Geheimnis vo mir, songses ned weida: Zwischendurch hob i eam a Holbe Weißbier higschütt. Des gibt de Nadeln an Glanz!

Kundin: Ach was!

Händler: Hundertprozentig. Owa, pssst, des is a Betriebsgeheimnis. Des derf normal neamad wissen!

Kundin: Ich werde es keinem verraten. Dann ist dieser Baum biologisch quasi völlig unbedenklich?

Händler: Sogor de Motorsäge, mit der wosma'n abgschnittn hamm, lafft mit an bleifreia Sprit!

Sepp: Und sie hod an Schalldämpfer, dass da Baam ned daschrickt beim Umschneidn! Dass er an ruhigen Tod hod.

Kundin: Das meinen Sie aber jetzt nicht ernst, Herr Sepp?

Händler: Naa, des war a Schmarrn mit dem Schalldämpfer. Sepp, du allaweil mit deine blaidn Witze!

Sepp: Mei, i bin aso! Wos Witze betrifft, hau i gern amol oan ausse!

Kundin: Und auch von oben ist der Baum unbehandelt?

Händler: Von oben? Wia von oben? Drübergflogn samma ned.

Kundin:	Nein, ich meine, ob er gespritzt wurde. Gegen Schädlinge und so.
Händler:	Niemals! Sepp, sogs!
Sepp:	Niemals! Bei uns wird ned gspritzt. Kimmt nicht in die Tüte! Scho seit Generationen. Und unser Betrieb besteht immerhin scho seit 1997!
Händler:	Genau! Und do is no nie gspritzt wordn!
Kundin:	Dann bin ich ja beruhigt. Denn Spritzmittel sind Gift für die sensible Haut eines Kindes. Unser Knut ist ohnehin gegen nahezu alles allergisch. Da würde ein Christbaum voller Spritzmittel vermutlich eine fatale Wirkung haben.
Händler:	Des glaub i aa. Do is doch's ganze Fest verdorm, wenn's Kind unterm Baam sitzt und schoartse in oana Tour!
Kundin:	Wie bitte?
Sepp:	„Kratzen" moanda, da Schäf! Wennse da Sohn kratzt, des is nix.
Kundin:	Ach so! Ja, das wäre kein schönes Fest! Und darum ist es Voraussetzung, dass der Christbaum nicht chemisch behandelt ist.
Händler:	Do kinnans tausendprozentig sicher sei! Schädlinge werden bei uns verscheucht, ned vergift!
Kundin:	Schön. Und was soll er kosten?
Händler:	Normal 80 Euro. Owa weil Sie aso a nette Frau san: Songma 78 grodaus!
Kundin:	Das ist aber schon ein stolzer Preis!
Händler:	Es is aa a stolzer Baam! Handgezüchtet. Und außerdem: I schatz, i hob eam summa summarum mindestens oan Kastn Weißbier higschütt. Der kost alloa scho 15 Euro! Des muaßma aa berücksichtigen, des is a Kostenfaktor! Und de Stunden, in denen i Schädlinge verscheucht hob! Aa an de Feierdog! Des derf i gor ned berechnen, sunst daad der Baam 150 Euro kostn.

Kundin: Ja gut, so gesehen ist der Preis wahrscheinlich gerechtfertigt. Hier sind 78 Euro, guter Mann, ich nehme den Baum!

Händler: Dankschön! *Nimmt das Geld.* Sepp, hilf dera Frau! Trog ihr den Baam zum Auto hi!

Sepp: Alls klar, Schäf! *Zur Kundin.* Gengas ruhig scho voraus! I pack den Baam bloß no zamm, dann kimme noch.

Kundin: Alles klar. Bis später! *Zum Händler:* Auf Wiedersehen! *Geht zum Auto.*

Händler *Zu Sepp:* Des wor vielleicht a Goaß! I hob scho gmoant, de nimmt den Baam nimmer.

Sepp: Owa ehrlich! Du, Moasta, des wor fei da letzte ukrainische Christbaam, den vosma ghabt ham. Wos hod uns do oana kost?

Händler: 8 Euro! Do bstellma naxts Johr hundert mehra. De gengand wia da Deifl!

Der Winter ist nicht gerade die Zeit, in der man sich unter Nachbarn abends auf der Terrasse trifft und bei einem Weißbier ein wenig ratscht. Aber was echte Männer und gute Nachbarn sind, die finden immer eine Gelegenheit für tiefschürfende, ja oft sogar philosophische Gespräche. Zum Beispiel:

Beim Schneeräumen

Meier: Sodala Herr Nachbar, sammas wieder! Greifma wieder o mit unsere Schaufeln! An gscheitn Haffa Schnee hods herghaut heit Nacht!

Huber: An gscheitn Haffa! Des san, i daad sogn, 20 Zantemedda.

Meier: Wenns glangt! Bloß guat, dass er ned pappt. Weil pappa wenn er duat, mei Liawa!

Huber: Omei, der wenn pappa daad, den daadma nimmer derhebn.

Meier: Naa, do waars aus.

Huber: Amol hoda aso pappt, do is mir sage und schreibe da Schaufelstiel obrocha. Aso hod der pappt. Is owa scho mindestens 15 Johr her. Do hod d'Oma no glebt, wia er damals aso pappt hod.

Meier: Ah geh! Wos alles gibt! Owa mei, wos willst macha? Wenn er pappt, dann papppta!

Huber: Do host du keine Chance. I moan, de Kinder, denen is des natürlich scho recht, wenn er pappt. Weil für an Schneemo oder a Schneeburg is des ideal. Im Gegenteil: Do verzweifelst, wenn er ned pappt. Do follt dir alles zamm, des is direkt instabil.

Meier: Jaja, de Kinder! De daanse leicht, weil de brauchan ja ned raama. „Da Schnee konn ruhig pappa, weil raama duat da Papa!“ Aso denkt a Kind, weil a Kind is vo Haus aus a Egoist, des is erwiesen.

Huber:	Genau! Da Wetterbericht hätt' ja eigentlich erst ab 500 Meter Schneefall bracht. Und mir samma bloß aaf 487 Meter. Des is normal zweng.
Meier:	So gseng hätts bei uns heit Nacht eher grengt. Owa, i sogs Eahna ganz ehrlich: Des waar aa nix! A Winter ohne Schnee, des is wia a ... Ding, wia a Leichtrunk ohne Essn. Do hodma dann einfach koa Freid dran.
Huber:	Do hamms recht! Do raamtma dann gern amol. Hauptsach', es is a winterliche Stimmung! Obwohl: Gestern hob i dreimol graamt! Des wird eam dann scho langsam lästig. Winter hi, Winter her, owa irgendwann glangts. Man hod ja aa no a Privatlebn.
Meier:	Des stimmt! Mei Frau hod gsagt: „Di segtma ja kaam no im Haus! Dauernd raamst!" Des muaßt dir dann ohörn! I raam doch ned mit z'Fleiß!
Huber:	Owa ehrlich! De mei is de Gleich'! Owa i denkma do nix und raam. Wer is denn dran, wenns oan hihaut? I! Und drum sog i: Liawa dreimol graamt wia oamol zahlt!
Meier:	Genau aso is! In da Zeitung is gstandn, dass z'Amerika oan am Gehsteig aafana Eisplattn highaut hod.
Huber:	Um Gottes Willn!
Meier:	Ja! Und wias da Deifl hom will, follt er am Hinterkopf! Natürlich am Beton, weil z'Amerika is alls betoniert. Und das wars!
Huber:	Tot?
Meier:	Schlimmer! Er konnse nix mehr mirka. Owa scho gar nix. Der is aso beiananda, dass er vom Kanapee aafsteht und in d'Küch geht und in da Küch woaß er nimmer, worum dass er überhaupt aafgstandn is. Aso is der beiananda!
Huber:	Ja mi host ghaut!
Meier:	Und jetza kimmt da Hammer: Der is vor Gericht ganga und hod geklagt gega den, der wos den Gehsteig ned graamt hod und hod Recht kriagt 5 Millionen Dollar Schadensersatz! 5 Millionen! Jetza kimmst du!

Huber: Mei liawa, do wennst koa gscheide Haftpflicht host, do is 's Heisl furt!

Meier: Do is alls furt! Alles! Und drum sog i: Liawa amol a Kilo Solz higstraht, weil des holst aaf da andern Seitn zigfach wieder eina!

Huber: Zigfach! Wos is scho a Kilo Solz gega 5 Millionen Dollar!

Meier: Gar nix! Sie, Herr Nachbar, amol ganz wos anders: De Leit, de wos do vor zwoa Wochen oberhalb vo Eahna eizogn san, de segtma fei kaum, praktisch überhaupt ned. Ab und zu fohrt er mit'n Auto vorbei und des wars dann. Komische Leit! Und raama duat er aa ned. Ganz komische Leit! Worum raamt denn der ned?

Huber: Mei, wos hoaßt komisch. Des derfma ned so eng seng, weil des san Aussiedler vo Kasachstan.

Meier: Ah geh! Is des in de neia Bundesländer?

Huber: Naa, naa! Des is rechts hinterhalb Russland. Oder links? Is o wurscht! Auf jeden Fall is do im Winter soviel Schnee, dassma nimmer vo da Haustür aussa konn. Direkte Massen!

Meier: Ja, gibts des aa!

Huber: Wahrheit! Des hod er mir selber erzählt. I hobna nämlich letzte Wocha beim Postwirt troffa. Hob i mir denkt: Hockst di hi und trinkst a Holbe mit eam.

Meier: Worum aa ned? Des san aa Leit!

Huber: Eben! Und do hod er mir des gsagt mit dem Schnee und da Haustür.

Meier: Ja guat, owa wennst natürlich a Haus host, des knapp so hoch is wia a Hundshüttn, dann duatse da Schnee leicht, dass er d'Haustür dicht mocht. Do brauchts ned viel!

Huber: Naa, Herr Meier, aso is des ned! De hamm ganz normale Heiser. Also ned vo da Ausstattung her, owa vo da Größe. Owa do schneibts dermaßen, zwoa Meter san do normal. De kennan des ned anders. Do sagt koana „oläck, zwoa Meter!" De sogn einfach „jamei" und aus. De san do mehr demütig gegenüber vo de Naturgewalten.

Meier: Zwoa Meter!? Naa, des waar nix für mi! I raam zwar gern, owa zwoa Meter! Des derraamst ja nimmer als normaler Mensch!

Huber: Eben! Und drum segt da Alfred des ganz locker, wenns bei uns amol 20 Zantemedda schneibt. Des juckt den gor ned. I bildma ei, der betrachtet alles unter an holbn Meter als schneefrei. Des nimmt des gor ned wahr.

Meier: Alfred hoaßta? Jetza hätt' i gmoant, der hoaßert Iwan oder Igor. Oder wenigstens Wladimir.

Huber: Naa, er hoaßt Alfred. Ganz normal. Und sei Wei Monika und d'Kinder Paul und Ernst.

Meier: Do segtmas wieder! Kemmand uma vo Kasta... Katas... Kachasta..., aaf jeden Fall vo ganz weit her und hamm deitschere Nam' wia de Deitschn. Do sog i: Reschpekt! Owa dass er ned raamt, des gibt mir zu denken. I moan eams bloß guat wega da Haftung. Redns amol mit eam, wennsna wieder treffa! Der Mann is ruiniert, wenns oan am Hinterkopf haut

Huber: Do hamm Sie recht, Herr Meier! Sei Frau hod uns morgn zum Kaffee eiglodn, do passts grod. Do werd eam des glei erklärn, dass des mit dem raama bei uns anders is wia z'Kasachstan. Weil durt wenns oan hihaut, do is ja des relativ wurscht. Weil wos will der scho vergessn? De hamm ja nix.

Der Nachbar, über den sie reden, kommt mit der Schneeschaufel angestapft.

Huber: Ah, do kimmta ja eh! Isa eam doch a weng aafgfolln, da Schnee! Guat Morgn, Alfred!

Alfred: Morgen!

Meier: *Zu Alfred:* Guten Morgen ich wünschen! Tut gut sein, wenn du räumen! Gut für Körper und gut für Geldbeutel! Weil wenn du nicht räumen und altes Mensch ausrutschen, dann du viel bezahlen müssen! Geht Häusel darauf! Altes Mensch brechen Bein, nehmen Rechtsanwalt und du haben keine Chance. Deitsches Gericht machen Urteil, wo drinsteht „Alfred schuld" und du blechen, bis du schwarz werden. Deitsches Gericht unberechenbar, ich wissen aus eigener Erfahrung bei Promille und Autofahren. Nur kleines Reischerl, trotzdem Führerschein zehn Monate zwicken! Keinen Spaß verstehen! Richter ist Krüppel von Hund!

Alfred: A geh? A Hunzkrippl isa, da Richter? *Zu Huber:* Hamms eam'n Schein zwickt? Jamei, wennst ned gscheit deitsch konnst, duaste hart vor Gericht. Owa mir konn do normal nix passiern. Erstens konn i besser deitsch wia der orme Hund, zwoatens bin i selber Anwalt und drittens hob i a guate Haftpflichtversicherung. Owa i raam trotzdem, weil raama is guat fürn Kreislauf! *Zu Meier:* Räumen gut für Lauf von Kreis!

Huber: Ha, Herr Meier, do schauns! Wos songs jetza?

Meier: Äh, i glaub, i hob grod unser Telefon ghört! I muaß eine. Wiederschaun!

Das Weihnachtsgeschenk

Sie: Du, Hans, jetza is fei scho Advent!

Er: Ja und? Na isa holt. Advent hi oder her, des is mir wurscht.

Sie: Mir derfadma owa a Weihnachtsgschenk kaffa für unsern Sepperl. An so an scheena Wunschzettl hoda gschriem.

Er: Wia i a Bua gwen bin, woaßt, wos i kriagt hob? A Zipflhaum! Sunst nix! Und i bin zfriedn gwen. I sog dir des oane: Es git nix Scheenas wia a worme Zipflhaum!

Sie: So ein Schmarrn! Jeds Johr sagst du'n gleichn Kaas. Du mit deiner blädn Zipflhaum. Heitzudogs is doch des ganz anders. Do brauchst mitana Zipflhaum nimma daherkemma.

Er: Weils so verzogn san, de Saufratzn, alle mitanand. Da Deifl solls holn, de ganz Bagasch! Do derfad amol a schlechte Zeit kemma!

Sie: Ach, wos hoaßt verzogn. Mir hamma holt amol jetza a andere Zeit wia früher. Jetza stell dir vor, in da Schul erzähln de ganzn Kinda, wos von Christkindl kriagt hamm: An Kompjuter, a Mauntnbeik, a Schiausrüstung. Und dann miaßad unser Sepperl sogn: „I hob a Zipflhaum kriagt." Omei, des orme Kind, i derf gor net drodenka. Schaama miaßert er se!

Er: Mei Bua brauchtse mitana Zipflhaum net schaama. Wia i damals mei Zipflhaum kriagt hob, hammands in da Schul zu mir gsagt: „Hanse", hammands gsagt, „host du a tolle Zipflhaum!"

Sie: Ja, des mog scho sa, owa des wor vor 35 Johrn.

Er *(gerührt)*: „Hanse", hammands gsagt, „host du a tolle Zipflhaum!" De hod damals mei Muada selber gstrickt. D'Haum wor blau und da Zipfl weiß. I bin so stolz gwen, des derfst mir glaum. Oder wor d'Haum weiß und da Zipfl blau? Also, genau kannt i des heit nimma sogn. Aaf jedn Fall, mitana Zipflhaum brauchtse koana schaama.

Sie: Um des gehts doch gor net. I konn dein blädn Schmaatz nimma hörn. Des is doch mir wurscht, ob dei Zipfl blau oder weiß gwen is. Jetza brauchst dann bloß no mit dera oltn Gschicht daherkemma, wia du sechs Monat Zeitungen austrogn host und vo dem Göld aaf Weihnachtn deiner Muada a Tischdeck kafft host.

Er: Genau, zwölf Johr bine damals olt gwen. A roude Tischdeck! Do sollse unser Sepperl amol a Scheim oschneidn, der faale Berner. Jedn Dog um fünfe aafsteh und Zeitungen austrogn! Mei Liawa, do daad er schaun! Owa de heitign Kinda san nix mehr gwöhnt. Nix.

Sie: Jetza hör amol aaf mit deine oltn Gschichtn. Da Sepperl hod an so an scheen Wunschzettl gschriem.

Er: Wos schreibta denn nacha?

Sie: „Liebes Christkindl, ich wünsche mir von dir das Videospiel Monstermax und ein Puzzle mit 1000 Teilen. Dann brauche ich noch ein elektrisches Maschinengewehr und falls du noch ein Geld hast, eine Mörtelmaschine für das Spielen im Garten."

Er: A Haffa Zeig!

Sie: Und, kaffma eam des Videospül und des Puzzle und des Maschinengwehr?

Er: I hob damals a Zipflhaum kriagt und bin zfriedn gwen.

Sie: Jetza hör amol aaf mit deiner blädn Zipflhaum! Des is doch nimma zum ausholtn.

Er: Na kaaf eam holt des Monsterspül und des Puzzle, wennsd moinst.

Sie: Wennsd moinst, wennsd moinst. Allaweil soll i entscheidn! Des is doch dei Bua aa, ned bloß da mei.

Er: Also guat, na kaafma eam's Monsterspül, 's Puzzle und d'Mörtlmaschin, wal a Maschinengwehr kimmt mir net ins Haus. 'n ganzn Dog „ratatatatata", des gangad uns no o!

Sie: Owa sei bester Freind, da Schorschi, hod aa a Maschinengwehr!

Er: Na und? 'n Schorschi sei Voda safft jedn Dog 15 Holwe Bier, soll i deszweng aa 15 Holwe saffa?

Sie: Naa, bloß des ned! Also guat, kaafma'n Sepperl koa Maschinengwehr, sondern a Mischmaschin. Segst, Hans, jetza hamma doch mitanand de Gschenke für unsern Buam ausgmocht. Des is für mi a echte Partnerschaft, oder?

Er: Wer woaß, waar er ned mitana Zipflhaum aa zfriedn gwen!

Jeder, der Eltern oder gar Großeltern hat, kann ein Lied davon singen: Es ist nicht leicht, älteren Menschen zu Weihnachten das Passende zu schenken. Man meint es gut, aber man erwischt trotzdem ab und zu

Das falsche Geschenk

Sepp: Jaja, Oma, bald is wieder Weihnachten!

Oma: Omei, ja, wia de Zeit vergeht! Kaam host de wollern Strümpf eigraamt, brauchstas scho wieder!

Sepp: Genau, Oma! Und, host dir scho a Gschenk überlegt? Wos konnst denn braucha?

Oma: Nix! Sports eier Geld! I hob alles, i brauch nix!

Sepp: Mensch Oma! Du bist doch unser Beste! Mir hamma di alle gern! Und drum kriagst du vo uns a Geschenk! Magst wieder wos fürn Haushalt?

Oma *Ängstlich:* Naa, naa! Fürn Haushalt ned! Dann liawa an Eierlikör oder Diätpralinen!

Sepp: Ja wieso, hod dir ebba de Klobürstn letzts Johr ned gfolln?

Oma: Doch scho, a wunderbare Bürstn. Sie schaut wirklich guat aus. Owa i konns im Prinzip ned braucha.

Sepp: Ned? Ja, wieso denn ned? Du host doch koane ghabt und drum hamma dir oane gschenkt.

Oma: Ja, i woaß scho, dankschön dafür! Owa trotzdem, i brauch koane. I hobs bloß oamol hergnumma und seitdem liegts am Dachbodn obn. Und do bleibts aa!

Sepp: Bloß oamol hergnumma? Ja Oma, de konnst doch öfter hernehma!

Oma: Naa, konn i ned! I hobs scho beim ersten Mol gspannt: Des is nix für mi! I nimm liawa wieder a Papier, des kratzt ned aso!

Es ist der 24. Dezember – Heiliger Abend, 18 Uhr 30. Draußen hat es, wie jedes Jahr um diese Zeit, 16 Grad über Null, und es regnet. Die Familie, bestehend aus Vater, Mutter und dem kleinen Alfons, schreitet zur Bescherung. Die Mutter freut sich auf das gemeinsame Singen, Alfons auf die Geschenke und der Vater auf die Pfälzer mit Sauerkraut.

Stille Nacht

Mutter: So, Alfonserl, jetza gemma alle ins Wohnzimmer, dann singma mitanand „Stille Nacht".

Alfons: Derf i scho auspacka?

Vater: Jetza wortst, bis gsunga is! Reiß de zamm! Hä, Muada, host du'n Ofa eigschalt, dass's Kraut firte wird? A Sauerkraut muaß mindestens a holwe Stund kocha, dass schee müld wird!

Mutter: Ja, i hob scho eigschalt. So, jetza singma. Stihille Naacht, heilige ... Singts holt mit!

Alfons: I konns ned.

Vater: I aa ned.

Mutter: A jeds Johr's Gleiche. Mit enk zwoa is a Kreiz. Do wüllmas a weng feierlich mocha, na stehts ehs do wia d'Noan. A jeds Johr's Gleiche. Na mog i aa nimma singa. I bin doch net enga Depp!

Alfons: Derf i dann scho auspacka, Papa, wenn d'Mama nimma singt?

Vater: Pack aus dei Glump, dass a Ruah is. Hoffentlich zreißts de Pfälzer ned!

Alfons: Oh, a Bulldog mit an Kreislmähwerk, oh, is der schee!

Mutter: Gell, Fonserl, a so a scheena Bulldog! Do konnst schee spielen damit.

Vater: So, des wars. Jetza essma!

Mutter: Lassda holt dazeit. Wia konnma denn bloß so verfressn sa. Lass doch den Buam z'erst allas auspacka.

Do, Fonserl, do is no a Gschenk, des muaßt aa no auspacka. Mei, hod dir's Christkindl vül brod!

Vater: D'Wirscht wenns zreißt, na hods enk, alle zwoa. Pack schneller aus, Fonse! Do gnockta do wia a Depp und fummelt an de Packerln umanand. Mensch, is des Kind langsam. Schlof ned ei! D'Wirscht wenns zreißt, na isma da ganz Heile Obnd verdorbn. A Weihnachtn mit zrissne Wirscht, aus waars!

Mutter: Jetza sa amol staad mit deine blädn Wirscht. Host denn du iwahaupt koan Anstand? 's Kind gfreitse, wal's Christkindl do wor und du plärrst umanand wenga deine Wirscht.

Alfons: Schau Papa, an Saurier hod mir's Christkindl aa no brod.

Vater: Ja, ja, a scheene Sau. Jetza essma. Mahlzeit!

Alfons: Koa Sau, Papa, a Saurier! Des is a Brontosaurus. An sechan hod da Franze aa. Endlich hob i aa oan. Mit an blaua Schwanz! Gell, Papa, der is toll.

Mutter: Omei, Fonserl, is des a scheena Saurier. Und a so a toller blaua Schwanz! Papa, sog holt aa wos!

Vater: Ja, spinnts ehs total? Schaunt awl den blädn Schwanz o, und in da Küch zreißts d'Wirscht. Jetza geh, Fonse, dua den Schwanz weg, jetza essma!

Alfons: Schau her, Papa, wennma den Schwanz draaht, dann duat da Saurier d'Zung aussa und schreit „Böööh".

Vater: Also Sachern gits! Jetza kommts, essma!

Alfons: Derf i'n Bulldog und's Kreislmähwerk und'n Saurier zum Essn mitnehma?

Vater: Vo mir aus. Muada, dua d'Wirscht aussa!

Mutter: Also guat, na gemma holt zum Essn, dass a Ruah is. Do schau her, ned oa Wurscht hods zrissn, und du host a sechane Nout ghod.

Vater: Owa lang hätts nimma dauert. De schaund aus, wia wennses jedn Moment zreißn daad. Jedn Moment!

Mutter: A, du mit dein Schmaatz. An guatn!

Alfons: Papa, mog a Saurier eigentlich a Kraut?

Vater: Aaf gor koan Fall!

Alfons: Warum ned, Papa?

Vater: Waalsna sunst blaaht. Drum sans o ausgstorm, de Saurier. De hammand sovül Kraut gessn, dass's alle zrissn hod.

Alfons: Wia d'Wirscht?

Vater: Wia d'Wirscht!

Mutter: Vazühl doch dem Kind koan sechan Kaas. D'Saurier hods doch net zrissn, des is doch a glatter Krampf.

Vater: Bist du dabeigwen, wias ausgstorm san?

Mutter: Natürlich ned.

Vater: Also! Dann brauchst aa mi ned vor dem Kind als Deppn histelln. Und jetza holts enga Maal und eßts!

Alfons: Papa, worum zreißts uns ned, wennma a Kraut essn?

Vater: Walma koi Saurier ned san. Jetza iß und bi staad.

Mutter: Des is richtig idüllisch, gell, aso a kloane Weihnachtsfeier mit da Familie. I gfrei mi scho aafs naxte Weihnachtn. Omei, wos werma denn do allas mocha?

Vater: Also, wennsd mi fragst: Weißwirscht!

Es ist oft erforderlich, dass der Nikolaus noch sachdienliche Hinweise entgegennimmt, bevor er das Wohnzimmer mit den darin befindlichen Kindern betritt. Er muss ja wissen, mit wem er es zu tun hat, ob und was jemand angestellt hat und welche Geschenke welches Kind bekommt. Es gibt allerdings auch Fälle, da müsste es der Nikolaus eigentlich schon vorher wissen.

Der ahnungslose Nikolaus

Mutter: Also Nikolaus, pass aaf: D'Kinder wartn scho im Wohnzimmer aaf di. Da Ludwig und die Frauke!

Nikolaus: Jaja, des woaß i scho, Ludwig und Frauke!

Mutter: Guat! Da Ludwig is neun Jahre alt und d'Frauke vier.

Nikolaus: Wos? Neun Jahre is da Ludwig scho? I hobma denkt, er waar erst achte!

Mutter: Naa, neun is er. Er woaß natürlich, dass du koa echter Nikolaus bist, owa er macht mit, da Frauke zuliebe. Weil sie is ja no total gläubig. Sie glaubt ja aa no an den Storch!

Nikolaus: Und da Ludwig?

Mutter: Der nimmer! Der hod mi letztdings gfragt, ob i scho amol a Eileiterschwangerschaft ghabt hob!

Nikolaus: Mit 9 Johrn? Ja kruzenalln!

Mutter: Also Nikolaus! Du bist fei eigentlich a Heiliger! Do fluachtma ned!

Nikolaus: Äh, Entschuldigung! Owa do bin i scho baff, wos der Bua fragt!

Mutter: Jamei, heitzudogs is des aso. Owa er sagt da Frauke nix, do nimmt er scho Rücksicht.

Nikolaus: Gottseidank! Jaja, er is scho a netter Kerl, ha?

Mutter: Naja, wiamas nimmt. Do sollst eam natürlich aa a wengerl schimpfa, ned bloß lobn!

Nikolaus: Ah geh?

Mutter: Ja, zum Beispiel wegen dera ewigen Computerspielerei. Der spielt sage und schreibe zwoa Stund am Dog Computer und Game-Boy!

Nikolaus: Ja gibts des aa! Also aso gehts ned! Do schimpf eam dann scho a weng! Der wird ja auf Dauer bläd!

Mutter: Eben! Und damit waarma scho beim nächsten Problem: Die Schule!

Nikolaus: In wos für a Klass geht er denn? In de dritte, oder?

Mutter: Naa, seit September scho in de vierte!

Nikolaus: Mensch, wia de Zeit vergeht! Und? Wia laffts in da Schul? Alles roger?

Mutter: Von wegen! Er strengtse überhaupt ned o! Da Lehrer sagt, er waar ned dumm, owas Problem is, dass eam alles wurscht is. Der wenn an Vierer kriagt, dann lochta bloß!

Nikolaus: Da Lehrer?

Mutter: Naa, da Ludwig! *Kopfschüttelnd:* Doch ned da Lehrer! Mensch, Nikolaus, denk holt mit!

Nikolaus: Naa, is scho klar. Ja, hm, des is natürlich nix. Lerna sollta scho, der Baraber! Do werd i dann glei sogn zu eam: „Ludwig, wennst du über einen Vierer lachst, dann duat dich der Niglo in sein Sack eine und nimmt di mit!" Des werd i ungefähr sogn.

Mutter: Do konnstna ned beeindrucken! Er woaß ja, dass du ned da echte Nikolaus bist.

Nikolaus: Des stimmt! Do konn eam ned beeindrucken. Des juckt den weniger, schätz i. Hm, wos machma do?

Mutter: Am ehesten gangs über die Finanzen! Am Geld wenn er's gspürt, dann wird er katholisch. Des duat eam weh!

Nikolaus *Grinsend:* Aha! Hähä! Des is natürlich a guada Tipp. Do sog i dann zu eam: „Lus, Bürscherl! Wennst du no oamol über an Vierer lochst, dann wirst enterbt!" Guat, ha?

Mutter: Doch ned enterbt! Der woaß ja gor ned, wos des genau bedeit!

Nikolaus: Aso! Hm, schwierig, schwierig!

Mutter: Naja, so schwierig is des ned. Sog einfach, wenn er dem Herrn Hofer ned besser folgt, dann gibts bloß no d'Hälfte Taschengeld!

Nikolaus: Ey, des is guat! Do wirda schaun! Wer is eigentlich da Herr Hofer?

Mutter: Sei Lehrer!

Nikolaus: Ach ja, logisch, sei Lehrer! *Notiert in sein Buch:* „Herrn Hofer folgen! Nicht soviel Computer spielen!" War sunst no wos?

Mutter: Ja, oans waar no wichtig: Er soll mehr Gmias essn und Salat und ned soviel Wurst!

Nikolaus: Wobei natürlich d'Wurst besser schmeckt! Des woaß i aus Erfahrung.

Mutter: Des is mir scho klar, dass du des aus Erfahrung woaßt. Owa i find des ned normal, dass a neunjährigs Kind als Abendessen a drei Zentimeter dicke Scheibn Leberkaas ißt. Der wenn so weidamocht, dann wird er so wampert wia sei Voda.

Nikolaus: Naja, so dick is sei Voda aa wieder ned!

Mutter: Mir glangts! Naa, des mit dem Essen muaßma eam als Nikolaus scho sogn!

Nikolaus: Okay! *Notiert in sein Buch:* „Salat statt Wurst!" Und des waars dann beim Ludwig?

Mutter: Im Großen und Ganzen. I hoff, er nimmtse des a wengerl zu Herzen.

Nikolaus: Und nix Positives hamma gor ned bei eam?

Mutter: Doch, scho! A bisserl lobn solltma'n scho aa, do host du recht Nikolaus! Er passt oft aaf sei kloane Schwester aaf. De liebt er ja heiß und innig, sei Fraukerl!

Nikolaus: A geh? Des is owa liab!

Mutter: Ja, gell!

Nikolaus: Dann hod er aa a Gschenk verdient. Wos wünschtase denn?

Mutter: Er hod eigentlich nur oan Wunsch: Dass sei Papa öfter für eam Zeit hätt'. Des waar für eam's größte Gschenk!

Nikolaus: Hm. Ja guat, sowos hodma natürlich ned im Sack drin. Owa i versprich eam dann als Nikolaus, dass sei Papa öfter für eam Zeit hod.

Mutter: Mei, des waar toll! Do daad er se gfrein.

Nikolaus: Alls klar, des haut scho hi. Und d'Frauke? Wia schauts do aus? Gibts do Probleme in da Schul?

Mutter: Also Nikolaus! Sie is doch erst vier!

Nikolaus: Ach ja, genau! Mensch, i bin ganz durchananda! In dem worma Kostüm und mit dem Bort, do gibt's im Hirn direkt an Hitzestau. Also bei da Frauke waar dann nix zum Tadeln?

Mutter: Noja, sie solltert halt aa mehra Salat essen und Gemüse!

Nikolaus: Ißts aa soviel Leberkaas wia da Bua?

Mutter: Naa, koan Leberkaas! Süßigkeiten!

Nikolaus: Omei, de Süßigkeiten! Des is a Kreiz! *Notiert ins Buch:* „Salat hui, Süßigkeiten pfui!" Und sunst? Alles klar mitn Deandl?

Mutter: Ja, sie is a recht a netts Kind. Drum hob ihr aa de Puppn kafft, de wos sie scho lang mog. Do schau her, duas in dein Sack eine!

Nikolaus: A schöne Puppn! Und da Bua kriagt gor nix?

Mutter: Doch. Dem hob i a neis Computerspiel kafft.

Nikolaus: Owa dann spielt er ja no mehra Computer!

Mutter: Jamei, wos willst macha! Wenn eam holt sunst nix gfallt. Do schau, duas eine in dein Sack!

Nikolaus: Komisch is des fei scho. I sog dann praktisch: „Schauma amal, wos da Nikolaus in sein Sack drin hat: Ja, do schau her, ein wunderbares Computerspiel! Toll! Aber spiel' fei ned damit!" Komisch is des scho!

Mutter: Du brauchst ja ned sogn, dass er überhaupt ned spieln soll damit! Er sollse holt zeitlich a weng zruckhaltn.

Nikolaus: Okay! Des sog i dann. Ja guat, des waars dann soweit. Dann kannte's packa.

Ludwig, der Sohn, kommt plötzlich aus dem Wohnzimmer.

Ludwig *Zum Nikolaus:* Jetza geh, Papa, fang endlich o! D'Frauke konns scho nimmer derwartn, dass da Nikolaus kimmt.

Nikolaus: Bin praktisch scho unterwegs, Ludwig! Geh eine und sog zu ihr: Der Nikolaus kimmt sofort!

Ludwig: Alles klar, Papa, bis dann! I gfrei mi scho! Bist guat draff?

Nikolaus: Eh klar! Jetza schau, dass'd einekimmst!

Ludwig saust wieder ins Wohnzimmer.

Nikolaus: Also nacha, Hildegard, auf geht's!

Beide gehen unter lautem „Hoho" des Nikolauses ins Wohnzimmer.

Auch über die Adventszeit macht sich ein Kind so seine Gedanken:

Apfent

Der Apfent ist die schönste Zeit vom Winter.
Die meisten Leute haben im Winter eine Grippe. Die ist mit Fieber. Wir haben auch eine, aber die ist mit Beleuchtung und man schreibt sie mit K.
Drei Wochen bevor das Christkindl kommt, stellt Papa die Krippe im Wohnzimmer auf und meine kleine Schwester und ich dürfen mithelfen. Viele Krippen sind langweilig, aber die unsere nicht, weil wir haben mords tolle Figuren darin. Ich habe einmal den Josef und das Christkindl auf den Ofen gestellt, damit sie es schön warm haben und es war ihnen zu heiß. Das Christkindl ist schwarz geworden und den Josef hat es auf lauter Trümmer zerrissen. Ein Fuß von ihm ist bis in den Plätzlteig geflogen und es war kein schöner Anblick. Meine Mama hat mich geschimpft und gesagt, dass nicht einmal die Heiligen vor meiner Blödheit sicher sind.
Wenn Maria ohne Mann und ohne Kind herumsteht, schaut es nicht gut aus. Aber ich habe Gottseidank viele Figuren in meiner Spielkiste und der Josef ist jetzt Donald Duck. Als Christkindl wollte ich den Asterix nehmen, weil der ist als einziger so klein, dass er in den Futtertrog gepaßt hätte. Da hat meine Mama gesagt, man kann doch als Christkindl keinen Asterix hernehmen, da ist ja das verbrannte Christkindl noch besser. Es ist zwar schwarz, aber immerhin ein Christkindl.
Hinter dem Christkindl stehen zwei Oxen ein Esel, ein Nilpferd und ein Brontosaurier. Das Nilpferd und den Saurier habe ich hineingestellt, weil der Ox und der Esel waren mir allein zu langweilig.
Links neben dem Stall kommen gerade die heiligen drei Könige daher. Ein König ist dem Papa im letzten Apfent beim Putzen

heruntergefallen und war dodal hin. Jetzt haben wir nur mehr zwei heilige Könige und einen heiligen Batman als Ersatz.
Normal haben die heiligen drei Könige einen Haufen Zeug für das Christkindl dabei, nämlich Gold, Weihrauch und Pürree oder so ähnlich. Von den unseren hat einer anstatt Gold ein Kaugummipapierl dabei, das glänzt auch schön. Der andere hat eine Marlboro in der Hand, weil wir keinen Weihrauch haben. Aber die Marlboro raucht auch schön, wenn man sie anzündet. Stinken tut der Weihrauch besser.
Der heilige Batman hat eine Pistole dabei. Das ist zwar kein Geschenk für das Christkindl, aber damit kann er es vor dem Saurier beschützen.
Hinter den drei Heiligen sind ein paar rothäutige Indianer und ein kaasiger Engel. Dem Engel ist ein Fuß abgebrochen, darum haben wir ihn auf ein Motorrad gesetzt, damit er sich leichter tut. Mit dem Motorrad kann er fahren, wenn er nicht gerade fliegt.
Rechts neben den Stall haben wir ein Rotkäppchen hingestellt. Sie hat eine Pizza und drei Weizen für die Oma dabei und reißt gerade einen Steinpilz ab. Einen Wolf haben wir nicht, darum lurt hinter dem Baum ein Bummel als Ersatz-Wolf hervor.
Mehr steht in unserer Krippe nicht, aber das reicht voll. Am Abend schalten wir die Lampe an und dann ist unsere Krippe erst so richtig schön. Wir sitzen so herum und singen Lieder vom Apfent. Manche gefallen mir, aber die meisten sind mir zu lusert. Mein Opa hat mir ein Gedicht vom Apfent gelernt und es geht so: „Apfent, Apfent, der Bärwurz brennt. Erst trinkst oan, dann zwoa drei vier, dann hautsde mit dein Hirn an d'Tür!" Obwohl dieses Gedicht recht schön ist, hat Mama gesagt, dass ich es mir nicht merken darf.
Im Apfent wird auch gebastelt. Wir haben eine große Schüssel voll Nüsse und eine kleine voll Goldstaub. Darin wälzeln wir die Nüsse, bis sie golden sind und das Christkindl hängt sie später an den Christbaum. Man darf nicht fest schnaufen, weil der Goldstaub ist dodal leicht und er fliegt herum, wenn man hinschnauft.

Einmal habe ich vorher in den Goldstaub ein Niespulver hineingetan und wie mein Vater die erste Nuss darin gewälzelt hat, tat er einen Nieserer, dass es ihn gerissen hat und sein Gesicht war goldern und die Nuss nicht. Mama hat ihn geschimpft, weil er keine Beherrschung hat und sie hat gesagt, er stellt sich dümmer an als wie ein Kind. Meinem Vater war es recht zuwider und er hat nicht mehr mitgetan. Er hat gesagt, dass bei dem Goldstaub irgendetwas nicht stimmt und Mama hat gesagt, dass höchstens bei ihm etwas nicht stimmt. Ich habe mich sehr gefreut, weil es war insgesamt ein lustiger Apfentabend.
Kurz vor Weihnachten müssen wir unsere Wunschzettel schreiben. Meine Schwester wünscht sich meistens Puppen oder sonst ein Glump. Ich schreibe vorsichtshalber gleich mehr Sachen darauf und zum Schluss schreibe ich dem Christkindl, es soll einfach soviel kaufen, bis das Geld ausgeht. Meine Mama sagt, das ist eine Unverschämtheit und irgendwann bringt mir das Christkindl gar nichts mehr, weil ich nicht bescheiden bin. Aber bis jetzt habe ich immer etwas gekriegt. Und wenn ich groß bin und ein Geld verdiene, dann kaufe ich mir selber etwas und bin überhaupt nicht bescheiden. Dann kann sich das Christkindl von mir aus ärgern, weil dann ist es mir Wurscht.
Bis man schaut, ist der Apfent vorbei und Weihnachten auch und mit dem Jahr geht es dahin. Die Geschenke sind ausgepackt und man kriegt bis Ostern nichts mehr, höchstens, wenn man vorher Geburtstag hat.
Aber eins ist gwies: Der Apfent kommt immer wieder.

Gibt es etwas Schöneres, als wenn zwei Enkelkinder an einem Adventsabend gebannt den Worten der gütigen Oma lauschen, wenn diese etwas Interessantes erzählt? Wohl kaum! Und wovon erzählen Omas leidenschaftlich gerne? Genau! Von

Früher

Paul: Oma, erzählst uns a Geschichte?
Lisa: Ouja, bitte Oma! A Geschichte vo Weihnachten!
Oma: Wollts oane hörn?
Lisa: Ja, bittebitte!
Paul: Owa a coole!
Oma: Mei, obs cool is, des woaß i ned. Aaf jeden Fall erzähl i eich jetza a Geschichte, wia Weihnachten früher war, wia i no a kloans Deandl war. Genau aso wia du, Lisa!
Lisa: Hihi!
Paul: Hods do no Höhlenmenschen gem?
Oma: Naa, Paul, de hods nimmer gem. So lang is des aa wieder ned her! Höhlenmenschen hods do scho lang nimmer gem.
Paul: Owa Römer!
Oma: Aa ned! D'Römer san ja scho fast 2000 Johr ausgstorm. Und wia i a kloans Deandl war, des is erst ungefähr 60 Johr her.
Lisa: Genau Oma! So olt bist du aa wieder ned, gell?
Oma: Owa ehrlich, Lisa! So olt bin i aa wieder ned. Dankschön!
Lisa: Owa Weihnachten hods scho gem, gell, Oma?
Oma: Genau! Weihnachten scho! Des gibts scho, seit dass's Jesukindlein geboren is.
Paul: D'Römer hod alle da Obelix zammghaut. Radebuz! Zackbumm!
Oma *Irritiert:* Wos?

Lisa: Paul, sei doch staad! D'Oma kennt doch'n Obelix gor ned!

Oma: Naa, den kenn i ned. Geht der mit dir in d'Schul, Paul?

Paul: Naa Oma, des is doch a Gallier! Der mit dem Hinkelstoa!

Oma: Du moanst wahrscheinlich a Hinkerter mit an Gallenstoa.

Paul: Ha?

Lisa: Mensch Paul! Jetza lass halt d'Oma erzähln, wia Weihnachten früher war!

Paul *Bockig:* Ja guat, i moan ja bloß!

Oma: Jetza dua di ned owe, Paul! Des vom Onkel Fritz konnstma ja a anders Mol erzähln.

Paul: Ned Onkel Fritz! O-be-lix!

Oma: Is scho recht. Also: Jetza erzähl i eich, wia Weihnachten früher war. Wir Kinder, wir ham uns scho's ganze Johr gfreit aaf Weihnachten, weil do hods Plätzln gem!

Lisa: Wieso bloß Weihnachten? Warum seids denn ned zum Aldi ganga, do gibts immer Plätzln!

Oma: Omei, Deandl! An Supermarkt hods ja damals no gor ned gem!

Paul: Wahnsinn! Wo hodma denn dann eikafft? Bloß im Internet? Sogor d'Fischstäbchen?

Oma: Naa naa, Paul! A Internet hods aa ned gem! Und Fischstäbchen sowieso ned!

Paul: Ja wos? Dann san ja alle verhungert! Oder hamm de bloß allaweil Döner gessn vom Dönerstand?

Oma: An Dönerstand hods aa ned gem!

Paul: Vo wos hamm denn dann de ganzn Türken glebt?

Oma: De hods aa ned gebn!

Paul: Wahnsinn! Do hods ja überhaupt nix gebn!

Lisa: Gell Oma, ihr warts ganz arm! Du host den ganzn Dog bloß a verschimmelts Brot glutscht!

Paul: Ja pfui Deifl!

Oma: Naa Lisa, so schlimm wars aa wieder ned! Mir hamma ja an kloan Bauernhof ghabt. Do hods a Milch gem vo de Kühe.

Paul: Fettarm?

Oma: Also Paul! A Kuh gibt doch koa fettarme Milch! De gibt a ganz a normale.

Paul: 3,5 Prozent?

Oma: So genau woaß i des aa ned. A Milch holt.

Lisa: Gell, Oma, schwarze Kühe gebn an Kakao?

Oma: Naa Lisa, de gebn aa a Milch! Hahaha! An Kakao! Wer hod dir denn des erzählt?

Lisa: Da Paul! *Zu Paul:* Du Aff'!

Paul: Weilst du jedn Kaas glaubst-! Selber schuld!

Oma: Jetza duats holt ned streitn! Aaf jeden Fall hamma a Milch ghabt von de Kühe. Und dann hamma selber Brot bacha mit unsern eigenen Mehl. Und im Gortn hamma an Salat ghabt und Bohnen und Johannisbeern. Mei, schee wars damals! So schlecht is uns gor ned ganga!

Lisa: Owa du wolltst uns doch vo Weihnachten wos erzähln!

Oma: Ach ja, genau! Ja, und Weihnachten, des war dann da Höhepunkt vom ganzen Johr. Weil an Weihnachten, do is dann a Sau gschlacht worn. Do hammse alle gfreit!

Paul: D'Sau aa?

Oma: De weniger. Owa sunst wors für de ganze Familie ein Riesengfetz! Do hods Bluatwürscht gem und Leberwürscht, an wunderbaren fetten Pressog, mmhhh!

Paul: Oma, bi staad, mir is scho ganz schlecht!

Lisa: Mir aa! Und de Kalorien!

Oma: Wos für Kalorien?

Lisa: Noja, von de Würscht und dem Pressog. D'Mama sagt, hundert Gramm Pressog hamm mehr Kalorien als a Kilo Tomaten!

Oma: Des mog scho sei. Owa damals hodma gor ned gwisst, dass überhaupt Kalorien gibt. Do hod kein Mensch aaf sowos gschaut. Do hodma gessn und aus!

Paul: Oläck! Hods do ned manche Leit zrissn?

Oma: Naa Paul, zrissn hods do koan. Do hodma ja's ganze Johr bescheiden glebt. Do wars ned aso wia heit, dassma pfundweis Schokolad und Chips in da Speis hod und jeden Abend vorm Fernseh hockt und einemampft.

Paul: Hodma do ohne alles Fernseh gschaut?

Oma: Do hodma überhaupt ned Fernseh gschaut, weils no koan Fernseh gem hod!

Lisa: Ah geh, Oma, des gibts doch ned!

Oma: Doch, Lisa, wenn i dir's sog: Wia i no a Kind war, hods no koan Fernseh gem!

Lisa: Ja, owa wo hamm denn dann d'Leit de ganze Zeit higschaut?

Paul: Und mit wos hamms Videocassettn ogschaut?

Lisa: Und wos hamms am Heiligen Abend gmocht? Man konn doch ned einfach dositzn und bläd schaun.

Oma: Omei Kinderla! Do segtmas wieder, wia eich der Fernseh scho verdorbn hod! Man konn doch aa ohne Fernseh wos mocha!

Paul: Ehrlich? Wosn?

Oma: Jetza überleg amol, Paul: Wos konnma außer Fernseh schaun no mocha? Wos mochst du zum Beispiel, wenn da Fernseh aus is?

Paul: Computer spieln!

Lisa: A CD hörn!

Oma: Uiuiuiui, wos is denn des für a Welt heitzudogs! Kinnts eich ihr denn gor nimmer sinnvoll beschäftigen? Mir samma als Kinder stundenlang Schlitten gfohrn! Mei, des wor a Gaude!

Paul: Wo habts denn den Schnee herghabt?

Oma: Wia herghabt? Vom Himmel isa owagfolln!

Lisa: Einfach so? Ohne Schneekanone?

Oma: Einfach so! *Schwärmend:* Mei, des warn no Winter! Alls vowaht, dicke Eiszapfa an de Dächer und drin a worme Stubn!

Paul: Owa koan Fernseh!

Oma: Ach, Fernseh! Koa Mensch hod an Fernseh braucht! Do isma zammgsessn und hodse Gschichtn erzählt vo früher.

Lisa: Wia früher? Des *war* ja scho früher!

Oma: Scho, owa de Gschichtn warn vo no früher!

Paul: Wos, no früher? Do hods owa dann scho no Höhlenmenschen gem!

Oma: Naa, Paul! Wos host denn du allaweil mit deine Höhlenmenschen? Des war holt de Zeit, wia mei Oma no a kloans Deandl war. Vo dera Zeit hod uns mei Oma erzählt. Grod aso, wia eich jetza erzähl. Und mir hamma glust, grod aso wia ihr jetza lusts. Und manchmal war d'Nachbarin do und de hod aa schöne Gschichtn gwisst. Mei, es war einfach wunderbar! Am Tisch is wos guats zum Essn gstandn.

Paul: Chips?

Oma: Ach, doch koi Chips!

Lisa: Gummibärln?

Oma: Naa, so an Zeig hods ja no ned gem. A Mongbrout is am Tisch gstandn …

Paul: A wos?

Oma: Ein Magenbrot! Und Äpfel und dirrde Zwetschgen … *gerät in Verzückung* … mmhhh, ich riach no den guatn Duft vo damals! Mei, schee wars! Und mir Kinder, mir hamm glust, weil de Gschichtn, de wos de Ältern gwisst hamm, de hamm uns so guat gfolln.

Lisa: Wos warn nacha des für Gschichtn, Oma?

Paul: Wahrscheinlich vom Sepperl und vom Reserl! Weil da Oma ihrane Gschichtn san allaweil vom Sepperl und vom Reserl.

Oma: Naa Paul, in da Weihnachtszeit, do hodma andere Gschichtn erzählt. Unheimliche Gschichtn! Zum Beispiel, wias gweizt hod!

Paul: Wos hods?

Lisa: Gweizt hods!

Paul: Wos is nacha des?

Lisa: Des woaß i aa ned. Oma, wos isen des?

Oma: Mei, da segtmas wieder, wiase de Zeiten ändern! Ihr wissts ned amol mehr, wos weizn is.

Paul: Aso Weizn! Des woaß i scho! Des trinkt da Papa immer im Biergartn!

Oma: Doch ned des, Paul! Weizn, des bedeit, dass a arme Seele koan Fried ned find und rastlos in da Welt umanandairrt. De möcht' endlich erlöst wern vo ihrane Qualen und de dürstet nach ewiger Ruhe!

Paul: Und drum trinkts a Weizn!

Oma: De trinkt doch koa Weizn!

Lisa: Bist du dumm, Paul! A Seele konn ja gor nix trinka! De hod doch koan Mund, gell Oma?

Oma: Genau, Lisa! De is als Irrlicht unterwegs. Mei, do woaß i a scheidsame Gschicht!

Paul: Wos für a Gschicht?

Oma: A unheimliche! De hod mir mei Oma erzählt! Wia mei Oma no kloa war, do hods amol an an finstern, koltn Adventsabend d'Milch gholt …

Paul: Wo denn?

Oma: Vom Bauer! Also, sie hod d'Milch gholt und wor grod am Heimweg. Durch den diafn Schnee is gstapft, da Wind hod braust und gwaaht hods zum Fürchtn!

Paul: Cool!

Oma: Mei, wos hoaßt cool. Aafamol hods vor sich a kloans Liachtl gseng in da Dunkelheit. Des is in da Luft gschwebt und hod ganz unheimlich gseufzt: „Bitt' für mich!" Des war nämlich a arme Seele, de gweint hod!

Paul: Ja, owa wia hods denn des sogn kinna? De hod doch koan Mund, des host du selber gsagt!

Oma: Ja, scho. Owa a Irrlicht konn aa ohne Mund reden.

Paul: Und Weizn trinka ned?

Lisa: Jetza bi holt amol staad, Paul! Oma, wia isen de Gschicht weidaganga mit dem Teelicht?

Oma: Irrlicht, ned Teelicht!

Lisa: Ach ja, Irrlicht! Wos hod denn dei Oma gmocht, wia de arme Seele gsagt hod „bitt für mich"?

Oma: Z'erst wollts davolaffa, owa dann hodsase denkt „omei, du armes Irrlicht" und dann is steh' bliem und hod für des Irrlicht ein Gebet gsprocha.

Lisa: Wosn für a Gebet?

Oma: Mei, a Gebet holt. Des woaß i jetza aa nimmer so genau.

Paul: Vielleicht „Herr sei unser Gast und segne, was du uns bescheret hast"?

Oma: Des glaub i weniger. Owa des is ja wurscht. Aaf jeden Fall hod mei Oma zum Schluss gsagt: „I wünschda den ewigen Frieden!" Und dann is des Licht immer größer worn und ganz hell und hod gstrahlt und dann, ssst, is in Himmel affegsaust und furt wars. Kaam wars furt, hod da Sturm aafghört und es war ganz staad und dunkel und friedlich und d'Schneeflocken san ganz leise durch d'Luft gschwebt. Wia Federn. Und d'Oma hodse ganz glücklich gfühlt. Ja, aso war des damals!

Lisa *Fasziniert:* Oläck!

Paul: Und d'Milch?

Oma: Wos für a Milch?

Paul: No, de Milch, de wos dei Oma vom Bauer gholt hod! Dahoam hod doch bestimmt scho d'Mama vo deiner Oma aaf de Milch gwort. Und dei Oma steht umananda und ratscht mit an Irrlicht. Hod do ihra Mama ned gschimpft?

Lisa: Weil unser Mama sagt immer, man soll mit Fremde ned reden!

Oma: Des mog scho sei, owa a Irrlicht is doch koa Fremder!

Paul: Also für mi scho. I kenn ned oans!

Oma: Also Kinder, sagts amol, verstehts ihr des ned? De Gschicht is doch ganz wos bsonders! Des war doch a Wunder, wos do gschehn is! Des is doch wurscht, ob de Milch zehn Minuten friaha oder später dahoam war und ob des Irrlicht fremd war oder ned. Des war a weihnachtliches Wunder! Damals, do hamm d'Leit no a Gspür ghabt für sowos. *Frustriert:* Owa heit, heit is alls anders. Koana mehr hod Zeit, dass er in Ruhe über a Gschicht nochdenkt. Und Irrlichter gibts scho lang nimmer.

Paul: De san alle durchs Ozonloch ab!

Oma: Wahrscheinlich.

Lisa: Oma, sei ned traurig! Des war a schöne Gschicht!

Paul: Ja, echt cool! Erzählst uns morgn wieder oane?

Oma: No freilich!

Lisa: Und wos für oane?

Oma: Morgn erzähl i eich de Gschicht, wia da kloane Karl sich ganz, ganz fest a Radl gwünscht hod vom Christkindl. Owa seine Eltern san ganz arm gwen und hamm nix kaffa kinna. Und dann, oan Dog vorm Heiligen Abend, is aafamol ganz wos wunderbars passiert.

Lisa: Oläck!

Paul: Wos isen do passiert? Hoda a Mountain-Bike gfundn, da Karl?

Oma: Des erzähl i eich morgn! Jetza glaub i miaßts langsam ins Bett! Es is scho holwe zehne. *Plötzlich mit starrem Blick zum Fenster:* Oh! Oh! Schauts ausse! Ja, dass i des no dalebn derf! A Irrlicht! Des schwebt in da Luft und flackert! Schauts ausse! Gott im Himmel!

Paul: Naa Oma, des is ned da Gott im Himmel! Des is da Papa aaf da Terrassn. Der zündse oane o, weil er im Haus ned raucha derf!

Eine meines Erachtens schöne Einrichtung in Bayern sind die (leider immer weniger) zahlreichen Stammtische. Man trifft sich zum zwanglosen Gespräch über Gott und die Welt und genießt die vertraute Umgebung bei einer gemütlichen Halbe Bier, seit Einführung der 0,5-Promille-Grenze vermehrt auch bei einer nicht ganz so gemütlichen Apfelschorle.

Das Schöne am Stammtisch ist unter anderem die Tatsache, dass soziale Standesunterschiede praktisch keine Rolle spielen. Der Arzt ist genauso angesehen wie der Metzgermeister, obwohl Letzterer deutlich mehr verdient. Und die Hausfrau genießt die gleiche Hochachtung wie die promovierte Juristin, obwohl diese arbeitslos ist.

Gekrönt wird das Stammtischdasein durch gelegentliche Highlights wie zum Beispiel einen Ausflug oder auch eine

Stammtischweihnacht

Vorstand: Liebe Stammtischbrüder und -schwestern! Ich begrüße eich alle zu unserem monatlichen Treffen! Es ist zwar erst September, aber ich habe mir gedenkt, wir könnten schon jetzt über unsere alljährliche Stammtischweihnacht diskutiern.

Hans: Ja, wieso diskutiern? Mochmas holt wia alle Johr. Es gibt umasunst an Punsch und an Schweinshaxn und d'Frauen bringan Plätzln mit! Is doch allaweil recht gmiatlich.

Vorstand: Des scho. Owa i hob mir denkt, mir kanntma des ganze amol besinnlich gestalten.

Sepp: Besinnlich? Ja guat, dann singma holt vorm Schweinshaxn „Stille Nacht".

Hans: I konn ned singa. Wenn, dann erst noch drei, vier Punsch. Eventuell!

Vorstand: Naa, i moan des anders. Mir kanntma doch amol a Krippenspiel aafführn. Wos Kulturells praktisch.

Iris: A Krippenspiel? Des find i guat. Des waar amol wos anders als de ewige Fresserei.

Sepp: Also, i woaß ned. Moanst wirklich? Wer soll denn des spieln?

Vorstand: I hob mir do scho meine Gedanken gmocht. I seg des scho direkt bildlich vor mir. Des daad losgeh mit dem Stern von Bethlehem. Der Stern, des waarst du, Hans.

Hans: Wos, i? A Stern?

Sepp: Des passt. Weil du bist eh meistens sternhagelvoll!

Hans: Reißde bloß zamm!

Vorstand: Seids amol staad! I hätt' gmoant, dassma mir'n Hans zur Eröffnung vo dem Spiel als Stern durch's Lokal trogn. Mit an goldenen Schweif.

Allgemeines Gelächter.

Hans: I glaub, di hamma nimmer lang! I lass mir doch koan goldernen Schweif mocha! Wos glaubst, wos do los is, wenn mir a golderner Schweif aussahängt!

Vorstand: Jetza wort holt amol! Den Schweif, den daadma aus Papier ausschneidn und hintn an di drobicka.

Hans: Aso. Dann is des wos anders! Weil vorn waars a Schmarrn gwen!

Vorstand: Genau! Und dann daadma di im glänzerten Gewand mit dem Schweif durch's Wirtshaus trogn. Du waarst insofern da ideale Stern, weilsd ned so schwaar bist. Man muaß aa an de Träger derdka.

Hans: Des stimmt. Also guat, okay, dann moch i den Stern.

Vorstand: Danke, Hans! Also, da Stern waar klar. Dann kemmand de drei Weisen aus dem Morgenland. Do hätt' i gmoant, des kanntn da Karl da Sepp und da Rudi mocha. Besteht do Einverständnis?

Alfons: Da Rudi a Weiser? Also, i woaß ned.

Rudi: Wos soll denn des hoißn? Glaubst du vielleicht, i bin z'bläd für an Weisen? Bloß weilsd a Schullehrer bist?

Alfons: I hob ja bloß gmoant, dassma eventuell bessere Weise hättn als di. Owa mir is des im Prinzip wurscht, vo mir aus moch den Weisen, wennst moanst!

Rudi: Jetza mog i aa nimmer. A Verlegenheitsweiser will i aa ned sei. Mochna doch du, wennst so schlau bist!

Alfons: I mochna scho, wenn des gewünscht wird.

Vorstand: Jetza duats holt ned streitn! A jeder kriagt a Rolle. Alfons, daadst dann du an Weisen mocha?

Alfons: Wega mir scho. Owa i will fei'n Rudi ned verdränga. Wenn er moant, dass er so weise is, dann solls er mocha.

Vorstand: Da Rudi kimmt scho no dro. Mir brauchma ja aa an Ochs und an Esel.

Rudi: Wos??? I glaub, i hör ned recht! Für an Ochs waar i ebba guat gnua? Naa, dann bin i ned einverstanden! Dann mog i doch a Weiser sei.

Vorstand: Jetza hamm'n Dreg im Schachterl! Alfons, daadst du eventuell als Weiser zrucktretn?

Alfons: Vo mir aus. Owa'n Ochs spiel i ned. Des kinnts ned vo mir verlanga. Leit, i bin a Pädagoge! I konn mi doch vor meine Schüler nimmer blicka lassn, wenn des aussakimmt, dass i a Ochs bin! Seidsma ned bös!

Sepp: Do hod er recht! Des is zu krass, wenn da Schullehrer an Ochsn spielt. Des waar für d'Schüler a gfundns Fressn. Mir brauchma an andern Ochsn.

Vorstand: Ja, und wen bittschön? I frog amol in die Runde: Wer daad freiwillig als Ochs zur Verfügung steh?

Schweigen im Walde bzw. am gesamten Stammtisch.

Wirt: Also, wennse gor koaner find, i daads dann notfalls mocha.

Vorstand: Kimmt nicht in Frage! Du muaßt eischenka und bei Bedarf den Lichtschalter betätigen! Du bist tabu. Als Ochs und überhaupt!

Wirt: Okay, wenn's aso is, dann is aso. Owa i hätts gmocht, dass a Ruah is.

Sepp: Jetza hätt i an Vorschlag: Franz, wennst du als Vorstand den Ochsn spieln daadst? Du host ja aa de Idee ghod mit dem Krippenspiel.

Rudi: Des stimmt, Franz, do hod er recht!

Alfons: Und wer recht hod, zohlt a Maß!

Allgemeines Gelächter.

Iris: Franz, bitte moch den Ochs, dassma weidakemma!

Vorstand: Hm ... also guat, i moch den Ochs. Owa i hoff, dass dann ned beim Esel des gleiche Gfetz gibt. Also, da Ochs waar dann quasi i. Jetza kemma amol zu oaner vo de Hauptrollen, und zwar zu da Maria. I moan, do samma uns einig, dass des d'Iris is.

Hans: Du Iris, nix gega di persönlich, owa wor ned d'Maria a Jungfrau?

Iris: Ha-ha-ha! Sehr witzig!

Hans: Mei, a weng a Gspoaß muaß sei. Naa, d'Iris passt scho als Maria. Und außerdem is sowieso unser oanzige Frau, de wos heit anwesend is.

Sepp: Wo is eigentlich d'Sabine?

Vorstand: De is entschuldigt. De entbind' angeblich heit.

Kassier: Ach du Schande! Dann miaßma wieder a Gschenk kaffa. Hamma eh koa Geld in da Kasse!

Pfarrer: Ich darf doch sehr bitten! Wir sollten froh sein, wenn Gott uns einen neuen Erdenbürger schenkt! Da spielen doch ein paar Euro keine Rolle!

Kassier: I hob ja bloß gmoant, weil d'Kasse knapp bei Kasse is. Oder zohln Sie des Gschenk, Herr Pfarrer?

Pfarrer: Äh ... nein. Das sollten wir schon aus der Vereinskasse übernehmen. Lieber nehmen wir dann ein etwas kleineres.

Vorstand: Des zahlma und aus! Jetza mochma weida mit unsern Krippenspiel. Also, d'Iris is d'Maria. Als Josef hätt' i eigentlich mi vorgseng. Owa des is jetza hinfällig, weil i da Ochs bin. Hm-... wen nehma denn als Josef?

Alfons: Des kannt dann i mocha. Weil als Weiser bin i ja ned drokemma wegan Herrn Rudi.

Rudi: Jetza bi amol staad, Schullehrer! De Weisen san erledigt! Do brauchst nimmer nochtarocken!

Alfons: Ja, is scho guat! I hob ja gsagt, i verzicht aaf den Weisen. Owa i daad mi dann als Josef bewerben.

Vorstand: Alfons, versteh mi ned falsch! Owa i find des ned guat, wennst du den Josef spielst.

Alfons: Wieso findst du des ned guat?

Vorstand: Schau dir amol d'Iris o! De is an Meter achtzge groß und du im Höchstfall oans fünfasechzge. Des schaut doch unmöglich aus! Aso a kloaner Josef und aso a Drumm Maria! Da Josef sollttert scho a gwisse Respektsperson sei.

Alfons *Empört:* Ja, bin i vielleicht koa Respektsperson?

Vorstand: Des scho. Rein charakterlich bist natürlich scho a Respektsperson. Owa optisch ned. Vor allem neba da Iris. Stell dir vor, d'Maria sitzt hinter da Wiege und is voll sichtbar und vom Josef segtma bloß'n Kopf. I find des ned guat.

Rudi: Alfons, do hod da Franz scho recht. Des schaut bläd aus. Als Josef bist du einfach zu kloa.

Alfons: Du redst di leicht! Du bist a Weiser, owa i bin no gor nix!

Rudi: Und wennst'n Esel mochst?

Alfons: I glaub, du spinnst! Der is ja no peinlicher als da Ochs! Und der is scho ganz schee peinlich!

Vorstand: Wos soll jetza des hoißn? Da Ochs bin fei i, dass des klar is! Is des vielleicht peinlich?

Alfons *Beschwichtigend:* Naa, Franz! Des is ned gega di gricht. Für di is da Ochs angemessen, weil du bist a gstandna Metzgermoaster und über di locht koaner. Owa bei mir is wega de Schüler. Rein pädagogisch waar für mi sowohl da Ochs als auch da Esel eine glatte Katastrophe!

Vorstand: Ja guat, dann lassama's eigeh! Owa mir brauchma z'erst an Josef, bevorma uns um an Esel kümmern kinna.

Pfarrer: Äh, mit Verlaub, ich wäre auch noch frei!

Sepp: Des werns aa bleibn, weil a Pforrer ned heiratn derf! Hähähä!

Pfarrer: Ähem ... ich meine ... äh.

Vorstand: Also Sepp, du immer mit deine blädn Witze!

Sepp: Wirdma doch no an Gspoaß mocha derfa! Oder, Herr Pforrer, des wor doch ned so schlimm?

Pfarrer: Äh, nein, ich verstehe schon einen Spaß. Aber ich meinte natürlich, als Josef wäre ich noch frei, nicht als Ehemann.

Vorstand: Des is die Idee! Da Pforrer is da ideale Josef!

Rudi: Owa haargenau!

Sepp: Daad i aa sogn. Da Josef an sich! An bessern gibt's gor ned! Meines Erachtens!

Kare: Dassma do ned glei draafkemma san!

Vorstand: Mit'n Redn kemmand d'Leit zamm. Also, da Josef waar erledigt. Und jetza miaßma uns wohl oder übel mit'n Esel befassn.

Rudi: Eine Frage: Wo is eigentlich unser Herr Doktor heit?

Vorstand: Da Meik-Thorsten? Der hod Nachtschicht im Krankenhaus!

Rudi: Und wenn der'n Esel spieln kaad? I moin, is bloß a Vorschlag.

Vorstand: Mensch, genau! Der passt! Der hod eh ziemlich graue Hoor. Des waar optisch stimmig.

Hans: Da Meik-Torsten waar direkt a würdevoller Esel. I find, den solltma nehma.

Iris: I aa. *Lacht plötzlich über sich selber.* „I aa", des hörtse direkt eselhaft o!

Alfons: Glaubts ihr, dass des dem Meik-Thorsten passt, wenn er da Esel is? Is des rechtlich überhaupt in Ordnung, wennma oan in Abwesenheit zum Esel mocht?

Vorstand: Des erklär' eam scho! Und es is ja aa vo da Rolle her ideal. Weil da Esel is koa Sprechrolle und da Meik-Thorsten duatse eh hart mit sein sächsischen Dialekt. Do is gscheida, er sagt nix. Wißts ja alle, wia's is: Wenn der wos sagt, locht alles! Des waar für d'Besinnlichkeit ganz schlecht!

Sepp: Genau! Da Esel passt für eam. Und da Meik-Thorsten, des is oana, der gfreitse, wenn er überhaupt mitspieln derf.

Vorstand: Eben! Also, da Esel is geklärt. So, jetza brauchma no an Engel.

Alfons: I bin fei allaweil no nix! Jetza wirds dann langsam eng!

Vorstand: Owa als Engel bist aa zu kloa, Alfons! Da Engel, des muaß a große, majestätische Erscheinung sei! Des is einfach nix für di. Stell dir des vor, do kemmand drei gstandne Weise aus dem Morgenland daher, und dann steht do aso a windigs Engerl umanada. Des is nix. Des muaßt eiseng, Alfons!

Alfons: Ja, owa ...

Hans: Moment, Alfons! Entschuldige de Unterbrechung, owa i hätt' an Vorschlag: Nehmts holt'n Alfons als Stern mit dem goldernen Schweif, dann moch i den Engel! Da Alfons als kleinwüchsiger Mensch waar für de Sternträger aa angenehmer.

Alfons: Also gell, kleinwüchsig bin i fei ned!

Hans: Ned direkt, Alfons. Owa groß bist aa ned, des muaßt zuagebn.

Vorstand: Hans, des fangma gor ned o! Du bist scho als Stern im Protokoll drin und bleibst aa drin! Ausgmocht is ausgmocht! Du bist da Stern und aus!

Hans: Ja guat! I hätts ja bloß guat gmoant. Mir persönlich is ja des wurscht, ob i a Stern oder a Engel bin.

Vorstand: Des is nobel vo dir, Hans, owa du bleibst da Stern.

Rudi: Du, Franz: Da Ernst kannt doch den Engel mocha!

Ernst *Wehleidig:* Omei! I woaß fei ned, ob des ebbs is für mi. I bin ned recht fit mit mein Mogngschwür. Schauts mi o, wia kaasig dass i bin!

Rudi: Ja eben! Des is ja des! A Engel is ja grundsätzlich a bleiche Erscheinung. Des waar ideal für di. Weil an sich is ja a Engel scho gstorbn.

Vorstand: Ernst, do muaß i'n Rudi recht gebn. Du host a richtig noble Blässe. Und du bist aa recht hager wordn, seit dass du Diät leben muaßt. Versteh' mi ned falsch, owa so gseng is dei Mogngschwür dramaturgisch wertvoll. Sog ja, dann bist a Engel!

Ernst: Also guat, in Gotts Nam'!

Vorstand: Dankschön, Ernst! Und guade Besserung! Owa ned zu guade, weil kaasig sollterst im Dezember scho no sei.

Ernst: Hoffma's Beste!

Rudi: Gratuliere, Ernstl!

Ernst: Dankschön, Rudi!

Vorstand: So, jetza kemma zum Höhepunkt: Das Jesukindlein! Mir brauchma natürlich a zentrale Figur als Jesukindlein. Des soll unschuldig sei und vor allen Dingen kloa!

Alfons: Ja, und wenn i …

Vorstand: Also Alfons! Jetza wirst owa kindisch! Du als gstandner Schullehrer konnst doch koa Jesukindlein spieln! Du bist doch viel z'groß!

Rudi: Da Jesus wor doch koa so a Prackl Kind ned!

Alfons: Ja fix!

Pfarrer: Na na, Herr Lehrer!

Alfons: Ach, weil's wohr is! Amol bine z'kloa, dann bine z'groß! Des is fei a Sauerei! Wenns mi ned dabeihobn wollts, dann sagtses glei! Dann kenn i mi aus und dann geh i.

Vorstand: Alfons, spinn doch ned! Natürlich wollma di dabeihobn! Woaßt, für wos mir di braucha? Grod follts mir ei: Mir brauchma di unbedingt als Regisseur! Ohne

Regisseur geht doch gor nix. Du hättst dann praktisch de künstlerische Gesamtleitung!

Alfons: Ehrlich? Dann waar ja i praktisch da Chef vo dem ganzn Krippenspiel?

Rudi: Sowieso, Alfons! Du bist da Boss!

Alfons: Ja, dann is des in Ordnung. Des konn i vor meine Schüler vertreten.

Vorstand: Eben! So, des hättma dann aa erledigt. Owa mir brauchma trotz allem no a Jesukindlein. Hm ... Mensch, jetza kimmtma wos! Wennma einfach'n Wirt sein Sohn nehma daadn? Wia hoaßta wieder?

Rudi: Kuchler!

Vorstand: Ja, des is scho klar. I moan ja, wia er mit Vornam' hoaßt!

Rudi: Aso! Marcinho!

Vorstand: Genau! Der kannts doch mocha, oder?

Rudi: Ja, der passert, daad i sogn.

Sepp: Jawohl, worum ned!

Iris: Ja, er is aa aso a migerts Kind!

Vorstand *Ruft in die Küche:* Du Heinz! Kimm amol aussa!

Wirt: Wos isen los?

Vorstand: Du Heinz, amol a Frage: Wia olt is dei Sohnemann?

Wirt: Da Marcinho? Vier Johr wird er im November.

Vorstand: Ideal! Woaßt wos, Heinz? Den nehma bei unsern Krippenspiel eiskalt als Jesukindlein! Der passt wie die Faust aafs Auge!

Wirt: Owa mir samma fei evangelisch!

Vorstand: Ach du Scheiße! An des hob i ned denkt. Dann geht's natürlich schlecht. Saxndi!

Pfarrer: Na na, Franz!

Vorstand: Oh! Tschuldige, Pforrer! Hargottseitn, wen nehma denn do als Jesukindlein?

Rudi: I hätt'a drumm Puppn dahaom. De passert. Sie kannt holt nix sogn. Bloß wennma hintn draafdruckt, sagts „bööö“.

Vorstand: Is de katholisch?
Rudi: Sowieso!

Allgemeines befreites Gelächter.

Vorstand: Also, dann hättmas! I hoff, a jeder is mit seiner Rolle zufrieden. Nehmts eich a Beispiel an mir, i bin da Ochs und gfrei mi trotzdem! Mit de Proben fangma nacha im Oktober o. Und i ruaf jetza dann'n Meik-Thorsten im Krankenhaus o und sog eam, dass er a Esel is.
Rudi: Der wird a Freid hobn! Hähähähä!
Vorstand: Des konnst laut sogn! Also, bevorma zum gemütlichen Teil übergenga, noch ein Gemeinschaftsprost und ein kurzer Trinkspruch: „Uns hungert meistens und dürstet immer,-Hunger ist schlimm, doch Durst noch schlimmer!"
Rudi: Super, Franz! Wia's dir bloß immer eifollt!
Vorstand: Jamei, des liegt mir einfach. Die Versammlung ist geschlossen. Prost!

In der Loipe

Läufer 1: Ja griaß Gott! Aa a weng langlaffa?

Läufer 2: Genau! Des schöne Weda muaßma ausnutzn! Sonnenschein und Pulverschnee, wos bessers gibts doch gor ned! Do muaßma ausse!

Läufer 1: Des hob i mir aa denkt. „Woaßt wos" hob i mir denkt, „jetza packst deine Langlaufschi und laffst lang!" I laaf ja erst kurz lang, weil i hob erst ogfangt vor zirka vier Wochen. Sie laffan ebba scho länger lang?

Läufer 2: Omei! I laaf scho ganz lang lang! Mei Frau sagt, eigentlich langts scho lang!

Läufer 1: A geh! Jamei, wennma erst kurz langlafft wia i, do hodma natürlich no ned de Kondition, des is klar. I wenn ehrlich bin, mir wird oft a kurze Streck scho z'lang!

Läufer 2: Daans Eahna ned owe, des wird scho über kurz oder lang! Je länger wosma langlafft, desto kürzer kimmt eam d'Läng vor und wenns no so lang is. Des woaß i aus langjähriger Erfahrung.

Läufer 1: So weit bin i no ned, im Gegenteil! I denkma zum Beispiel: „Jetza bin i scho so lang langgloffa, jetza langts!" Und derweil wars bloß kurz!

Läufer 2: Jaja, aso is mir früher aa ganga. Is owa scho lang her. Es liegt allerdings aa an de Langlaufschi! Wia lang san denn de Eahnan?

Läufer 1: Des wüßt i jetza auf Anhieb gor ned. Owa i glaub, es is a ziemlich lange Läng.

Läufer 2: Des is a Fehler! Am Anfang, wennma no ned lang langlafft, do langt a kurze Läng. Erst wennma länger langlafft, dann konnma a lange Läng nehma.

Läufer 1: Ja, und des is des. I laaf erst kurz lang und drum is d'Läng z'lang. Kürzer daad langa. Do is koa Wunder, dass mir kurze Längen oft so langwierig vorkemma, dass i kurzatmig werd. Do langtma dann d'Luft nimmer.

Läufer 2: Genau! I moan, Sie kinnan d Läng so lang nehma, wia Sie wolln, war bloß a Tipp.

Läufer 1: Naa, do bin Eahna echt dankbar!

Läufer 2: Gern gschehn! So, i muaß's wieder packa. Weil beim Langlaffa sollma bloß kurz stehbleim, sunst kühltma über kurz oder lang aus.

Läufer 1: Jaja, i packs aa wieder. Also, Ski Heil, Herr......

Läufer 2: Lang!

Läufer 1: Ja gibt's des aa! Lang hoaßn Sie aa no? Sie laffan scho lang lang und hoaßn Lang! Des is da Wahnsinn! I laaf erst kurz lang. Und wos glaubns, wia i hoaß?

Läufer 2: Jetza songs bloß, Sie hoaßn Kurz!

Läufer 1: Naa, Wierzorczinsky!

Endlich Weihnachten! (?)

Er: Aah!! Endlich Weihnachten! Konnst du dir des vorstelln? Heit is da 22. Dezember und i muaß erst am 2. Januar wieder orwatn! Zehn Dog frei! Zehn Dog nix hörn und nix seng vo dem ganzen Schmarrn! Koan grantigen Chef, koan jammernden Kollegen und koan depperten Azubi. Endlich frei!

Sie: Des gfreit mi für di! Endlich konnst amol mocha, wos du willst. Aafsteh, wannst du magst …

Er: Genau! Keine Termine, nix zum erledigen, koaner will wos für mir …

Sie: Im Prinzip koaner.

Er: Wos hoaßt „im Prinzip“?

Sie: Es is bloß wega morgn. Weil i hob'n Buam versprocha, dass du mit eam zum Eikaffa fohrst wega dem Computerspiel. Woaßt, i kenn mi do ned aso aus. Eigentlich überhaupt ned.

Er: Ach so! Kein Problem! Do damma in aller Ruhe frühstücken, dann fohrma schee langsam in d'Stod und kaffma des Spiel. Mir hamma ja Zeit! Gell, Ulrich?

Sohn: Eigentlich ned, Papa. Mir miaßertn scho ganz friah fohrn, weil um zehne howes mit'n Manolo zum Schifohrn ausgmocht.

Er: Mit wem?

Sie: Der is nei zu eam in d'Klass kemma. De san erst herzogn. Vo Chile oder China oder so.

Sohn: Vo Kuba, Mama!

Sie: Ja, aaf jeden Fall aus dera Richtung! Sei Papa is irgendwos mit Diplom.

Er: Wos für a Diplom?

Sohn: Diplomat!

Sie: Genau!

Er: Ja guat, wennst du mit dem Kubisten um zehne zum Schifohrn fohrst, dann miaßma spätestens um achte frühstücka, dassma um holwe neine in d'Stod kemma und um holwe zehne dahoam san, dass du di no umziagn konnst.

Sohn: Oder i frühstück glei im Schianzug!

Sie: Ulrich! Des is doch a Schmarrn!

Er: Schwitzt ja wia d' Sau! Dann wirst wieder krank, des is nix!

Sie: Eben! Naa, Ulrich, do steht da Papa friah gnua aaf, dann klappt des scho.

Er: Genau! I konn mi ja dann dafür noch'n Mittagessen hilegn. I hob ja Urlaub! Hähä!

Sie: Äh … scho, owa morgn is a weng schlecht.

Er: Wia des?

Sie: Do miaßerst du mir helfa beim Ohänga vom Christbaam. Mit da Lichterkettn! Und de ganzn Kugeln miaßerst vom Dachboden owaholn.

Er: Ja, owa morgn is doch erst da 23. Dezember! Seit dass i woaß, hamma mir den Christbaam erst am 24. oghängt!

Sie: Des scho. Owa heier is des schlecht. Woaßt doch, dassma mit ihr praktisch zu nix kimmt, weils immer ratscht.

Er: Wos? Wer? Mit wem?

Sie: No, d'Tante Gunda!

Er: D'Tante Gunda? De konn vo mir aus mocha, wos sie mog. De hockt ja in Garmisch in ihran Haus.

Sie: Morgn ned!

Er: Ned? Wo hockts nacha morgn?

Sie: Hob i dir des no gor ned gsagt?

Er: Wos gsagt?

Sie: No, im Frühjahr is doch erst da Onkel Alfons gstorbn wega seiner Leber.

Er: Doutgsuffa aaf deitsch gsagt!

Sie: Aaf jeden Fall hob i mir denkt, weil doch d'Tante Gunda jetza so alloa is und weils koa Kind hod, dua i amol a guats Werk und lads zu Weihnachten ei.

Sohn: Ey cool! D'Tante Gunda erzählt immer so geile Gschichtn vom Kare und vom Lugge! Und sie woaß echt krasse

Ausdrücke! Zum Gameboy sagts „Deppnkastl“ und zum Handy „'n Deifl sei Fernbedienung“! Stark, ha?

Er: Ganz stark! Ja, und wann kimmt de?

Sie: Übermorgn in da Friah um achte kimmt da Zug!

Er: Am Heiligen Abend in da Friah um achte? Dann muaß ja i am Heilign Obnd no friaher aafsteh wia morgn! Des is ja fast a Sünd!

Sie: Ja mei. Owa du host ja danoch immer no Urlaub.

Er: Ja guat, des scho. Dann bleib i holt am erstn Feierdog länger liegn.

Sie: Do gehts no ned, weil do miaßerst d'Tante zum Bahnhof fohrn. Um holwe neine geht ihra Zug noch Garmisch.

Er: Ja, konnstas ned du fohrn?

Sie: Owa mir hamm doch Winter! Wenns glatt is, konn i ned fohrn!

Er: Stimmt! Du konnst ja bloß fohrn, wenns über 20 Grad plus hod und d'Fahrbahn trucka is.

Sie: Und bei Tageslicht!

Er: Genau! Ja guat, dann fohrs i zum Bahnhof. Des is dann aa scho wurscht. Den oan Dog wermas scho aushaltn mit ihr. I schau holt dann am Heilign Obnd a weng Fernseh mit'n Ulrich und du ratschst mit ihr. Sie is ja im Prinzip dei Tante und ned de mei.

Sie: Scho, owa des mit dem Fernsehschaun wird wahrscheinlich nix.

Er: Wia des? Kimmt lauter Krampf?

Sie: Des ned, owa d'Tante Gunda hod gsagt, sie bringt de Videocassettn mit vom Onkel Alfons seiner Beerdigung und vom Leichtrunk, weil sie hod dahoam koan Videorecorder. Und de Cassettn schauma dann mitananda o.

Sohn: I aa?

Sie: Ja, du aa!

Sohn: Shit!

Er: Am Heiligen Abend a Beerdigungsfilm! Des is fei ziemlich krass! Aso hätt' i mir mein Weihnachtsurlaub ned vorgstellt.

Sohn: Des glaubtma da Manolo ned, wenn eam des sog, dass i a Video von an doutn Onkel ogschaut hob.

Er: Des brauchst eam aa ned sogn!

Sie: Naa Ulrich, sowos erzähltma ned fremde Leit!

Sohn: Da Manolo is owa koa fremder Leit für mi!

Er: Staad bist und aus! Mei liawa, des is fei koa guada Urlaubsstart!

Sie: Ach geh! Sie fohrt doch am erstn Feierdog wieder!

Er: Gottseidank! Owa dann kimmt neamad mehr, oder?

Sie: Naa, dann kimmt neamad mehr.

Er: Hähä! Dann leg i mi den ganzn Dog aafs Kanapee, wenn i d'Tante zum Bahnhof gfohrn hob!

Sie: Äh, also des is praktisch schlecht, weil mei Mama hod uns doch zum Essn eigladn am erstn Feierdog.

Er: Ja Mensch Meier! Dann is scho mei dritter Urlaubsdog furt!

Sie: Dei vierter eigentlich aa! Weil am zwoatn Feierdog samma bei deine Eltern zum Essn eigladn.

Sohn: Ey, stark! Beim Opa derf i immer a Bier trinka!

Sie: Untersteh di! 's letzte Mol is dir beim Hoamfohrn schlecht wordn!

Er: Ums Haarlhoor hättst gspiem! Und viermol hob i aaf an Parkplotz ausse gmiaßt wega deiner Bieslerei! Du glangst mir koa Bier mehr o! Des is mit elf Johrn einfach zu friah!

Sohn: Owa da Opa sagt, an Weihnachten derf a Kind aa amol a Bier trinka!

Sie: Du derfst ned alles glauben, wos da Opa sagt! Da Opa sagt viel, wenn da Dog lang is.

Er: Genau! Da Opa sagt zum Beispiel aa, dass a Schnaps guat gega Plattfiaß is.

Sohn: Stimmt des ned?

Sie: Naa Ulrich, des stimmt ned!

Sohn: Schade!

Er: Schade! Schade miaßert eigentlich i sogn! Weil da zwoate Feierdog aa scho verplant is. Dann geht ja mei Weihnachtsurlaub erst am 27. Dezember o. Dann is er nimmer recht lang.

Sie: Theoretisch daad er am 27. ofanga, owa praktisch miaßma do zum Doktor!

Er: Worum? Wer isn krank? Du scho wieder?

Sie: Ja frale! Wega mir is ned, wega dir is! I hob an Termin ausgmocht beim Orthopäden zwecks deine Bandscheim. Du sagst doch immer, du konnst kaam mehr sitzn vor lauter Schmerzen.

Er: Des stimmt allerdings. Also dann, in Gotts Nam' gemma holt am 27. zum Doktor. Owa am 28. konn mi dann de ganze Welt kreizweis! Dass des klar is!

Sie: Und da Ulrich?

Er: Der aa!

Sie: Also Willibald! Denk doch amol noch! Wos is am 28. Dezember?

Er: Hm … Freitag?

Sie: Freitag! Also sog amol! Am 28. Dezember hod dein Sohn Geburtstag!

Er: Wos? Scho wieder?

Sohn *Weinerlich:* Papa, du hostma versprocha, du gehst mit mir'n ganzen Dog zum Schifohrn, wenn i Geburtstag hob und wenn a Schnee liegt und jetza liegt a Schnee!

Er: Aafs Weda konnst di aa nimmer verlassn!

Sie: Willibald! Des hast du versprochen!

Er: Jaja, is scho klar! Ja dann! Selbstverständlich, Ulrich! Versprocha is versprocha! Am 28. gemma mir zwoa zum Schifohrn. So richtig unter Männern! Ohne d'Mama, hähä! Gell, Waltraud, do wollma mir Manner unter uns sei!

Sohn: Genau, Mama! Bloß i und da Papa!

Sie: Da Papa und i hoaßt des!

Sohn: Nein, du derfst ned mit!

Er: Naa Ulrich, d'Mama moant, des hoaßt „da Papa und i"!

Sohn: Wos? Da Papa und du? Des bist doch du selber!

Sie: Hör aaf, Willibald, des hod koan Sinn! Der begreifts ned. *Zu Ulrich:* Weilst allaweil beim Opa a Bier trinkst! Do wirst ganz bläd! Aaf jeden Fall is mir des ganz recht, dass ihr zwoa den ganzen Dog weg seids. Dann konn i in Ruhe herrichtn für'n 29. und 30. Dezember.

Er: Herrichtn? Wos denn herrichtn?

Sie: Jetza sog bloß, du woaßt des nimmer! Do samma doch des ganze Wochenende in Paris! Des is doch unser gemeinsames Gschenk zum 18. Hochzeitstag!

Er: Oläck! Den derf i ned vergessn. Wann isen der?

Sie: Der war im Oktober! Du hostma doch an Blumenstrauß mitbracht damals!

Er: Gottseidank! Genau, jetza follts mir wieder ei. Und dann hamma gsagt, mir fohrma a Wochenende noch Paris.

Sie: Genau!

Er: Mei liawa, des wird fei eng! I bin bestimmt am 28. dodal erledigt vo dem Schifohrn mit'n Ulrich. Und dann glei am 29. aaf Paris: Des wird hirt!

Sie: Und i hob mi scho aso gfreit. Immer, wenn i mi aaf wos gfrei, dann host du a Problem damit!

Er: Naa, i hob koa Problem damit, i moan ja bloß.

Sohn: Und i?

Er: Genau! Und er?

Sie: Du bleibst derweil bei da Oma!

Sohn: Bei da Pap-Oma oder bei da Mam-Oma?

Sie: Bei da Mam-Oma!

Sohn: Schade! Do gibt s koa Bier!

Sie: Eben!

Er: Denk ned dauernd an des Bier, Ulrich, des hod koan Taug! Jamei, dann bleibt für mein Urlaub eh bloß no da 31. Dezember und da 1. Januar. Do schlof i mi dann owa gewaltig aus! Weil z'Paris wemma kaam zum schloffa kemma. Hähä!

Sie: Du wirst doch ned am Silvester ausschloffa! An Silvester muaßt mit'n Ulrich Raketen eikaffa und Böller!

Er: Muaß des sei? I bin immer scho dera Meinung gwen „Brot statt Böller". Ulrich, ha, des waar doch amol wos? Brot statt Böller!

Sohn: Ja, owa a Brot kracht doch ned!

Er: Mei, bist du ein Hirnheiner! Trink du mir bloß koa Bier mehr!

Sie: Ulrich, da Papa moant ja ned, dass du a Brot statt Böller ozündn sollst, sondern dassma des Geld, wosma normal für Böller ausgibt, de armen Kinder in Afrika spendet.

Sohn: Ja, und dann?

Sie: Dann kinnanse de armen Kinder in Afrika a Brot kaffa!

Sohn: Owa bei denen krachts aa ned!

Sie: Keinen Tropfen Bier trinkst du mehr! Keinen Tropfen! Du host ja scho aso a Art Säuferstarrsinn!

Er: Owa ehrlich! Dann kaffma liawa wieder Raketen und Böller, bevor dass i do mit dir umanandadiskutier!

Sohn: Cool!

Er: Ja, dann waar praktisch da Silvester aa verplant. Dann hob i im Prinzip bloß Neijohr frei. Do leg i mi dann hi.

Sie: Do is doch unser traditionelle Neujahrswanderung vo de Naturfreunde!

Er: D'Naturfreunde kinnan mir d'Schuah aafblosn!

Sohn: Cool!

Er: Gell!

Sie: Owa du bist doch da erste Vorstand vo de Naturfreunde. Du muaßt mit!

Er: So gseng host aa wieder recht. Du, jetza hob i mi aso aaf den Urlaub gfreit. Und im Prinzip is gor koaner. Do hob i ja mehra Stress wia in da Orwat!

Sie: Noja, immerhin is Weihnachten.

Er: Schwacher Trost.

Sie: Gfreist di denn gor ned?

Er: Ja guat, wenn i aso überleg: Aaf oans gfrei i mi scho!

Sie: Aaf wos nacha?

Er: Am 2. Januar!

Die staade Zeit

Wenn der Advent kommt, muss Mama die Geschenke kaufen und sie gut verstecken, damit ich sie nicht vor Weihnachten finde, obwohl ich suche. Und sie muss Plätzchen backen, damit wir zum Kafä und zum Mitgeben etwas haben. Und wenn es schneit, dann muss sie Schnee räumen, weil Papa kann nicht wegen der Bandscheibe, die es ihm beim nassen Schnee heraushaut, weil er so schwer ist, der Schnee. Mama muss auch das ganze Haus sauber putzen, damit es schön ist, wenn ein Besuch kommt. Weil an Weihnachten haben alle Verwandten Zeit und besuchen uns massenhaft.

Und Mama muss am Anfang vom Advent die Wintersachen aus dem Keller holen und die Sommersachen hinuntertragen. Dann muss sie noch die ganzen Weihnachtskarten schreiben, weil dem Papa nichts einfällt. Weihnachtsgestecke muss sie auch machen und aufhängen, damit unser Haus schön ist. Und wenn ich an ein Gesteck dranrenne und es fällt herunter, muss sie es wieder hinauftun, weil ich zu klein bin.

Wenn dann der Advent vorbei ist, ist meine Mama so fertig, dass sie überhaupt nichts mehr sagen kann und ganz ruhig ist. Darum heißt der Advent die staade Zeit.

Ja mei

Sie: So Hans, jetza hol amol bitte den Christbaam eina! In vier Stund is Bescherung und mir hamma no ned amol den Baam gschmückt.

Er: Ja, glei! I schau bloß no schnell'n Wetterbericht o. Do schau hi: „Weiterhin unbeständig und sehr mild." Des is doch koa Weda für Weihnachten! De ganze Welt is durchanand. A Weihnachten bei 15 Grod plus, des is doch a Schmarrn! Do kimmt doch koa Stimmung aaf! Des is grod aso, wia wennst bei 0 Grod im Freibad sitzt. Do konnst di aa ned so richtig gfrein.

Sie: Jamei, des is holt aso. De Schimpferei bringt doch nix. In Afrika liegt koa Schnee. Trotzdem feierns Weihnachten!

Er: Des is doch ganz wos anders! Erstens moanan de, des muaß aso sei, weilses ned anders kenna und zwoatns is des logisch, dass do ned schneibt, weil sunst daads alle dafrean. Do kimmt dann aa koa Stimmung aaf, im Gegenteil: Da Näga an sich is bei Költn dodal deprimiert. Der mogs hoaß. Aa beim Essn! I hob amol an Film gseng, do hamms mit da nockertn Händ ins Lagerfeier eineglangt. Des holtert unseroana ned aus!

Sie: Omei, du mit deine Weisheiten und deine Vorurteile! Da Näga mogs hoaß! So ein Schmarrn! Jetza dua ned philosophiern und hol den Baam vo da Garage eina! Mir miaßma endlich zum schmücka ofanga!

Er: Wos mir? Du schmückst! I hobna kafft und du schmückst!

Sie: Ja frale! Helfa muaßt mir scho a weng. Owa jetza holna z'erst amol eina! In da Garage kinnma'n ned schmücka.

Er: Ja guat. *Geht und kommt kurze Zeit später ächzend mit dem Christbaum wieder.*

Sie: Obacht! Reiß nix owa!

Er: Des is bei uns fast unmöglich, dassma nix owareißt! Überoll hängt irgend a Drumm! Du konnst ja bei uns koa Tür mehr aafmocha, ohne dass du an a Gsteck drorennst!

Sie: Ah geh, so schlimm is aa wieder ned! Do is da Ständer, stellna eine und mochna fest!

Er: Omei, wia geht denn des wieder? Glaubstas, am Mond kinnans affefliagn, am Handy konnsta nockerte Weiber oschaun, owa an gscheidn Christbaamständer gibts bis heit ned!

Fummelt am Ständer herum.

Ja zenalln, Glump varreckts! Der sticht wia d'Sau!

Sie: Also Hans! Mir hamma Heilig Abend! Mäßige dich!

Er: Ach, weils wohr is! Do, jetza isa aamol einegrutscht, da Hundling! Worum denn ned glei? Kaam schimpfst a weng, dann gehts! Und? Passt er?

Sie: Noja ..., ganz nett.

Er: Ganz nett? Wos hoaßt „ganz nett"? Des is ein Spitzen-Baam! A Stund hob i ausgsuacht, bis i den gfundn hob!

Sie: Wos? A ganze Stund?

Er: Jamei! Es warn bloß no zwoa do, do duast di hort. Jedsmol, wenn i mir denkt hob „den nimm i", dann hob i mir sofort wieder denkt „am End waar da ander doch scheena". Es is ned einfach! Und du host aa koa Beratung. I hob den Händler gfragt, wos er moant, wos für oana dass besser ausschaut. Woaßt, wos der gsagt hod?

Sie: Wos nacha?

Er: „Jamei" hod er gsagt. Isen des a Antwort? Do stellst an sogenannten Fachmann a ganz normale Frage, dann sagt der „jamei". Do konn i glei zu an Naschn „guat Morgn" sogn, des is da gleiche Effekt! Und so Leit san Unternehmer! Do wundert mi nix mehr! Eine Stund lasst mi der in da Luft hänga!

Sie: Also du muaßt ja unheimlich viel Zeit hom! Und is des jetza da scheena Baam von de zwoa?

Er: Jamei. I sog ja scho seit Jahren: Kaffma an künstlichen Baam, dann is der ganze Stress vorbei! A solider Plastikbaam, der sticht ned, der stinkt ned und der stirbt ned! Des is wos fürs Lem! Und mit so inkontinente Baamhändler brauchst di aa ned oweärgern!

Sie: Inkompetent hoaßt des!

Er: Des is mir aa wurscht!

Sie: Owa Hans, i woaß ned. Plastik is für mi einfach nix echts. Mir is einfach ein Naturprodukt liawa wia wos künstlichs!

Er: Ja frale! Wers glaubt, wird selig! Du host doch aa a Nylonunterwäsch an und koa Schoffell!

Sie: Des is doch ganz wos anders! Aso a Christbaam is doch a Symbol! Und für zwoa Wocha a Blickfang im Wohnzimmer!

Er: Ja guat, des is dei Unterwäsch allerdings ned. Owa trotzdem, i waar mehr für an künstlichen. Geruchsneutral, sauber, keimfrei.

Sie: Wos hoaßt do geruchsneutral? A frischer echter Tannenduft is doch wos herrlichs!

Er: Herrlich? Woaßtas no vor drei Johrn? Woaßtas no? War des wos herrlichs? Ja pfui Deifl, mir wennst ned gangst! Des ganze Wohnzimmer hod gstunka! Hängt do ein douda Vogl zwischen de Äst drin! Mumifiziert bereits!

Sie: Jamei, des konn doch amol passiern! Des is holt die Natur.

Er: Des derf ned passiern! Wenn i heit a Christbaamhändler bin, dann schau i den Baam o, ob alles passt. I moan, dass er eventunell an unregelmäßigen Wuchs hod oder dass amol a Reih z'kurz oder z'lang is, des konn vorkemma. Do sagt koa Mensch wos. Aber Leichenteile hamm aaf an Christbaam nix verlorn! Mir hod dermaßen graust, dass mir am Heiligen Obnd d'Pfälzer nimmer gschmeckt ham. Und do hörtse bei mir da Gspoaß aaf! Owa mi wundert nix mehr. Wenn oaner außer „jamei" koa Meinung hod, aso a Mensch find an doutn Vogl aa ned.

Sie: Mei, bist du ein olter Grantler. Du mochst doch aa amol an Fehler, oder?

Er: Einen Kadaver hob i no nie überseng, dass des klar is!

Sie: Ja guat, owa jetza is Weihnachten und du hörst zum schimpfa aaf!

Er: Aaf jeden Fall waar a künstlicher Baam gscheida!

Sie: Ach, bi staad jetza! Du, sog amol, is der überhaupt grod drin im Ständer? Der is doch schief drin!

Er: Schnürlgrod!

Sie: Ja, owa wenn i do aso hischau und de Wand als Anhaltspunkt nimm, dann is der ned grod drin.

Er: Vielleicht is d'Wand schief!

Sie: Jetza derfst owa aafhörn! Mir hamma doch koa schiefe Wand ned! Naa, duana amol wieder aussa, den Baam! Wenn, dann muaß der scho richtig im Ständer sei!

Er: Ja guat, i Gotts Nam'! *Er lockert die Befestigung am Ständer und hält den Baum in verschiedenen Winkeln, damit ihn die Frau begutachten kann.* Zenalln, scho wieder gstocha! Baam, elendiger! Und, passt er?

Sie: Hm ... jamei!

Er: Wos hoaßt do „jamei"? Jetza fangst du aa no o! Passt er oder passt er ned?

Sie: A bisserl nach links, so, ja, aso miaßert er passn!

Er: Alles klar, dann fixieren wieder. Zack, wackelt und hod Luft! Aua, scho wieder gstocha! I schau aus, wia wenn i grafft hätt'! Aafs Johr stellma glei an Kaktus hi, der sticht zwar aa, owa der nadlt wenigstens ned.

Sie: Ach, Schmarrnkopf! So, jetza schmückma'n! Wos nehma denn heier für a Motto?

Er: A Motto? Wos für a Motto? Nehma holt wieder a Lametta!

Sie: Ja, is dir des no ned aafgfolln, dass i scho seit Jahren den Baam noch an bestimmten Motto gschmückt hob.

Er: Naa!

Sie: Also, dass du des ned merkst! Letzs Johr war's Motto „White Christmas". Do hamma weiße Kugeln ghabt, weiße Stern und an künstlichen Schnee. Alles war in Weiß!

Er: Und i hob a Weißbier trunka, hähä!

Sie: Ach du immer! Und's Johr davor hamma als Motto ghabt „Tropical Christmas". Do warn Muscheln dran am Baam, bunte Bänder, Seesterne ... mei, war der schee. Des war amol wos anders. Is dir des ned aafgfolln?

Er: Jamei, so direkt ned. Obwohl, i hob mir eigentlich scho insgeheim denkt: „Der Baam, der fischelt!" Owa i wollt nix sogn.

Sie: Ja guat, immerhin is dir wos aafgfolln. Und wos nehma heier für a Motto? I hättma denkt, vielleicht „Oriental Christmas", so mit Schleiern und mit Goldschmuck.

Er: „Metzger Christmas" waar guat, so mit Wiener, Pfälzer und Landjäger am Baam. Und als Spitz a Bierkugel!

Sie: Denk holt ned allaweil bloß ans Essn!

Er: Jamei, i bin holt aso. Mi hungert praktisch allaweil. Es sei denn, mi dürscht. Apropos, woaßt wos no a guats Motto waar: „Obst Christmas"! Hängst lauter Obst an Baam dro: A Kirschwasser, an Himbeergeist, a Zwetschgenwasser, a Williams-Christ-Birne, lauter Obst.

Sie: Des daad dir passn! Dann waar der Baam noch drei Dog laar!

Er: Dafür waar i voll! Hähä! Du, apropos laar: Und wennma'n heier ganz laar lassn?

Sie: Ganz laar? Wos waar nacha des für a Motto?

Er: „Solidarität"! Aus Solidarität, weils soviele Leit so schlecht geht aaf dera Welt, lassma den Baam heier laar. Sporma uns a Haffa Orwat und a Motto hamma aa.

Sie: Du, des is fei gor koa schlechte Idee!

Er: Gell! I bin ned so dumm, wia i ausschau!

Sie: Genau! Mochma heier a Solidaritätsweihnachten! A laarer Baam, a laarer Tisch …

Er: W..wia? Wos? A laarer Tisch? Wos bedeit des?

Sie: Ja, wenn, dann samma konsequent und essma nix. Aus Solidarität mit denen, die nix zum essn hamm.

Er: Ja, owa man muaß natürlich aa bedenka, dass nix essn aa unsolidarisch is und ned bloß solidarisch!

Sie: Wieso unsolidarisch? Mit wem denn?

Er: Mit da Landwirtschaft! I hobma denkt, beim Baam samma solidarisch mit de orma Leit und beim Essn samma solidarisch mit da Landwirtschaft. Do essma heier bsonders viel Fleisch und Wurst, dass de Erzeuger mehr kriagn für d'Sau. Aso samma glei zwoamol solidarisch. Do riskier i aus Solidarität sogar, dass i mi leicht überfriß. Des is mir des Motto wert.

Sie: Omei, eam schau o! I hob gor ned gwisst, dass du aso a solidarischer Mensch bist.

Er: Gell! Und für nächsts Johr hob i aa scho a Motto: Die Kunst!

Sie: Die Kunst? Wia willst denn des als Motto darstelln?

Er: Mit an künstlichen Baam!

Das traute hochheilige Paar

Sohn: Du Papa! Gell, heier singma wieder „Stille Nacht“, wenns Christkindl kimmt?

Papa: Sowieso, Sepperl!

Sohn: Du Papa, derf i di amol wos frogn?

Papa: Sowieso, Sepperl!

Sohn: Du Papa, wos bedeit eigentlich: „Alles schläft, einsam wacht nur das traute hochheilige Paar.“ Des versteh i ned, Papa. Wos bedeit denn des bloß?

Papa: Des bedeit, dass alle gschloffa hamm, bloß da Josef und d'Maria ned. Wal de zwoa, de sans traute hochheilige Paar.

Sohn: Worum hamm alle gschloffa, Papa?

Papa: Jamei, is o mittn in da Nacht gwen. Stockfinster. Und lous is aa nix gwen in Bethlehem. Is o bloß a kloans Dorf gwen. I schatz, d'Wirtsheiser hamm scho alle zua ghod. Und miad san d'Leit aa gwen.

Sohn: Und d'Maria und da Josef san ned miad gwen?

Papa: Scho. I büldma ei, de san sogor dodal miad gwen. De worn doch scho tagelang unterwegs zwecks dera Volkszählung. Do waarst du aa miad. Stell dir des amol vor: In dera Hitz tagelang unterwegs, saukolt.

Sohn: Ha? In dera Hitz saukolt?

Papa: Tschuldige, Bua, des wor jetza a Schmarrn. Hitz natürlich. Z'Israel is ja awl hoaß. Aaf jedn Fall: Tagelang unterwegs, kein Wirtshaus, kein Freibad, kein Weißbier, nix! Ein Wahnsinn! A normaler Mensch holt des sowieso ned aus.

Sohn: Ja, owa Papa, wenns dodal miad gwen san, worum hamms denn dann ned gschloffa?

Papa: De hamm doch ned schloffa kinna!

Sohn: Worum denn ned, Papa? Hammand de sovül Cola trunka? Oder an Red Bull?

Papa: Des ned. Owa man konn doch ned schloffa, wenns Wei entbind!

Sohn: Wos, Papa?

Papa: Wenns Wei a Kind kriagt, dann konnma doch ned schloffa. D'Maria hod doch a Kind kriagt damals. 's Jesukindlein, kennstas doch!

Sohn: Owa dann hätt doch da Josef daweil schloffa kinna. Oder hod der aa a Kind kriagt?

Papa: Der doch ned. Der scho zwoamol ned. Der hod ja praktisch mit dem Kind nix zum dua ghabt.

Sohn: Worum hod er dann ned gschloffa?

Papa: Jamei, der hodse um alles kümmern miaßn, dass nix passiert. Gsundheitlich und überhaupt.

Sohn: Wor ebba da Josef a Doktor?

Papa: Naa, da Josef wor doch koa Doktor. Wia kimmst denn aaf den Schmarrn? Da Josef wor doch a Ding ... a ... zenalln, wos wor jetza da Josef? A Heizungsbauer? Naa ... a ... a Ding wor er, a Zimmermann!

Sohn: A Zimmermann? Also Papa, a Zimmermann, der kenntse doch bei da Geburt ned aus! Worum hodse denn do da Josef auskennt?

Papa: Mei, wos hoißt auskennt. So genau woaß i des jetza aa ned. Aaf jedn Fall wors guat, dass er do wor.

Sohn: Worum nacha?

Papa: Woaßt wos? Jetza glangtsma! Heier singma „Oh Tannenbaum"!

Frau Meier ist bei Frau Dobler eingeladen. Und weil Adventszeit ist, gibt es natürlich, abgesehen von ein paar Nebensächlichkeiten, ein zentrales Gesprächsthema …

Die Weihnachtsplätzchen

Dobler: So, griaß Gott, Frau Meier. Des is schee, dass Sie heit Zeit hamm. Göld hamma, Übergwicht hamma, owa koa Zeit hamma, hahaha! Jetza sitzns Eahna her, nacha ratschma a weng. Geh, Oma, ruck aaf d'Seitn, dass d'Frau Meier an Plotz hod!

Meier: Bin so frei! Es geht scho. D'Oma braucht ned rucka wega mir. Bleibns no sitzn, Oma!

Dobler: So, nehmans Eahna ruhig daweil a Plätzl, Frau Meier. Da Kafä is glei durch. Wenna durch is, nacha bringen glei.

Meier: Mei, scheene Plätzln hamms, Frau Dobler. Wunderbar. So farbenfroh. I sog awl: „'s Auge isst mit!" Aa beim Plätzl.

Dobler: Do hamm Sie recht, Frau Meier. Mei, i hob holt bacha, wosma normal aso bacht: Bärnpratzn, Zimtsterne, a Mognbrout, Kokosheiferl. Dann no so zammpickte, i woaß momentan gor ned, wia de hoißnd, i miaßert direkt im Kochbuch nochschaun. Owa guat sans. Probierns amol a sechas!

Meier: Bin so frei! Mmmm … wunderbar! Do brauches Rezept, unbedingt! Mei, Sie miaßn de naxtn Dag amol zu mir kemma, nacha kinnans meine aa probiern. *Lacht:* Bevor dass mei Mo alle verdruckt. Der Mensch is unmöglich.

Dobler: A geh!

Meier: I sogs Eahna. I muaß de Plätzln guat verstecka, ganz guat! Wenn i de Plätzln ned dermaßen guat verstecka daad, hättma mir scho am Zwoatn Advent koi mehr. Der Mo wenn Plätzln segt: Ungelogen – Stuckara zwanzge aaf oamol. Der konn se nimmer bremsn. I sog awl, des is direkt aso a Art Sucht. Owa do locht er bloß.

Dobler: A geh! Jamei, wenns eam holt schmeckt. Schauns, mei Paul, der is jetza scho siem Johr dout, der isst praktisch scho lang koa Plätzl mehr. I wollt, er aaß no oans. *Weinerlich:* Omei, mei Paul!

Meier: Do hamms recht, Frau Dobler! Eahna Paul, des war a feiner Mann! Sie, Eahnane Kokosheiferl, de san aa ned schlecht!

Dobler: Gellns, Frau Meier, des sogn Sie aa. But-ter-weich!

Meier: Ja, wirklich, ganz guat. Also, verstengas mi ned falsch, wirklich guat sans. I persönlich, i moch owa d'Kokosheiferln mit mehr Biss. Mehr so kross. Dass kracht, wennma einebeißt. Wissens, wos i moin, Frau Dobler? Mehr so, so mit Biss. Kross holt.

Dobler: I woaß scho, wos Sie moina, Frau Meier. Owa i hob von an Kokosheiferl a andere Auffassung. Nix für unguat, owa a Kokosheiferl muaß woach sa. Des derf ned splittern, sondern des muaß direkt z'geh beim essn.

Meier: Mei, de oan sogn aso, de andern sogn aso. Im Prinzip is o wurscht. I moin, wer konn des scho genau sogn, ob jetza a Kokosheiferl mehr kross oder eher woach sei soll. Des konnma ganz schlecht sogn. Vielleicht is des aa regional verschieden. Wissen konnmas ned.

Dobler: Wissens wos, Frau Meier? Jetza frongma d'Oma, wal de is a Hausfrau der alten Schule. *Zur Oma:* Wos sagst jetza do du, Oma, muaß a Kokosheiferl mehr woach sei oder mehr kross?

Oma: Ha??

Dobler *Laut:* Dei Meinung möchtma wissen: Muaß a Kokosheiferl mehr kross sei, also mehr hirt, oder mehr woach?

Oma *Zahnlos:* Des is mir wurscht! I muaß eh alls eibrocka!

Ende einer Nikolaus-Karriere

Alfons Krumpler *Hintervordern, den 7. Dezember (heuer)*
Nebenerwerbsnikolaus
An der Fräskante 1a
Hintervordern

An
Agentur „Rent-a-Niglo"
City-Business-Park
Wurzn 1
Wuchtlfing

Betreff: Kündigung eines Engagementvertrages (Nikolaus)

Sehr geehrte Damen und Herren,

ich, Alfons Krumpler, bin seit 1962 im Nebenerwerb als Nikolaus tätig. Hauptberuflich bin ich nach wie vor Pförtner im Ruhestand sowie Zusteller des „Wuchtlfinger Heimatboten". Um Ihnen die Beweggründe dieses meines Schreibens zu erläutern, zunächst ein kurzer Rückblick:
Ich habe in den ersten Jahren den Nikolaus gemacht, ohne dafür eine Bezahlung zu bekommen. Damals freute man sich auch über ein Bröckerl Geselchtes, ein paar Eier oder zwischendurch einen Schnaps. Und die Tätigkeit als Nikolaus selbst war so befriedigend, dass man gerne auf Geld verzichtete. Die Leute grüßten einen, wenn man in Montur war, auf der Straße mit „Grüß Gott, Herr Nikolaus", vereinzelt sogar mit „Gelobt sei Jesus Christus", was meiner Meinung nach übertrieben, aber trotzdem angenehm war.
Auch die Kinder waren größtenteils wohlerzogen und fürchteten sich vor mir. Nicht privat, sondern als Nikolaus! Lediglich

dem damals zehnjährigen Sohn unseres Metzgers entwich vor Jahren der skandalöse Satz: „Hä Krumpler! Du schaust als Niglo no bläder wia sunst!“ Aber wie gesagt, das waren unrühmliche Ausnahmen. Im Übrigen setzte sich die verbrecherische Tendenz bei dem Sohn des Metzgers fort. Bereits als Jugendlicher fiel er unangenehm auf, indem er unschuldige Frösche Zigarren rauchen ließ, bis diese zerbarsten. Die Frösche wohlgemerkt, nicht die Zigarren! Zwischenzeitlich hat sich sein sozialer Abstieg beschleunigt, und er sitzt wegen Anlagebetrugs in der Justizvollzugsanstalt Straubing. Er hat nämlich über das Internet eine Betonmischanlage verkauft, ohne diese überhaupt zu besitzen! Aber dies nur nebenbei.

Wie gesagt, das Dasein als Nikolaus im Nebenerwerb hat mir eigentlich stets Spaß gemacht. Später, als ich dank Ihrer Agentur „Rent-a-Niglo“ sogar bares Geld damit verdiente und lohnsteuerpflichtig wurde (Steuerklasse VI), habe ich mir oft gedacht: „Schau her, Alfons, bringst den Kindern eine Freude und verdienst auch noch ein Geld damit! Du hast es wirklich schön!“

Aber wie heißt es so treffend: Das war einmal! Verschiedene Vorkommnisse in den letzten zwei bis drei Jahren haben mich, gelinde gesagt, zermürbt, um nicht so sagen demotiviert. Ich sehe keine Perspektive mehr als Nikolaus und habe mich daher entschlossen, meinen Engagementvertrag mit sofortiger Wirkung zu kündigen. Wenn ich nicht einen gewissen Grundanstand besäße, müsste ich sagen: „Für diese Hunzkrippln soll den Deppen machen wer will, ich nicht mehr!“ Aber weil ich eben diesen Anstand habe, sage ich es nicht.

Damit Sie sich ein Bild vom Niedergang der Nikolauszunft machen können, darf ich Ihnen nachfolgend ein paar Ereignisse schildern, die mich in ihrer Gesamtheit soweit gebracht haben, dass ich nimmer mag.

1. Böswilligkeit der Obrigkeit

Wie gesagt, ich bin seit 1962 als Nikolaus unterwegs. Zu Fuß, per Rad und in den letzten Jahren vermehrt mit meinem Privat-Kfz.

Es bleibt nicht aus, dass man hie und da von netten Eltern, die es gottlob vereinzelt noch gibt, zu einem branntweinhaltigen Getränk oder wie wir sagen „Schnapserl" eingeladen wird. Man trinkt es auch, wieso auch nicht? Erstens würde man die Leute beleidigen, wenn man das edle Getränk stehenließe, und zweitens hat ein Schnaps noch keinem geschadet, zumal man ihm bei einer Außentemperatur unter dem Gefrierpunkt sogar eine vorbeugende Wirkung zuschreibt.

Langer Rede kurzer Sinn: Ich fuhr letztes Jahr von meiner Tour gegen 22.20 Uhr nach Hause und kam völlig unerwartet in eine Polizeikontrolle. Ich lenkte mein Fahrzeug wie gewünscht rechts ran, drehte das Fenster herunter und begrüßte die Gesetzeshüter mit einem verbindlichen „Hawedere, hicks, Kollegen!" Dabei fiel leider meine Kopfbedeckung (Mitra) aus dem Autofenster.

Ich muss der Vollständigkeit halber hinzufügen, dass ich wegen des sehr ausladenden Kostümes nicht angeschnallt war, was jeder normal denkende Mensch sofort verstehen würde. Nicht aber der mich kontrollierende Polizist! Grußlos und wortkarg wies er mich auf den „Mangel", wie er es nannte, hin. Des Weiteren gab er mir zu verstehen, dass ich laut seiner Radarpistole innerorts 76 km/h gefahren sei. Jetzt war schnelles Reaktionsvermögen gefragt!

Gottlob fiel mir spontan eine Rechtfertigung ein: „Wenn Sie zehn Schnaps gsuffa hättn, dann daadns aa schaun, dass schnell hoamkemman, guada Mo, hicks!"

Ich versichere, dass dies der Wahrheit entsprach, weil ich weder privat noch als Nikolaus lüge. Denn schon in der Bibel steht geschrieben: „Du sollst kein falsches Zeugnis ablegen!" Glauben Sie, dass dieser sture Polizeibeamte meine Wahrheitsliebe zu schätzen wusste? Mitnichten! Mit unschönen Worten bezichtigte er mich der Trunkenheit am Steuer in Tateinheit mit Gesch windigkeitsüberschreitung und Verstoß gegen die Anschnallpflicht. Da ich in meiner verständlichen Erregung Stellung zu den Vorwürfen nehmen wollte, sagte ich: „I hau dir mein Sack ume, dassda d'Nosn hintn aussa steht, du Zigrettnbürscherl, du windigs! Du Schwindsuchtspiraln, du kaasige!" Diese meiner Ansicht nach harmlose Neckerei erweiterte die Liste der Straftaten um den Tatbestand der Beamtenbeleidigung. Bilanz: Einem Führerscheinentzug von neun Monaten und einer Geldstrafe von 2700 Euro steht ein Einkommen als Nikolaus von 168 Euro gegenüber. Da kann man mit Fug und Recht sagen: Außer Spesen nichts gewesen!

2. Fehlende Solidarität der Eltern

Mit Wehmut denke ich an die Zeiten zurück, wo man als Nikolaus von Vätern bzw. Müttern aufgefordert wurde: „Hau dem Kare ruhig oane mitn Stecka affe, Herr Nikolaus, dass er wieder besser aafpasst in da Schul!" Oder auch: „Steckna in Sack eine, den bösen Sepp und nimmna mit, weil er immer so frech zu seiner Mama is!" Da waren Eltern noch Eltern! Hart, aber fair.

Und heutzutage? Abgesehen davon, dass die Kinder Namen haben, die man als nichtakademischer Nikolaus kaum mehr aussprechen kann (kürzlich hieß ein vierjähriger Bub Jerome Santa Cruz Binkl und seine etwa gleichaltrige Zwillingsschwester Jacqueline Chantal Britney Binkl!), wird die Autorität des Nikolauses systematisch untergraben. Wie Sie wissen, war ich vorgestern, also am 5. Dezember, außerplanmäßig als Krampus eingeteilt, weil der Originalkrampus an einer eitrigen Bindehautentzündung litt. Als Nikloaus fungierte Heinz Gruber. Als wir den beiden Kindern des Lehrerehepaares M. aus unserem liebevoll gestalteten goldenen Buch ihre Verfehlungen vortrugen, quittierte der Sohn Oliver (!) jede einzelne Verfehlung mit der lapidaren Bemerkung: „Aso a Schmarrn!" Glauben Sie, die Eltern hätten eingegriffen? Null! Mit mildem Lächeln betrachteten sie ihren mißratenen Saufratzen, während in mir mehr und mehr eine Aggressivität erwuchs. Sie müssen sich vorstellen, wie man sich da fühlt, wenn man als Individuum, das den Kindern Angst machen soll (= Krampus), zur Witzfigur degradiert wird und dies mit Billigung der Eltern!

Auf jeden Fall, nach dem achten „aso a Schmarrn!“ konnte ich mich nicht mehr beherrschen. Ich packte das ungehobelte Kind am Schlafittl, schüttelte es relativ heftig und verschaffte mir mit der Drohung: „Oamol wennst no ‚aso a Schmarrn‘ sagst, du Gfries, du bläds, dann hau i dir oane owa, dass du durch d'Ohrwaschln ‚La Paloma‘ pfeifst!“ Respekt. Dies zeigte Wirkung! Der Sohn war unverzüglich ruhig und verfiel sogar in eine gewisse Andacht.
Nicht so dessen Mutter! In der bekannt hysterischen Art von Frauen dieses Kalibers fuhr sie mich an. Ich sei ein Grobian, ein Primat, völlig ungeeignet, kleinen Kindern die Grundzüge der Nächstenliebe näherzubringen. Sie werde sich bei der Agentur über mich beschweren und eventuell eine Anzeige wegen Körperverletzung in Erwägung ziehen! Ihr Sohn sei vermutlich traumatisiert und lebensuntüchtig, weil ich ihn seelisch misshandelt hätte. Versuche von Heinz, dem Nikolaus, die Situation dadurch zu entschärfen, dass er darauf verwies, dass Krampus ja traditionell der eher Böse sein müsse, gingen im Geschrei der Pädagogengattin unter. Wir wussten uns keinen anderen Ausweg mehr, als die Geschenke in Windeseile auszupacken, allseits noch eine schöne Adventszeit zu wünschen und unter Verzicht auf das vereinbarte Honorar das Weite zu suchen. Sein Geschenk, einen CD-Brenner, kommentierte der freche Sohn mit der schon bekannten Bemerkung: „Aso a Schmarrn!“ Vermutlich ist dies der einzige Satz, den er sagen kann. Ich würde meinen, das ist für einen 16-jährigen Lehrerssohn etwas wenig, um nicht zu sagen, dürftig.

3. Bloßstellung durch unqualifizierte Fragen

Auch Kinder von noch geringem Alter lassen oftmals jeglichen Respekt vermissen. Forderte man früher ein kleines Kind auf, ein Gebet aufzusagen, so kam wie aus der Pistole geschossen ein fehlerfreies „Jesukindlein“ oder ähnliches, zumindest „Alle meine Entchen“.
Und was passierte mir gestern? Ich war als Nikolaus bei einem vierjährigen Mädchen (Einzelkind!) und frug in gütiger Art und

Weise: „Na, Kunerl (sie heißt Kunigunde), kannst du ein schönes Gebet?“ Anstatt, dass es betet, schockiert mich das Kunerl mit einer Gegenfrage: „Konnst du oans Nikolaus?“ Ich kann natürlich keines! Man kann ja nicht alles können. Sie können sich denken, welches Maß an Autorität mir noch verblieb, als ich dies sowohl gegenüber dem Kind als auch gegenüber seinen grinsenden Eltern eingestehen musste. Das erkennbare Nicken des Vaters auf die Frage von Kunerl, ob der Nikolaus blöd sei, hat mich psychisch sehr belastet. Wenn es soweit ist, dass man als Heiliger ein vierjähriges Kind nicht mehr fragen kann, ohne Gefahr zu laufen, als Idiot entlarvt zu werden, dann ist unsere Gesellschaft am Ende!

4. Fehlende Andacht

Immer öfter kommt es vor, dass ich meine Auftritte als Nikolaus nur mehr bruchstückhaft absolvieren kann. Fehlende Andacht und häufige Störungen führen dazu, dass ich mir bisweilen wie ein unerwünschter Hausierer vorkomme. Mit Grausen erinnere ich mich an ein Engagement im letzten Jahr. Ich rasselte bereits ca. zehn Minuten bei Schneeregen mit meiner Kette an der Haustüre, bis man mich endlich bemerkte. Wie sich herausstellte, war der Fernseher zu laut eingestellt. Ein sichtlich genervter Vater öffnete mir und anstatt mich höflich zu grüßen, raunzte er mir ein „jetza kimmt der aa no daher“ entgegen.
Er wies mich an, in der Küche zu warten, da im Wohnzimmer „ran“ laufe und er nicht gestört werden wolle. Seine Frau plus zwei Kinder werde er dann gleich zu mir schicken, damit ich ihnen, wie er meinte, die Leviten lesen könne. Allen dreien, wie er betonte! Ich könne mir einstweilen ein Weißbier einschenken und von den Chips essen, wenn ich Lust hätte. Ich setzte mich auf einen Küchenstuhl, stellte meinen Sack ab und wartete. Vom Bier und von den Chips nahm ich natürlich nichts, weil sich das als Nikolaus nicht schickt. Sodann hörte ich den Hausherrn ins obere Stockwerk hinaufbrüllen: „Hä Erna! Kimm amol owa mit de Kinder! Da Niglo waar do, in da Küch’ hockta!“

Von oben vernahm ich ein „glei“ der Frau, dann geschah fünf Minuten gar nichts. Ich genoß die Verschnaufpause in der dunklen Küche, hatte dabei jedoch das Gefühl, nicht allein zu sein, da ich ab und an ein seltsam scharrendes bzw. plätscherndes Geräusch vernahm. Als dann die Mutter mit den beiden Sprößlingen hereinkam und Licht machte, war mir der Ursprung des Geräusches schlagartig klar.

Ein hundeähnliches Wesen, kaum größer als eine junge Ratte, hatte an meinen Sack uriniert und sich nun in denselben verbissen. Mit einem „gscht, Josef, gehst du weg!“ wurde das Tier auf den Flur gescheucht. Nun sahen mich vier große Kinderaugen an. Ich begann mit dem althergebrachten „Von drauß vom Walde komm ich her, ich muss…“

Bei „muss“ läutete ein Handy. Es war das des Sohnes, der mich beruhigte: „Des is bloß da Dominik! Der hodse mei Computerspiel ausglieha und ruaft allaweil o, wenn er nimmer weidawoaß. Dauert bloß fünf Minutn!“ Daraufhin entschwand er ins Wohnzimmer. Im Hinausgehen hörte ich noch, wie er ins Handy sprach: „Mocht nix Nik, is bloß da Niglo!“ Offenbar war sein Aufenthalt im Wohnzimmer von sehr kurzer Dauer, denn ich hörte den Vater plärren: „Hau bloß ab, d'Sechzger ham an Elfer!“

Die Mutter entschuldigte sich und bat mich, nochmals anzufangen, da sich die Tochter schon lange auf den Nikolaus freue und der Sohn erfahrungsgemäß in der nächsten halben Stunde nicht wiederkehren würde.

Also trug ich mein Begrüßungsgedicht der Tochter und der Mutter vor. „Von drauß vom Walde komm ich her, ich muss …“ Abermals bei „muss“ musste die Tochter. „Mama, i muss bieseln“, meinte sie weinerlich und hüpfte bedenklich von einem Bein aufs andere. Die Mutter erlaubte ihr notgedrungen, zur Toilette zu gehen, und das blasenschwache Kind verschwand voller Vorfreude.

Nun stand ich alleine mit der Mutter in der Küche, mit nassem Sack und ohne kindlichen Ansprechpartner. Es war irgendwie eine peinliche Situation. Sie wurde kurz dadurch aufgelockert,

dass der Ehemann hereinkam, „tschulligung, hobs glei“ murmelte, aus dem Kühlschrank ein Bier entnahm und sich wieder ins Wohnzimmer zurückzog. „A schöne Haubn hamms auf“, versuchte die Mutter ein Gespräch zu beginnen. Außer „ja“ fiel mir aber keine Antwort ein.
„Und? Warns heit scho bei mehreren Familien?“ Auch diesmal rutschte mir nur ein „ja“ heraus. Irgendwie dachte ich an früher, als die ganze Familie inklusive Großeltern noch um den Tisch saß und gemeinsam den Worten des Nikolauses lauschte. Das waren noch Zeiten! Durch ein lautes Läuten wurde ich aus meinen Träumen gerissen. „Des is d'Nachbarin“, klärte mich die Hausherrin auf, „de braucht wahrscheinlich wieder irgendwos! An kloan Moment bittschön!“
Sie ging an die Haustüre, begrüßte überschwänglich die Nachbarin, und dann hörte ich sie gemeinsam in ein Nebenzimmer tippeln. Als ich so allein in der Küche stand, dachte ich mir: „Bin ich blöd?“ Und was das Schlimme ist, ich konnte diese Frage in diesem Moment nicht einmal verneinen! Deshalb ließ ich den Sack mit den vermutlich feuchten Geschenken einfach stehen und ging. Keiner merkte etwas. Beim Hinausgehen hörte ich noch den Familienvater jubeln: „Erna! Zwoa oans für d'Sechzger!“ – „Na, wenigstens einer, der sich heute freut!“, dachte ich.

Es gäbe noch vieles zu sagen, aber im Wesentlichen waren das meine Kündigungsgründe. Das I-Tüpfelchen sind politische Entwicklungen, wonach ich als Nebenerwerbsnikolaus künftig eventuell sogar Sozialversicherungsbeiträge entrichten muss. Soweit lasse ich es nicht kommen!

Mit himmlischen Grüßen

Alfons Krumpler
Ex-Niglo

Der Wunschzettel

Sehr geehrtes Christkind,
liebes Jesukindlein,

mein Name ist Björn Wurzbauer und ich werde sieben Jahre alt. Ich bin nicht ganz sicher, ob es Dich wirklich gibt. Falls ja, schreibe ich Dir jetzt diesen Wunschzettel. Falls nein, ist es sowieso wurscht und Du brauchst ihn gar nicht lesen. Jetzt ist zwar erst der 2. September, aber ich habe mir gedacht, ich schreibe schon jetzt, dann kannst Du die Sachen in Ruhe einkaufen und brauchst nicht so hudeln wie meine Mutter, wenn Besuch kommt.
Außerdem kriegst Du jetzt alles noch viel billiger, weil es im Angebot ist. Aber ich glaube, dass Du die Sachen eh nicht bezahlen musst, weil Du ja das Christkind bist. Oder stiehlst Du sie vielleicht in einem ganz großen Geschäft, wo es nicht auffällt, wenn etwas fehlt? Wahrscheinlich nicht, weil sonst würde Dich Dein Vater, der wo der Chef im Himmel ist, nicht mehr hineinlassen.
Im Prinzip ist es mir wurscht, wo Du die Sachen hernimmst. Hauptsache, ich kriege sie. Oma hat gesagt, die meisten Geschenke kriegt der, der wo das ganze Jahr schön der Mama folgt und immer das tut, was die Mama will. Ich habe gesagt, das ist der Papa. Da hat die Oma gelacht und gesagt, das gilt natürlich nur für Kinder und nicht für große Leute.
Da war ich sehr froh. Ich mag zwar meinen Papa gern, aber dass er die meisten Geschenke kriegt, vergönne ich ihm nicht. Außerdem raucht er, wenn die Mama nicht daheim ist und als Belohnung, weil ich ihn nicht verrate, darf ich mir im Fernseh einen greislichen Monsterfilm anschauen. Von den Kindern bin ich bestimmt der bravere, weil meine Schwester, die wo erst fünf Jahre alt ist, ist ein wahrer Deifl.
Sie hat mir zum Beispiel im Sommer einen ganzen Schiebel Haare ausgerissen wegen nichts und wieder nichts. Nur weil ich ihrem

blöden Goldhamster ein Bier gegeben habe, wie sie nicht da war. Dann habe ich ihn in sein Laufrad gesetzt und zugeschaut, wie er läuft und es war recht lustig. Nach einer Weile habe ich ihn darin dodal vergessen, weil mein Freund Kevin Kreuzpaintner gekommen ist und wir haben Fußball gespielt.

Als nach einer Stunde meine Schwester heimkam, hatte sich das dumme Viech schon derrennt.

Sie hat geschrieen wie noch was und gesagt, dass ich ein Mörder bin, derweil war es praktisch Selbstmord. Er hätte nur das Rennen aufhören brauchen, aber er tat es nicht. Selber schuld. Und ein Schoppen Bier kann doch einem Hamster nichts ausmachen. Außerdem habe ich ihn eh nicht leiden können, weil er hat immer recht gemuffelt. Meine Mama hat mich geschimpft und gesagt, ich bin und bleibe ein dodaler Grobian.

Dann haben sie den Hamster im Garten neben dem Kompost beerdigt. Als Sarg haben sie eine Bigmäcschachtel hergenommen, aber ohne Bigmäc. Ich musste zur Strafe einen Zettel schreiben. Den haben sie auf einem Holzstecken aufgespießt und neben das Grab hingesteckt. Darauf stand:

Hier ruht mein Hamster Fridolin
erst lebte er, jetzt ist er hin.
Schuld an dem Verdruss
ist mein Bruder, die dumme Nuss.

Da kannst du sehen, liebes Christkind, wie geschert meine Schwester ist. Zum Schluss hat sie noch ganz scheinheilig gesagt: „Herr, gib Fridolin die ewige Ruhe." Aber ich habe genau gemerkt, dass sie mich meint, weil sie mich so angeschaut hat.

Ich beantrage hiermit, dass Du ihr heuer nichts bringst, höchstens eine leere Schachtel, wo ein Zettel drinliegt und darauf soll stehen: „Wer seinem Bruder wegen nichts und wieder nichts einen Schiebel Haare ausreißt, kriegt vom Christkind einen Dreg!" Dann hat sie es.

Ich wünsche mir dafür heuer etwas mehr, damit es sich ausgleicht. Ich bräuchte unbedingt ein Fahrrad mit 21 Gängen, weil ich bin in der Klasse 1b der einzige, der wo nur drei Gänge

hat. Mein altes Rad mit den drei Gängen kannst Du dafür mitnehmen und einem armen Negerkind in Afrika bringen. Für ein solches sind drei Gänge schon ein dodaler Wahnsinn.
Dann bring mir bitte noch einen Extra-Fernseh für mein Zimmer, damit ich nicht immer den Käse anschauen muss, den meine Mutter und mein Vater sehen wollen. Die schauen die ganze Zeit nur Tok-Schous und so Zeug an. Tok-Schous sind Sendungen, wo lauter Nasche dortsitzen und über was reden, was keinen intressiert.
Außerdem brauche ich noch einen Dress vom FC Bayern München und vorsichtshalber von Borussia Dortmund, falls diese Hundlinge wieder deutscher Meister werden. Sonst fällt mir momentan nichts ein.
Du könntest mir aber noch ungefähr 1000 Euro in bar bringen, falls mir später noch etwas einfällt. Dann kaufe ich es mir selber und Du hast nicht soviel Arbeit mit mir. Bitte vergiß nichts, weil sonst bin ich enttäuscht. Und in der Zeitschrift, die wo meine Mutter immer liest, steht drin, wenn ein Kind oft enttäuscht wird, wird es bsüchisch gestört und später eventuell richtig nasch.
Das willst Du doch bestimmt nicht, oder?
Hochachtungsvoll

Dein Björn

P. S.: Hoffentlich gibt es Dich überhaupt, weil sonst ist dieser Brief dodal sinnlos.

Es ist immer wieder schön, die leuchtenden Kinderaugen bei der Bescherung zu sehen. Ein beliebtes Weihnachtsgeschenk für kleine Buben ist nach wie vor technisches Spielzeug, eine Modelleisenbahn zum Beispiel. Aus Platzgründen wird diese als handliches Paket in vielen Einzelteilen geliefert und muss zusammengebaut werden. Der Vater kann ja dabei behilflich sein, denn

Da Papa konn des scho

Mutter: So, Norbert, jetza schau amol, wos dir's Christkindl alles bracht hod!

Norbert: Ghörn de Sachen alle mir, Mama? Derf i alle nehma?

Vater: Moment, Norbert! De Krawattn und des Rasierwosser ghörn mir! Und de Gebäckmischung und der Wok da Mama. Der Rest ghört dir.

Norbert: De Flaschn voll gelbe Farbe aa?

Mutter: Naa, da Eierlikör is für d'Oma. De bsuachma morgn. Owa alles andere ghört dir-!

Norbert: Cool! Wos isen in dem Packerl do drin?

Vater: Frag d'Mama, de hods eipackt!

Norbert *Grinsend:* I hobma denkt, 's Christkindl packt des alles ei.

Vater: Mei, de oan sogn aso, de andern sogn aso.

Mutter: Also Papa, du host keine Ahnung! Gell Norbert?

Norbert: Mei, de oan sogn aso, de andern sogn aso. Derf i dann des Packerl einfach aafreißn?

Vater: Dua a weng langsam und zreiß ned wieder des ganze Gschenkpapier in tausend Fetzn! Des konnma naxts Johr wieder hernehma.

Norbert: Wer? 's Christkindl oder d'Mama?

Vater: Jetza moch aaf und frog ned soviel!

Mutter: Mensch Erwin, sei holt ned so ungeduldig!

Vater: Weil's wohr is! Der fragt in oana Tour, anstatt dass er des Packerl auspapierlt.

Norbert *Nachdem er das Geschenkpapier zerstörerisch entfernt hat:* Ey cool! A Monstervideo! Des schau i mir glei o!

Mutter: Moment, Norbert! Ned glei oschaun! Heit is doch Heiliger Abend, do damma ned Fernseh schaun!

Norbert: I will ja Video schaun, ned Fernseh!

Vater: Dua dei Muada ned für bläd verkaffa! Am Heiligen Abend wird ned in Fernseh einegafft, weil des is schlecht für d'Besinnung. Und außerdem muaßt du no de zwoa andern Packerln auspacka. Do, nimm des kloane z'erst!

Mutter: Des is ganz wos bsonders, Norbert! Do wirst schaun!

Norbert: Cool! *Nachdem er das Papier heruntergerissen hat:* Wos isn des?

Mutter: Des is a Magnifikat! Weil du host doch naxts Johr Kommunion. Und drumm kriagst du a Magnifikat!

Norbert *Enttäuscht:* Owa do gibts doch normal a Geld!

Vater: Do segstas wieder! Nur Geld im Kopf! Denk doch ned allaweil ans Geld! Gfrei di liawa über dei Magnifikat! Des hod an Haffa Geld kost!

Mutter: A Geld gibts dann naxts Johr bei da Kommunion. Do kriegst vo alle a Geld gschenkt.

Norbert: Vo da Oma aa?

Vater: Grod vo da Oma! De konn ruhig zwoa, drei Hunderter locker mocha. I frog mi sowieso, worum dass de aso sport. De konn aa nix mitnehma, wenns amol soweit is!

Norbert: Wohi konn d'Oma nix mitnehma?

Mutter: Ach nix, Norbert. Da Papa red bloß aso daher. Do schau, jetza host no des große Packerl! Packs aus! Do wirst schaun!

Vater: Do wirst Augn mocha! Des is a Super-Gschenk! Do hautsda's Ventil aussa, wennst des segst!

Norbert: Cool! *Reißt hastig das Geschenk auf.* A Modelleisenbahn! Cool!

Vater: Des is wos scheens, gell! I wollt, i hätt' aa amol oane kriagt.

Mutter: De konn echt raucha und mocht „tschtschtsch"!

Norbert: Derf i jetza 's Monstervideo oschaun?

Vater: Ja sog amol, hörst du schlecht? Heit bleibt de Kistn aus! Wer ein so ein schönes Spielzeug hod, der braucht koa Monster!

Mutter: Genau! Und da Papa baut dir de Bahn jetza zamm und dann kinnts spielen damit.

Norbert: Owa des dauert doch so lang!

Mutter: Achwo! Da Papa konn des scho

Vater: Genau! Mir bauma z'erst amol den Grundkreis, der geht ganz einfach. De ganze Streck konnma ja dann morgn in Ruhe baun. Heit zum Ausprobiern glangt da Grundkreis. Also, schaumma amol, wosma alles hamma!

Norbert: Do san Kühe!

Vater: De Kiah san jetza ned so wichtig! Da Zug fohrt aa ohne Rindviecher. Z'erst brauchma Gleise. Do schau her, do hamma jetza verschiedene Gleistypen: A-Stücke, B-Stücke, C-Stücke und Verbindungsstücke gekrümmt. Des is normal kein Problem. Bist schaust, hammas!

Norbert: Ehrlich, Papa?

Mutter: Da Papa konn des scho. Also, viel Spaß, ihr zwoa! I geh derweil in d'Küch' und richt's Essn her. *Geht.*

Vater: Bringstma bitte no an Glühwein, bevor dass'd kochst!

Norbert: Häuser san aa dabei. Aaf oan steht om „Motel". San de bläd! De kinnan ned amol „Hotel" schreim!

Vater: Naa, des stimmt scho. Do schreibtma „Motel".

Norbert: Wos isen nacha a Motel?

Vater: Jamei, im Prinzip 's gleiche wia a Hotel, bloß mit „M".

Norbert: Komisch.

Vater: Des is jetza wurscht. Mir brauchma momentan no koa Haus, sondern a Streck, dass da Zug fohrn konn. Also, steckma amol a poor so A-Teile zamm. De san rund, des kannt a Kreis wern. *Beginnt, A-Teile zusammenzustecken.*

Norbert: Hühner san aa dabei. Stellma de aafs Gleis? Dann sans hi, wenn da Zug kimmt! Des waar cool!

Vater: Jetza bi staad mit deine Hehner! Mensch Meier, des wird koa Kreis. Des geht ned aus mit de A-Teile. I glaub, mir brauchma doch zwischendurch a B-Teil, dass de Rundung runder wird.

Norbert: Is des do a B-Teil?

Vater: Des is doch koa B-Teil! Des is da Trafo! Stellna wieder hi, den brauchma erst zum Schlus zum Umlassn. I hob scho a B-Teil. I muaß des jetza bloß amol ausprobiern, ob des aso hihaut. Zenalln, schwitzn dua i aa scho!

Norbert: Do is da Bahnhof, Papa! Wo kimmt denn der hi?

Vater: Wort holt amol mit de Gebäude! I hob doch gsagt, mir brauchma z'erst a Gleis. Wos willst denn mit an Bahnhof, wenn koa Zug ned fohrt?

Mutter: Sodala, do waar da Glühwein! Geh zua, Norbert, gib dem Papa sein Glühwein! *Gibt Norbert die Tasse.*

Norbert: Oläck, is de hoaß! *Lässt die Tasse fallen, der gesamte Inhalt ergießt sich über den Bahnhof, teilweise auch über die Hühner.*

Mutter: O Gott!

Vater: Ja fix! Jetza wirft der de Tassn owe! Schau dir amol de Sauerei o! Alles rot! Der Bahnhof schaut jetza aus wia a Schlachthof! Hilde, hol amol an Hodern zum aafwischn!

Norbert: Des wollt i ned!

Vater: Des hilft jetza aa nix mehr! Des host im Summer aa gsagt, wias'd beim Auto d'Handbrems' aussa host und dann is ans Garagentor drogrollt.

Norbert: Des wollt i aa ned!

Vater: Do pfeif i draaf!

Mutter: *Kommt mit Lappen.* Jetza schimpf ned, Erwin, es is ja Heiliger Abend! Magst no an Glühwein?

Vater: Naa, mir is da Durscht verganga. Glaubst, mi regt de Eisenbahn scho wieder aaf! Do stimmt ebbs ned mit de Gleise. Des wird ums Verrecka koa Kreis ned. Des is bestimmt wieder aso a ausländischs Glump!

Mutter: Aaf da Schachtel steht om „hergestellt in Thüringen".

Vater: Howes ned gsagt? Des passt hintn und vorn ned zamm! Amol is d'Krümmung z'weng, dann is wieder z'viel.

Norbert: Probier holt amol aso a kloans Gleis, Papa!

Vater: A Zwischenstück? Des konn i mir ned vorstelln, dass des passt. Des seg ja i scho mit de bloßn Augn, dass se des falsch krümmt.

Mutter: Probiers holt, Erwin! Kinder hamm do oft a Intuition!

Norbert: Naa Mama, i hob bloß a kloans Gleis.

Mutter: Ja, is scho klar, Norbert. Gibs amol'n Papa!

Norbert: Do Papa, probier's amol-!

Vater: Dua her, dass a Ruah is! *Wider Erwarten passt das Stück, der Grundkreis ist perfekt.* Ja gibts des aa!

Mutter: Segstas Erwin, unser Norbert is a technisches Genie!

Norbert: Hihi!

Vater: Noja. A blinde Hehn find aa amol a Korn.

Norbert: *Sieht das Federvieh entsetzt an.* San de Hühner ebba blind?

Vater: Naa, des ned. Des verstehst du ned. So, jetza gibma amol den Trafo! *Norbert gibt ihm den glühweingetränkten Bahnhof.* Naa, ned'n Bahnhof, den Trafo! Des schworze Drumm do!

Norbert: Aso, des! Des is owa koa schönes Haus!

Vater: Des is koa Haus, des is praktisch da Motor, dass der Zug überhaupt fohrt. So, des Kabel do, des steckma in des Löcherl im Gleis, dass der Strom vom Trafo ins Gleis fließt und dann gehts auf!

Norbert: Derf i den Zug scho aaf's Gleis stellen?

Vater: Stell z'erst amol a Lok hi zum ausprobiern!

Norbert: A Kirche waar aa no dabei! Mit an Pfarrer und zwoa Ministranten. Derf i de Ministranten aaf d'Lok affesitzn?

Vater: Vo mir aus. Owa des is fei scho a weng seltsam, wenn zwoa Ministranten aaf da Lok draffsitzn. Des wenn ebba segt, der moant, mir hammas nimmer alle.

Norbert: Doch, mir hamma scho no alle, weil es san ja bloß zwoa!

Vater schüttelt den Kopf, Norbert setzt in froher Erwartung die mit zwei Ministranten bemannte Lok auf das Gleis.

Norbert: So Papa, jetza kinnma fohrn! Schau her, do is a Pfeiferl dabei! Derf i pfeifa?

Vater: Pfeif, dann fohrma! *Norbert pfeift.*

Mutter: Konnst du toll pfeifa, Norbert!

Vater: So, alles einsteigen, Rauchen einstellen, auf gehts! Schau her, Norbert, dassda's lernst: I draah jetza den Schalter vom Trafo vo „off" aaf „on", dann fohrt da Zug! *Vater dreht den Schalter, nichts geschieht.*

Mutter: Der fohrt fei ned, Erwin!

Vater: Des seg i aa!

Norbert: Papa, worum fohrt denn der ned?

Vater: Weil er ned geht, drum fohrt er ned. Weil wenn er gang, dann fohrad er. Glump, elendigs! Z'erst plogst di scho mit de Gleiser umananda, dann wird da Bahnhof mit Glühwein geflutet und jetza fohrt er ned. Wahrscheinlich is durch den Glühwein a Kontakt noß worn.

Mutter: Des konn sei. Do bist eventuell du schuld, Norbert.

Norbert: Des wollt i ned!

Vater: Hilft alles nix. Mir miaßma wortn, bis morgn wieder alles trucka is.

Norbert: Ey cool! Dann schau i mir derweil des Monstervideo o!

Vater: Normal wird ned Fernseh gschaut am Heiligen Abend!

Mutter: Ja, owa dann muaßt eam de Eisenbahn richtn, dass da Zug fohrt! Sunst is doch langweilig für eam!

Vater: Soll er holt im Magnifikat lesn! Des daad eam ned schodn!

Mutter: Also Erwin! Des konnst ned vo eam verlanga!

Vater: Aaf jeden Fall konn i jetza de Bahn ned richten, weil des vermutlich a reine Feuchtigkeitsfrage is. Des trickert mit da Zeit vo selber, do konnma nix richtn. Dann soll er holt in Gotts Nam' sei Monstervideo oschaun, dass a Ruah is.

Norbert: Danke, Papa!

Mutter: Und i moch's Essen fertig. In 30 Minuten is soweit!

Vater: Nacha leg i mi derweil a weng ins Bett, weil de Bahn hodme jetza gscheit gschlaucht. Schreitsma, wenn's Essen fertig is! *Vater geht.*

Mutter: So, Norbert, jetza schaust dei Video o und morgn wird nacha d'Eisenbahn scho wieder fohrn.

Norbert: Morgn fohrts bestimmt!

Mutter: Genau! Weil da Papa konn des scho, gell?

Norbert: Naa, weil i den Stecker wieder in d'Steckdosn steck!

Die Weihnachtszeit ist eine schöne Zeit. Manchmal staad, manchmal stressig, manchmal lustig, meistens …

Recht besinnlich

A: Omei, de Weihnachtszeit!

B: Jaja, des is aso a Zeit, de Weihnachtszeit!

A: Wos mochts nacha ihr aso in dera Zeit?

B: Mei, allerhand mochma mir do.

A: A geh! Allerhand? Mei Liawa, glauben möchstas ned.

B: Am erstn Adventswochenende, do is bei uns Christkindlmarkt. Do kaafama z'erst amol a Rosswurscht, besser gsagt vier worme und sechs kolte für dahoam. Wal wennst amol nix dahoam host, host wenigstens a Rosswurscht.

A: Des is fei wos guats, aso a Rosswurscht. Se wernd holt allaweil deierna.

B: Dafür werns owa aa kürzer. Na gleichtsase wieder aus.

A: Hahaha! Do hamms aa wieder recht! Hahaha! Sie san mir vielleicht ein Witzbold!

B: Gell. Ja, dann geh i wieder am Christkindlmarkt und kaafma frische Waffeln und an Glühwein. Des brauch i aaf den Senf affe.

A: Dass se da Mogn wieder eirenkt! Des kenn i. Hahaha!

B: Genau. Und dann pack i no zwanzig, dreißig Maroni. Schee hoaß!

A: Maroni? San des ned Schwammerl?

B: Des aa. Owa Kastanien sans aa. So Esskastanien vo Italien affa. De schmeckand wia Erdäpfl, bloß anders.

A: Do schau her!

B: Ja, und wenn i vom Christkindlmarkt hoamgeh, dann nimm i mir no zwoa Brotwurschtsemmeln mit. Des is dann so richtig besinnlich.

A: A geh!

B: Ja. Und dann, am Nikolausdog aaf d'Nacht, do holma uns dann an BigMäc oder a Pizza oder aa amol a Gyros. Wega de Kinder, de essn des Zeig gern. I eigentlich aa. I moin, des is klar: Da Nikolaus, der kriagt dann aa amol a Stückerl Pizza. Der soll aa ned leben wia a Hund. Wenn er scho de ganz Nacht umanandrennt in dem Sauweda, dann soll er aa amol a worms Bröckerl essn. Des is mei Meinung.

A: Des is a feiner Zug vo eich. Grod in da Vorweihnachtszeit.

B: Jaja, do lass' i mi ned lumpen. Letzts Johr hamma no a mords a Gaudi ghod mit eam. Hamma eam mit z'Fleiß a Stückerl Pizza gem mit ana rotn Pfefferoni draaf. Der hod de nicht gseng, de Pfefferoni. Mei, sei Brülln wor dodal oglaffa. Der hod de gessn wia nix. Mei Liawa, owa nacha hoda blosn! Sie, der hod zwei Minuten keinen Ton sogn kinna. Mei, a weng a Gaudi muaß aa sa. Dem is's Wosser owegrunna, dassma nimmer gwisst ham: Flennt der vor lauter Freid iwa de Pizza oder schwitzt er aso wega dera Pfefferoni.

A: Hahaha. Jaja, de Adventszeit, des is a fröhliche Zeit!

B: Genau! Owa trotzdem, wia er nacha wieder a Luft kriagt hod, is no recht besinnlich worn. Vor allem, wiama eam den McChicken vo da Oma mitgem ham, wal de isst den Zeig ned.

A: Also, wos für Sachern dass ihr mochts. Wunderbar!

B: Ja, gell! Und dann, so um den zehnten Dezember, do is dann d'Christbaamversteigerung vo da Feierwehr. I steiger meistens an Ring Fleischwurscht oder a Blunzn Pressog oder aa amol a Schworzgreicherts. Und an Loab Bauernbrout. Und dann lassma uns vom Wirt a Messer bringa und dann gehts auf. Na fressma alls glei zamm. Na brauchma nix hoamtrogn. Des is awl recht besinnlich. Plätzln gibts umasunst!

A: A geh? Umasunst?

B: Jaja. Aaf jedn Tisch a Schüssel voll. Sie, des sog Eahna: Wennst amol a Blunzn fettn rotn Pressog gessn host, nacha bist um a Plätzl direkt froh.

A: Des renktn Mogn wieder ei. Hahaha!

B: Genau. Und nacha kimmt eh bold da Heilige Abend. Do gibts bei uns Brotwürscht, Weißwürscht, Pfälzer, ab und zu amol aa a Gschwollne, und natürlich a Kraut. Und Weckln und Semmln sowieso, sunst wernd de Würscht zu gaach. Do essma dann oft zwoa Stund aso dahi. Des is awl recht besinnlich.

A: Des glaube. Omei, de Weihnachtszeit is scho wos wunderbars!

B: Wunderbar. Obwohl uns d'Oma letzts Johr fast a weng an Wirbel einebrocht hod. Mir sitzma do, 's Essn is firte und d'Oma find ihra Biss ned. „Ja, wo is denn, ja wo is denn?", hods awl gjammert. I hob gsagt: „Oma", hob i gsagt, „pass besser aaf dei Zeig aaf! Jetza is Heilig Abend und du findst dei Biss ned. Kein Gebiss, keine Pfälzer!" Mei, Strafe muss sein.

A: Des is owa scho hart. Direkt am Heiligen Abend. Hods nacha nix zum Essn kriagt, d'Oma?

B: A Semml hods ihr dann in Glühwein eibrockt. Mei, wers mog. Owa i konn aa nix dafür. Hätts aafpasst aaf ihra Biss. I konn mi ned ums Biss vo da Oma aa no kümmern. Grod an Weihnachten! Do hob i andere Sachen im Kopf. Owa insgesamt wors recht besinnlich. Außerdem, aa wenn d'Oma a Biss ghod hätt: Mehr wia oa Pfälzer packts sowieso ned. So gseng wors eh wurscht.

A: Eben! Des is dann aa ned so schlimm.

B: Am ersten Weihnachtsfeierdog, do gemma dann essn mit da Tante Irma. Do spendier alls i. Des is scho direkt a Brauch bei uns, a Tradition praktisch. D'Tante Irma, de wird jeds Johr vo mir eiglodn.

A: Des is a feiner Zug vo Eahna!

B: Jamei, sie is alleinstehend, hod zwoa Heiser und koi Kinder. Do muaßmase a weng kümmern. I konn des ned segn, wenn a Mensch mit so einem Besitz dermaßen einsam is. I iss dann meistens a Pfeffersteak, manchmal a Gans, je nachdem. Mei Wei an Tafelspitz, d'Kinder a Currywurscht mit Pommes und d'Tante Irma a Leberspätzlesuppn. Des is dann awl recht besinnlich!

A: A geh! Ja, es is scho wos Scheens, wenn a Familie aso zammholt. Grod in da Weihnachtszeit.

B: Wem sogn Sie des! Am zwoatn Weihnachtsfeierdog fohrma dann zu da Schwiegermuada. De kocht dann meistens mehr. An gmischtn Braten, Schnitzl, Gockerl etcetera etcetera. Also, i glang dann scho hi. D'Schwiegermuada mog des gern, wenns mir schmeckt. Und i moch ihr holt de Freid. I bin do einfach aso, grod an Weihnachten.

A: A geh!

B: Ja, und a Nachspeis gibts aa. So Cremes mit Weihnachtssterne aus Schokolade. Also, des is awl recht besinnlich. Unser Bua hod ihr letzts Johr de weiße Wohnzimmercouch voller Schokolad gschmiert. De Couch hod ausgschaut, wia wenn a Katz draafgsch..., i mogs jetza gor ned sogn, aaf jedn Fall dodal braun. Mei, es san holt Kinder. Do muaßma scho Verständnis hom. Ja, und bist schaust, is de wunderbare Weihnachtszeit vorbei.

A: Des stimmt. De Zeit vergeht dermaßen. Bist schaust, is ume. Und an Silvester? Wos mochts do?

B: Ach, Silvester, des mog i eigentlich gor ned so gern. Des is doch im Prinzip a reine Fresserei!

Umso mehr Fernsehsender es gibt, umso höher wird der Bedarf an neuen „Stories". Gerade die Weihnachtszeit bietet vielerlei Anlässe, den Zuschauern spannende oder auch rührselige Geschichten zu präsentieren, meistens gut aufgelockert durch passende Werbeunterbrechungen. Ein Aufnahmeteam von „action-tv", bestehend aus dem Reporter Tscharlie und dem Kameramann Mike, hat sich zum Ödbauern begeben, um einen Beitrag zur Sendung „Vom Niglo zum Christmas-Strip – Weihnachtsbräuche im Wandel der Zeiten" aufzuzeichnen.

Die Weihnachtsbräuche des Ödbauern

Tscharlie: So, da wären wir! Mike, Kamera an! Dann hast du gleich den Ödbauern drauf, wie er die Türe aufmacht. Also: Ich läute jetzt!

Mike: Alles roger, Tscharlie! Kamera läuft! Und action!

Tscharlie: Äh, Moment, Mike! Ich kann gar nicht läuten. Der Hirni hat keine Klingel! Ey, wie kommen wir da rein?

Mike: Ey, vielleicht klopfen, Mann?

Tscharlie: Klopfen is cool! Film mal, wie ich klopfe! Das glaubt uns kein Schwein, dass es noch Menschen ohne Klingel gibt. Also, ich klopfe jetzt! Hast du's drauf?

Mike: Kamera läuft! Gib alles, Tscharlie! Knock on heaven's door!

Tscharlie *Klopft an die alte Holztüre und spricht mit geheimnisvoll-erregter Stimme in die Kamera:* So, liebe Zuschauer! Wir sind hier beim Ödbauern in Oberkrummling im tiefsten Bayern! Gleich wird uns der alte Ödbauer, der einer Sage nach bereits 94 Jahre auf dem Buckel hat, knirschend die morsche Holztüre des ärmlichen Bauernhauses öffnen. Und dann, ja dann wird er uns etwas über alte Weihnachtsbräuche im östlichen Ostbayern erzählen. Hier, wo der Wind heult und der Wolf pfeift! Äh, umgekehrt natürlich! Wir sind genau so gespannt wie Sie, liebe Zuschauer!

Mike: Super, Tscharlie! Jetzt kann, er kommen, der Ödbauer. *Der Ödbauer kommt aber nicht. Es tut sich überhaupt nichts, minutenlang herrscht beklemmende Ruhe.*

Tscharlie: Ey, wo ist denn der alte Knochen? Ich frier mir hier den Arsch ab! Ey, Ödbauer! Open the door! *Klopft heftig und schreit wiederholt nach dem Ödbauern.*

Mike: Vielleicht isser tot!

Tscharlie: Hast du'n Rad ab? Wir haben einen Termin, da kann der doch nicht den Löffel schmeißen! Vertrag ist Vertrag! Ey fuck, Ödbauer, come on! *Trommelt gegen die Tür. Man hört endlich drinnen jemand ganz langsam zur Tür schlurfen.*

Mike: Du, ich glaub, der ist im Anflug! Ödbauer is coming!

Tscharlie: Halt voll drauf, wenn er aufmacht! Du weißt schon, so nach dem Motto: Der alte Bär kommt aus seiner Höhle! Voll drauf!

Mike: Alles klaro, Tscharlie-Boy! Kamera läuft! *Die Türe geht auf. In langer, grauer Unterhose, dicken wollernen Socken, zerschlissenem Pullover und mit Zipfelmütze erscheint der Ödbauer. Sein Gesicht ist wettergegerbt und tief zerfurcht.*

Ödbauer: Ja, griaß God!

Tscharlie: Guten Tag, Herr Ödbauer! Wir sind von „action-tv"!

Ödbauer: Do schau her! I bin vo Oberkrummling!

Tscharlie: Cooler Spruch! Das hier is der Mike …

Mike: Tach auch!

Ödbauer: Griaßde Meik!

Tscharlie: Und ich bin der Tscharlie!

Ödbauer: Servus! *Drückt beiden herzlich die Hand.* Kemmts eina, all zwoa, sunst dafreats enk!

Mike: Was is los, Tscharlie? Was will er? Dafrets enk?

Tscharlie: Ich habs auch nicht gecheckt, was er meint. Is ja auch egal, gehen wir mal rein in die gute Stube!

Ödbauer: I bin bloß no am Abort gwen, wal mi hod a krawotischer Dünnpfief dawischt!

Mike *Flüstert:* Ey Tscharlie, ich versteh' die Mumie nicht!

Ödbauer: Wos sagta?

Tscharlie: Er versteht Sie nicht ganz. Sie müssten vielleicht etwas deutlicher reden!

Ödbauer *Zu Mike:* Mich hat der Durchfall in der Reissen!

Mike: *Betrachtet angewidert seine Hand, die ihm der Ödbauer gerade noch gedrückt hat.* Ach du dickes Ei!

Tscharlie: Herr Ödbauer! Wir möchten, dass Sie unseren Zuschauern einige Leckerbissen aus Ihrem reichen Erfahrungsschatz hinsichtlich alter Weihnachtsbräuche im Bayerischen Wald erzählen.

Ödbauer: Wia frejer holt, ne? Wejs holt frejer aso gwen is damals.

Tscharlie: Wie bitte?

Ödbauer: Wie es früher gewest is!

Mike: Bingo!

Tscharlie: Genau! Wie es füher an Weihnachten so war! Wir unterhalten uns darüber und der Mike wird unser Gespräch filmen.

Ödbauer: Aha, da Meik mocht Büldln!

Mike: Yes, Sir!

Ödbauer: Wos sagta?

Tscharlie: Ach nichts, er macht gern mal einen Gag!

Ödbauer: A gej! Isa ebba a recht a varreckta Hund?

Mike: Worauf du einen lassen kannst, Komposti!

Ödbauer: Hähähä! I verstejna zwar ned, owa i moin, er is a patenter Bursch!

Tscharlie: Genau! Also, Herr Ödbauer: Wir beide setzen uns hier auf das Sofa …

Ödbauer: Aafs Kanabä?

Tscharlie: Oder so. Und Mike bleibt stehen und filmt uns so halb seitlich. Ist das für dich okay, Mike, wenn wir hier so sitzen?

Mike: Gebongt! Location super! Aber etwas heller könnte es sein. Die eine Kerze reicht nicht. Ihr seht ja im Halbdunkel aus wie zwei Zombie-Aliens!

Ödbauer: Hähä! Eam schau o! Wos er für Sachen sagt! Wos is nacha a Halbdunkel?

Tscharlie: Nicht so wichtig. Könnten wir das Licht einschalten? Ich mein', die Kerze ist ja ganz romantisch und passt auch irgendwie zu Weihnachten, aber es müßte heller sein.

Ödbauer: Mir hamma koan Strom ned!

Tscharlie: Ja, isses denn wahr? Dass es sowas heute noch gibt! Mitten in Deutschland! Das is ja supergeil! Auf sowas stehen die Leute! Mittelalter mitten unter uns. Bayerwald, uralte Bauernhäuser ohne Stromanschluss! Das isses!

Mike: Cool!

Ödbauer: An Stromanschluss hamma scho, owa koan Strom. Den hammsma zwickt, wal i d'Stromrechnung scho drei Monat ned zohlt hob.

Mike: Geil!

Tscharlie: Wahnsinn! Das is die neue Armut in Deutschland!

Ödbauer: Naa, des is de olte Schlamperei in Reinkultur! I hobs mein Boum scho mindestens fünfmol gsagt, dass er des Stromgeld überweisen soll. Owa der Lauser vergissts jedsmol, wenn er in da Stod is. Mei, de Kinder hamm holt dauernd bloß Blädsinn im Kopf. Anstatt, dassase um oane schaut, gnockta mit seine Kumpln in de Wirtsheiser umananda. Der wenn aso weidadout, nacha bleibtama!

Tscharlie: Wie alt ist denn Ihr Sohn, wenn ich fragen darf?

Ödbauer: 71 isa, da Fratz! Owa dem konnst du nixe schoffa! A richtigs Fankerl!

Mike: Ich versteh' kein Wort, aber es hört sich gut an! Ich film einfach weiter!

Tscharlie: Also, Herr Ödbauer, kommen wir zu den Weihnachtsbräuchen! Da gab es ja allerhand früher.

Ödbauer: Jaja, allerhand hods do gem! Apropos: Gibts de Gage in bar?

Tscharlie: Ja, in bar. Sie bekommen von mir 500 Euro unmittelbar nach unserem Gespräch, wie vereinbart.

Ödbauer: Des passt! Dann konn i meiner Enkelin a schejns Weihnachtsgschenk mocha!

Tscharlie: Wie heißt denn die Kleine?

Ödbauer: Waltraud Dolores!

Mike: Ey, Waltraud Dolores! Das is ja voll schräg!

Ödbauer: Wos sagta?

Tscharlie: Ach, unwichtig! Und was wünscht sich die Waltraud Dolores? Eine neue Puppe?

Ödbauer: Naa, an neia Busn! Und de 500 Euro, de zohl ihr i dazou. Obwohl i gsagt hob, dass des eigentlich a Schmarrn is. Ejtza hod da olte Busn 34 Johr gholtn und hod alls passt, dann kanntma doch sogn: Der Busn hodse bewährt, den pfolte! Owa naa, sie braucht an neia! Mei, aso sans holt, de Kinder! Vo mir aus. I hob bloß gsagt, dass i den neia Busn seng möcht, wenn er installiert is. Wal i möcht scho wissen, wou mei Göld bleibt!

Tscharlie: Da haben Sie recht! Aber jetzt zu den Weihnachtsbräuchen! Erzählen Sie mal, was war ein typischer Weihnachtsbrauch in Ihrer Kindheit?

Ödbauer: Jamei, i sog aso: Do hods allerhand gem, es wor holt a andere Zeit und d'Leit san zfriedn gwen und hammand ned vül ghod und nacha hodmase zammgsitzt, d'Nachbarn und d'Leit, Fernseh hods koan gem und dann hod da oane des verzühlt und da ander des und dann hod da oane oder da andere a Schnapserl trunka und oi hammand aaf d'Letzt drimmer Reisch ghod, wor a mords a Gaude!

Mike: Wat? Wie jetzt?

Tscharlie: Äh, Herr Ödbauer, das habe ich jetzt nicht so direkt verstanden. Und ich fürchte fast, für unsere Zuschauer war es auch etwas zu schnell und vor allen

Dingen auch zu sehr dialektmäßig angehaucht. Vielleicht könnten Sie den Brauch, den Sie eben geschildert haben, in einem prägnanten Satz nochmal kurz zusammenfassen!

Ödbauer: Is recht! Also: Mir haben uns zammgesetzt und es war recht lustig. Seinerzeit!

Tscharlie: Ah ja! Sehr originell!

Mike: Ihr wart ja so richtig gut drauf damals!

Ödbauer: Hähähä! Er wieder! Du bistma scho oana, Meik, des sogada!

Tscharlie: Äh, Herr Ödbauer, hätten Sie vielleicht einen typischen Brauch für uns, was den Heiligen Abend betrifft? So richtig weihnachtlich, Sie wissen schon!

Ödbauer: Jaso! Haale Omd moinst! Ja frale woaß i do ebbs! Also, des wor aso: Mir Kinder hamma ja nix seng derfa vom Christkindl und d'Muada hod gsagt, wenns soweit gwen is „gehts zum Schlittnfohrn" und scho samma furt und wenn koa Schnee glegn is, nacha samma holt aso a weng umanandagrennt owa meistns wor a Schnee, des worn holt no Winter mei liawa, do hods gwaaht und wejma nacha hoamkemma san, wors scho a weng finster und dann wor glei d'Bescherung, owa gem hods eh kaam ebbs, amol wollerne Handscha oder a Zipflhaum, a Hosn wor scho ganz wos bsonders geschweige denn a Fohrradl, owa do hodmase über kloane Sachern aa no gfreit, heit sans dodal verzogn, mir wennst ned gangst!

Mike: Du Tscharlie, sei mir nich' böse, aber ich glaube, das können wir nicht senden! Das checkt kein Schwein, was der hier ablässt!

Ödbauer: Wos sagta?

Tscharlie: Er meint, dass Sie tolle Bräuche hatten damals!

Ödbauer: Jaja, es wor a scheene Zeit!

Tscharlie *Zu Mike:* Machen wir noch einen Versuch! Wenns wieder nicht klappt, filmen wir die Hütte von draußen und machen einen Beitrag ohne Worte, nur mit weihnachtlicher Musik und Schnee und so.

Mike: Alles roger! Kamera läuft!

Tscharlie: Herr Ödbauer, das war ja schon sehr interessant. Aber in Bayern, gerade hier in Ihrer Heimat im Wald, da gab es ja früher die Raunächte!

Ödbauern: Omei, ja!

Tscharlie: Genau! Finstere Gestalten, Sturmgebraus et cetera. Können Sie uns hierüber etwas berichten? Aus erster Hand quasi?

Ödbauer: Omei, de Raunächt'! Omei, de Raunächt'! *Reißt angstvoll die Augen auf.* Des, des worn ganz bsondere Nächt'! Uiuiuiui! Sowos wia a Raunacht, des is scho a ganz a scheidsame Nacht! Mir wennst ned gangst!

Mike: Du Tscharlie, das hat null Sinn! Den versteht keiner. Da könntest du statt diesem Ötzi genau so gut einen Chinesen interviewen.

Tscharlie: Jetzt wart mal ab, Mike! Ich glaube, er kommt langsam in Stimmung! Wir könnten ihn ja dann nur in Aktion bringen, ohne Ton. Also, Herr Ödbauer, wie war das konkret in den Raunächten? Erzählen Sie!

Ödbauer *Geheimnisvoll:* Ja, des wor aso, dassma gsagt hod: „Hä! Heit is Raunacht!" Des hod oana zum andern gsagt. Aso wor des. Zum Fürchtn! Owa walma grod beim Fürchtn san. Amol, omei, jetza folltsma wieder ei, omei, do derf i gor ned dro denka, amol is wos passiert! Des vergiß i nie, solang i leb!

Tscharlie: Erzählen Sie, Herr Ödbauer! Mike, halt voll drauf, jetzt wirds spannend! Erzählen Sie, Herr Ödbauer, was ist passiert? What happened?

Ödbauer: Amol hob i beim Schofkopf an Solo mit fünf Ober verlorn! Laffade!

Tscharlie: Ja, aber, was hat das mit den Raunächten zu tun?

Ödbauer: Nix, owa des vergiß i nie! Solang i leb! De andern drei, de wos gwunga ham, san eh scho gstorm.

Mike: Tscharlie, ich glaube, das wars! Wir machen stille Winterimpressionen aus dem Bayerwald.

Tscharlie: Würde ich auch sagen. Also, Herr Ödbauer, ich bedanke mich für das Gespräch und wünsche Ihnen ein frohes Fest!

Ödbauer: Hods passt?

Mike: Erste Sahne! Die Kamera liebt Sie! Sie kommen voll gut rüber!

Ödbauer *Zu Tscharlie:* A patenter Kerl, da Meik! Ah, 500 Euro daad i no krejgn!

Tscharlie: Ach so, ja, Moment ..., so, da haben wir die Knete, bitteschön! Wenn Sie mir hier quittieren! *Gibt dem Ödbauern 500 Euro.*

Ödbauer: An sakrischn Dank!

Tscharlie: Also dann: Tschüss, Herr Ödbauer!

Mike: See you, Ödi!

Ödbauer: Pfüat eich! Bleibts gsund, all zwoa!

Tscharlie und Mike verlassen die finstere Kammer und schließen die Tür. Der Ödbauer bleibt alleine zurück.

Ödbauer *Ruft ins Hausinnere:* Hä, Erna, lassma'n Whirlpool ei! I muaß jetza a weng relaxen. Do herausn in da Abstellkammer holst dir ja aaf Dauer's Rheimatische. Obwohls ansonsten a guade Location is. De zwoa ham eh lang ausgholtn!

Erna *Aus der Ferne:* Wos hosten desmol kriagt?

Ödbauer: 500 Euro!

Erna: Koa schlechter Stundenlohn

Ödbauer: Des konnst laut sogn! Du, i kimm glei eine. I telefonier bloß no schnell zum Wirt owe ins Dorf, dass er gern wieder Reporter affaschicka konn, wenn oi noch an Original frogn!

Weihnachten im Juli

Dreißig schwüle Grad im Schatten, die Bienen summen, die Klimaanlagen brummen, und ich will mir gerade ein frisches Weißbier aufmachen, weil ich Durst und heute frei habe. Da läutet das Telefon.

Ich habe kein gutes Gefühl, denn wer an einem heißen Julisonntag nachmittags um zwei Uhr bei mir anruft, der führt nichts Gutes im Schilde. Und tatsächlich: Es ist mein Verleger!

„Ja grüß Gott, Herr Lauerer! Wie gehts allerweil?“

„Hoaß is!“, antworte ich.

„Jaja! Sie, Herr Lauerer, eine Bitte hätt' ich: Wir brauchen unbedingt eine neue Weihnachtsgeschichte von Ihnen. So drei bis vier DIN-A-4-Seiten. Für unseren neuen Prospekt, als Schmankerl quasi, als Appetithappen. Aber eine nigelnagelneue, die darf noch keiner kennen, wir brauchen die exklusiv!“

„Ja, dann miaßert ja i de Gschicht praktisch erst schreim!“

„Vollkommen richtig, Herr Lauerer. Sie müssten die Geschichte schreiben. Setzen Sie sich in aller Ruhe hin und lassen Sie Ihren weihnachtlichen Gedanken freien Lauf! Wir verlassen uns auf Sie!“

„Ja, und wia lang hätt' i do dann Zeit dafür? Weil a Weihnachtsstimmung is momentan natürlich schwierig“, merke ich besorgt an.

„Leider sind wir etwas in Zeitdruck, Herr Lauerer. Heute ist Sonntag – wir bräuchten das Manuskript, äh, lassen Sie mich überlegen … ich würde sagen: Morgen!“

„Wos? Morgn? Ja owa, i hob momentan bloß a Badehosn an!“

„Hahaha! Das mag ich an Ihnen, Herr Lauerer! Ihren trockenen Humor! Hahaha! Bloß eine Badehose! Also Sie sind mir schon einer! Wie gesagt, morgen per Fax! Frohes Schaffen – und immer dran denken: Leise rieselt der Schnee! Hahaha!“

Er hat aufgelegt. Jetzt schwitze ich noch mehr als vorher. Gut, theoretisch könnte ich sagen: „Was solls? Ich bin doch nicht

blöd und schreibe bei dreißig Grad eine Weihnachtsgeschichte, bloß weil mein Verleger eine braucht!"
Theoretisch. Praktisch brauche ich eine Weihnachtsgeschichte! Bis morgen! Das heißt, ich muss einen kühlen Kopf bewahren. Was heißt kühl – ich brauche einen kalten Kopf, einen eiskalten! Woher nehmen und nicht stehlen?
Die Gefriertruhe! Ich laufe in die Speis' und stecke meinen Kopf in die Gefriertruhe, damit mir winterlich wird. Aber mir wird schlecht. Die Geruchsmischung aus Tiefkühlpizza, gefrorenem Hackfleisch und geschnittenem Lauch in der Tupperware riecht aus der Nähe elend.
Wenigstens schwitze ich nicht mehr, zumindest am Kopf. Es ist ein komisches Gefühl, wenn man auf dem Rücken Schweißperlen spürt und an den Augenbrauen Rauhreif. Aber egal, ich brauche Weihnachtsstimmung, damit mir eine Weihnachtsgeschichte einfällt! Was mache ich im Winter gerne? Genau, Schifahren!
Ich schließe die Gefriertruhe, laufe in den Keller und hole meine Schier mit Stöcken herauf. Diese lege ich auf die Terrasse, damit ich dann beim Schreiben einen Blick darauf werfen kann, um mich zu inspirieren. Meine Kleidung ist auch nicht weihnachtlich! Schnell ziehe ich meinen Schianzug über die Badehose und setze eine Zipfelmütze auf. Schischuhe halte ich für übertrieben, ich bleibe barfuß. Außerdem weiß ich nicht, wohin meine Frau die Schischuhe verräumt hat.
So, optische Weihnachtsstimmung hätten wir, jetzt brauchen wir noch den akustischen Reiz. Ich schleppe den CD-Player aus dem Wohnzimmer auf die Terrasse und lege die CD „Es wird scho glei dumper – a Gsangl vo da staadn Zeit" ein. Nicht gerade mein Musikgeschmack, aber was tut man nicht alles für seinen Verlag.
So, nun noch mein Notizblock, einen Kugelschreiber, und es kann losgehen! Ich sitze da und überlege. Hm, um was soll es in meiner Weihnachtsgeschichte eigentlich gehen? Frust über die Hektik vor dem Fest? Freude über den schönen Christbaum? Ärger der Mutter, weil sie vom Vater immer nur Bargeld bekommt?

Hm, schwierig, schwierig! Irgendwie fehlt mir noch etwas zur Weihnachtsstimmung. Etwas typisches! Ich starre auf die roten Terrassenfliesen, über die ein paar erschöpfte Ameisen krabbeln, da fällt es mir schlagartig ein: Schnee! Schnee fehlt! Aber wo soll ich jetzt Schnee hernehmen? Bei dieser Hitze liegt ja nicht einmal in den Alpen welcher! Moment mal, ich habe doch gerade erst Schnee gesehen! Genau, in der Gefriertruhe! Mein Sohn hat als Erinnerung an den letzten Winter den Kopf seines Schneemannes tiefgefroren.
Ich sah ihn, als ich soeben meinen eigenen Kopf in die Truhe steckte. Ich bin richtig stolz auf meinen Jungen, weil er immer so tolle Ideen hat. Ich hole den Kopf, garniere ihn zur besseren Haltbarkeit mit einigen Eiswürfeln und stelle ihn auf den glühendheißen Terrassenboden. Und zwar so, dass ich Blickkontakt zu ihm habe, zwecks der Stimmung. Einige Ameisen suchen entsetzt das Weite, als sie den adventlichen Hauch spüren.

So, auf gehts!
Ich denke, ich schreibe etwas über den Nikolaus. Ist zwar ein altes Thema, aber immer wieder lustig. Ich könnte zum Beispiel über einen stark kurzsichtigen Nikolaus berichten, der die Geschenke verwechselt, weil er so schlecht sieht. Dem achtjährigen Sohn gibt er eine Flasche Eierlikör und der Oma einen Gameboy. Der Opa erhält einen Schnellkochtopf und die Mama eine Schachtel Zigarren. Hm, ist das wirklich lustig? Oder nur blöd? Bringt der Nikolaus überhaupt Zigarren oder ist dafür das Christkind zuständig? Ich zweifle. Außerdem merke ich, wie sich unter der Zipfelmütze der Schweiß ansammelt. Ich reibe mir schnell das Gesicht mit Schnee ab, was den Schneemann ca. ein Viertel seines Kopfes kostet und schiebe mir zur Kühlung vier Eiswürfel unter die Mütze. Aahh, das tut gut! Mich fröstelt und das ist gut so!
Sofort kommt mir eine tolle Idee in den Sinn: Direkt neben die Terrasse hat meine Frau einen Wacholderbusch gepflanzt. Ich hole einige Christbaumkugeln und Lametta vom Dachboden, und schon wird aus dem schmucklosen Wacholder ein wunder-

barer Christbaum. Dass sich auf dem Lametta sofort mehrere Wespen niederlassen, ist nicht so wichtig.

Gerade, als ich die Überschrift „Der kurzsichtige Nikolaus" schreiben will, erscheint im angrenzenden Garten mein Nachbar mit seinem kleinen Sohn. Als er mich erblickt und die weihnachtlichen Weisen aus dem CD-Player vernimmt – eine waldlerische Hackbrettformation gibt gerade „Es ist ein Ros' entsprungen" zum Besten –, reibt er sich kurz die Augen, um mich dann besorgt zu fragen: „Alles in Ordnung, Toni?"
„Jaja Sepp, alles klar! I schreib bloß a Weihnachtsgschicht!"
Der Nachbarssohn starrt mit offenem Mund abwechselnd auf meinen Schianzug, den halb geschmolzenen Kopf zu meinen Füßen und den festlich geschmückten Wacholder. Sogar das obligatorische Bohren in der Nase hat er für einen kurzen Moment vergessen. Als er sich halbwegs gefangen hat, fragt er mich: „Herr Lauerer, bist du krank?"
„Nein", antworte ich, obwohl ich wegen der Eiswürfel auf meinem Kopf ein seltsames Gefühl habe.
„Herr Lauerer, was machst du mit de Schi?", bleibt das Kind hartnäckig.
„Nix, de san bloß wega da Stimmung!"
Das kapiert er nicht, und deshalb trollt er sich, ebenso wie sein kopfschüttelnder Vater. Ich fürchte fast, ich habe bei den beiden einen wirren Eindruck hinterlassen. Womöglich zweifeln sie an meinem Verstand, vor allem der Vater! Wer hat schon gerne einen Irren als Nachbar!

Aber es hilft alles nichts, ich brauche eine Weihnachtsgeschichte! Und zwar schnell, weil wenn der Kopf des Schneemannes vollständig geschmolzen ist, lässt meine Weihnachtsstimmung bestimmt deutlich nach. Also: „Der kurzsichtige Nikolaus". Was könnte dem alles passieren? Er könnte seine Brille vergessen haben, im goldenen Buch nichts lesen können und sich zum Gespött der Kinder machen. Oder er könnte die Klingeln verwechseln und bei einem Callgirl läuten. Nicht

schlecht, aber man muss vorsichtig sein wegen der minderjährigen Leser. Im Dezember hätte ich so eine Geschichte in Nullkommanix fertig, aber jetzt, im Juli! Von fern zieht der Geruch von Grillfleisch in meine Nase, und ich höre Kinder im Wasser plantschen. Solche Ablenkungen muss ich jetzt ignorieren, sonst ist alles vorbei! Weil wenn ich jetzt Appetit auf Gegrilltes bekomme, dann ist die Winterstimmung beim Teufel. Gegen ein gegrilltes Wammerl hat ein kurzsichtiger Nikolaus keine Chance! Ich konzentriere mich auf den schon sehr wässrigen Schneekopf, als ich plötzlich niesen muss. Habe ich mir etwa eine Erkältung eingefangen, obwohl ich mit dem Schianzug eigentlich sehr warm angezogen bin? Oder sind es die Eiswürfel unter der Haube? Nein, ich glaube, es ist nur der Heuschnupfen. Oder doch eine Grippe? Tausend Gedanken gehen mir durch den kalten Kopf. Schreibt man Grippe mit „G" oder mit „K"? Zu allem Überfluss hat meine Frau ihren Mittagsschlaf beendet und kommt auf die Terrasse, weil sie mich im Haus nicht gefunden hat. Sie blickt kurz auf den Wacholder, auf meine Schi, meinen Schianzug und meine Zipfelmütze.
Dann stellt sie mir die dezente Frage: „Hostas du nimmer alle?"
„Worum?", frage ich zurück.
Erst jetzt sieht sie das Häuflein Schnee auf dem Boden, garniert mit einigen erfrorenen Ameisen, und beantwortet ihre Frage gleich selber: „Du spinnst doch komplett!" Ich will ihr gerade die Beweggründe meines Tuns erläutern, als mir bewusst wird, dass ich das Bewusstsein verliere. Mein Hirn ist eingefroren. Sanft gleite ich vom Terrassenstuhl. Das letzte Geräusch, an das ich mich erinnere, ist das Scheppern der Eiswürfel, die aus meiner Zipfelmütze auf das Pflaster fallen.

Der herbeigerufene Arzt stellt eine starke Unterkühlung im Kopfbereich, verbunden mit einem Sonnenbrand im Gesicht und eine Überhitzung des Körpers durch das Tragen eines Schianzuges bei dreißig Grad im Schatten fest. Auf Bitten meiner Frau sieht er von einer Überweisung zur psychiatrischen Begutachtung ab.

In der darauffolgenden Nacht habe ich wegen häufiger Nies- und Hustenattacken, verbunden mit Schweißausbrüchen und Fröstelanfällen, sehr schlecht geschlafen. Auch in den kurzen Schlafphasen fand ich keine Erquickung, da ich von schlimmen Albträumen geplagt wurde.
Ich sah mich in einer riesigen Gefriertruhe sitzen, nur mit Badehose und Zipfelmütze bekleidet, und ein kurzsichtiger Schneemann ohne Kopf traktierte mich mit einem Wacholderast. Dabei schrie er immer wieder: „Das ist nicht lustig!“ In seiner Stimme glaubte ich die meines Nachbarn zu erkennen. Psychisch und physisch schwer angeschlagen wachte ich am nächsten Morgen auf. Mein Pflichtbewusstsein trieb mich an den Schreibtisch und ich versuchte, doch noch eine Weihnachtsgeschichte zu schreiben. Irgendwie habe ich es dann geschafft. Der Titel lautet „Weihnachten im Juli“. Hoffentlich ist sie lustig.

In der Christmette

Es ist ein alter und schöner Brauch, dass man am Heiligen Abend nach der Bescherung in die Christmette geht. Wenn der Schnee, falls er liegt, unter den Schuhen knirscht, wenn die Sterne am Himmel blitzen und überall in den Fenstern Lichter brennen und man stapft in einem wohlig warmen Mantel in die Kirche, dann kommt die richtige Weihnachtsstimmung auf. Bei mir käme diese Stimmung übrigens auch daheim auf dem Kanapee auf, aber ich muss traditionell in die Christmette. Dort hat man dann nur friedliche Gedanken und das Herz ist ganz leicht. Meistens wenigstens. Es kann natürlich auch sein, dass die Gedanken, die man hat, weniger friedlich sind und das Herz nicht ganz so leicht. Zum Beispiel, wenn man in der überfüllten Kirche keinen Sitzplatz kriegt. Dann ist es mit der inneren Besinnlichkeit schnell zu Ende. Dann gehen einem eher folgende Gedanken durch den Kopf:

Des is typisch! Des is absolut typisch! Oamol im Johr gehst in d'Kircha und dann muaßt steh! Und wer sitzt? Wer hockt in de Bänk drin wia d'Brozerer? De, de's ganze Johr in d'Kircha rennand! De sitznd doch sowieso jedn Sunnta herin. De kanntn doch an an so an wichtign Dog, wo sogor unseroans in d'Kircha geht, dahoam bleibn. Nacha kannt i bequem sitzn. Owa naa, einarenna miaßns und mir 'n Plotz wegnehma. Und des soll dann christlich sa. Dasse ned loch! Haha!

Owa wos reg i mi aaf? Heit is Weihnachten! Des Fest der Liebe und der Freude. Do regtmase ned aaf. Do gfreitmase und aus!

Obwohl, du duast di hort mitn gfrein, wennst links und rechts eikeilt bist und nix segst. I woaß gor ned, wos'se do vorn am Altar ospült, wal i ned fire seg. Des Weiberts vor mir hod aa no ihra Pelzkappn aaf! De schaut aus wia a russischer Soldot. Hods de nimmer alle? Glaubt de vielleicht, dass ihr do herin d'Luser ogfrert? Des is a katholische Kircha und koa sibirische Blockhüttn!

Mei Wei is ned mitganga, wals dahoam aafraama muaß. Des ganze Zeig vo da Bescherung. Des is sowieso da Wahnsinn. Z'erst

wird als stundenlang eipackt, dann stundenlang auspackt, und aaf d'Letzt wirds Papier weggworfa. I wia des nie begreifa. Mei Wei hod gsagt, i soll für sie mitbetn. Frale, des aa no! I bin froh, wenn i für mi selber zum betn kimm zwischn de ganzn Leit do herin.
Wos singens grod? Oh du fröhliche! Dasse ned loch! Do vergeht dir d'Fröhlichkeit, wennst kaam schnaufa konnst vor lauter Leit. Der Mensch hinter mir singt aa. Ja mi host ghaut, sowos vo falsch! Des is koa Gsang, des is a Gotteslästerung! I konn zwar aa ned singa, owa i holt wenigstens mei Maal. Aso konnma im Wirtshaus umanandaplärrn, owa doch ned in da Kircha. Und überhaupt: Wia schmeckt denn der? Des is doch ... des is doch ... ja gibts des aa, der stinkt noch Knoblauch!
Also, des is eine Unverschämtheit! Dahaom d'Wampn mit Knofl vollhaun und dann mit z'Fleiß in d'Christmettn geh und an anständign Christen vo hint histinka. Bei aller Liebe, do hörtse alles aaf! Hoffentlich wird mir ned schlecht. I vertrog den Knoblauchgschmoch ned. Umhaun wennsme duat! Owa dann! Dann zeige'n o, den Hamml. Wega Körperverletzung. Jetza fahlt dann bloß no, dass da Pforrer sagt: „Gebt Euch ein Zeichen des Friedens!" und i muaß dem Bärna d'Händ gebn.
Hoffentlich is des Liadl bold aus, dass der sei Maal zuabringt. Mir is scho ganz schwindlig. Am Heiligen Abend an Knoblauch essn! Soweit samma scho! Koa Wunder is ned, dass mit da Wölt bergab geht, wenn sechane Sittn eireissn. Am Heiligen Abend isstma Pfälzer mit Kraut, notfalls aa a Gans. Wenns gor ned anders geht, aa amol an Fisch. Owa doch koan Knoblauch! Mi daads ned wundern, wenn des a Asylant waar. De essnd nämlich kiloweis Knoblauch. Dog und Nacht, nur Knoblauch. Do gibts praktisch nix anders, Summa wia Winter. Dass de amol an gemischten Braten oder an Guglhupf essn daadn, des konnst vergessn. Nur Knoblauch.
Obwohl, dass des a Asylant is, des is eher unwahrscheinlich, wal de normal ned katholisch san. Und den Text vo „Oh du fröhliche" kannt er aa ned. Im Prinzip is wurscht, wos er is, aaf jedn

Fall hod er koan Anstand ned. Gottseidank is jetza des Liadl aus, dass er sei Bappn zuamocht, bevors mi umhaut.

Mir is eh ned guat. In Bauch rumplts gewaltig. Des is des Sauerkraut. I sogs mein Wei scho Jahre, sie soll des Kraut mindestens a Stund vorher kocha lassn, dass im Bauch ned so aggressiv is. Owa naa, vor lauter Gschenka verpacka hods koa Zeit, dass des Kraut am Ofa stellt. Und wer muaß ausholtn? I! I steh jetza do in da Kircha herin und bin am Zreißn.

I hob a ganz a bläds Gfühl. Jamei, zum Kraut zwoa Weißbier und danoch acht Moscheripralinen, des hod scho a Gwolt. Und de Zigarrn, wos i zur Abrundung no graucht hob, de wor aa ned ideal. Schuld is mei Bua, wal der hod mir a Kistl Zigarrn zu Weihnachtn gschenkt.

Eigentlich is ja a feiner Zug vo eam. Er sport sei bisserl Taschengeld, dass er mir Zigarrn kaffa konn. A bravs Kind, i konn mi ned beschwern über eam. Owa mir is trotzdem schlecht. Und dann no vo hint der Knoblauchdampf. Hoffentlich is de Mettn bold aus!

Wos sagta, da Pforrer? „Lasset uns beten!" Ja, i lass eich scho, owa bitte a weng schneller. I holt des nimmer lang aus.

Jetza muaß i mi wieder a weng bsinna. Immerhin is Weihnachten. Wieder a Johr vorbei. Unvorstellbar, wia de Zeit abhaut. Kaam is da Osterhas furt, kimmt scho da Niglo. Des wennma aso bedenkt, dann is a Johr dodal kurz. Owa a Stund konn verdammt lang sa, wenns hinter dir noch Knoblauch stinkt.

Jetza hoda gniast, der Gloifl! Des derf doch ned wohr sa. Richtig „hatschi", dassna grissn hod. I gspür, dass mei Hols ganz feicht is. Des san Milliarden Bazülln, de wos jetza an mir dranpickand.

I bin bestimmt dodal verseucht. Normal miaßad i mi umdraahn und eam sofort oane schmiern, wal dann waars Affekt. Owa jetza in da Christmettn schauert des ned guat aus. Im Endeffekt waar i da Blamierte. I kanntna höchstens ganz bös' oschaun, dassa daschrickt. Owa des is mir aa z'bläd.

Mensch Meier, wia konnma bloß so rücksichtslos sa! Wennma an Katarrh hod, nacha bleibtma holt dahoam und nimmt an

Melissngeist und a Wärmflaschn und geht ins Bett. Owa naa, er muaß in d'Kircha renna und anständige Leit hinterrucks oniasn. Wahrscheinlich hods eam no a boor Brockan Knoblauch mit ausaghaut.

I versteh vo dera Predigt kein Wort, wal mi der Mensch hinter mir dauernd olenkt mit sein Gfetz. Wos sagta, da Pforrer? Zufriedner solltma alle sa? Omei, do hoda recht, der Mo! Wos is des für a Welt: Jeder wüll mehr und mehr und no mehr! Mir glangerts scho, wenn i gsund bleibert und im Lotto 100 Tausend Euro gwang. Owa ned amol des is mir vergunnt. Dauernd duat mirs Kreiz weh und außer oan Dreier mit Zusatzzahl hob i no nix über zehn Euro gwunga. Und jetza kriag i bestimmt an Schnupfn aa no mit dera Oniaserei.

Owa i muaß mi am Gottesdienst konzentriern, wal wega dem bin i ja eigentlich do. Jetza kimmt des mit dem Frieden. Hoffentlich gibt mir koana d'Händ! I woaß awl ned, wos i do sogn soll. I moin, es is scho recht, wennma in Frieden mitanand lebt, owa wega dem brauch i doch ned an jedn d'Händ schütteln. Wer mir mei Ruah lasst, den lass i aa in Ruah.

Ja, wos is jetza des? Jetza klopft mi der vo hint affe! Der wüll mir d'Händ gebn! Akkrat der! Z'erst vergift er mi mit sein Knoblauchdampf, dann hetzt er seine Bazülln aaf mi und dann sowos. Wos moch i do? Also, in Gotts Nam', wal Weihnachtn is. Nacha draah i mi holt um. Öha, des is mei Chef!

„Ah, ... ah ... griaß God, ... da Ding, da Friede sei mit dir ... äh ... beziehungsweise mit Eahna praktisch. Alls Guate, aa dahoam scheene Griaß ... ja, und a guats neis, vor allen Dingen Gsundheit ... hähä, jaja, i richts aus, dankschön. Also nacha! Haha! Alls Guate noml!"

Puh! Guat, dass i eam vorher koane gschmiert hob. Noja, guat, wenn i ehrlich bin, so schlimm is aa wieder ned gwen. Und außerdem is ja Weihnachten!

Früher waren Enkelkinder zufrieden, wenn sie von der Oma zu Weihnachten einen Zehner, wohlgemerkt noch in D-Mark, bekamen oder ein Buch von Astrid Lindgren. Völlig anspruchslose Enkel waren sogar über ein Toni-Lauerer-Buch froh. Heutzutage sind die Ansprüche höher. Aber Omas wollten und wollen für ihre Enkel nur das Beste und nehmen dafür manche Strapazen auf sich, um geeignete Geschenke zu besorgen. Sie begeben sich manchmal sogar in für sie völlig unbekannte Gebiete wie zum Beispiel einen Telefonladen.

A Handy für d'Mandy

Verkäufer: Kann ich Ihnen helfen?

Oma: I schau z'erst a weng!

Verkäufer: Gerne! Sehen Sie sich nur um!

Oma: Jaja. Mei liawa, allerhand Sachen habts do!

Verkäufer: Das kann man wohl sagen! Wir versuchen, alle Wünsche unserer Kunden zu erfüllen und seien sie noch so abgefahren.

Oma: Do schau her! Abgefahren! Wos alls gibt! Jamei, wenn i holt wissert, wos i will.

Verkäufer: Dann kann ich Ihnen vielleicht doch helfen. An was hätten Sie denn gedacht?

Oma: Es soll a Gschenk wern. A Christkindl!

Verkäufer: Aha! Ein Telekommunikationsgeschenk! Wohl für den Herrn Gatten: Ein Fax für den Max! Hahaha! War ein kleiner Scherz!

Oma: Naa, a Handy für d'Mandy!

Verkäufer: Wie?

Oma: Es is für mei Enkelin, d'Mandy. Sie wünschtse aaf Weihnachtn a Handy. Und i hob gsagt, des kaaf ihr i, weils wurscht is. I bin 72 Johr olt und hob alles und mitnehma konn i aa nix, oder?

Verkäufer: Wie recht Sie doch haben! Das letzte Hemd hat keine Taschen!

Oma: Owa genau! Und drum kaaf i da Mandy a Handy.

Verkäufer: Sehr schön! Karte oder Vertrag?

Oma: Naa, a Handy!

Verkäufer: Schon klar. Ich meine nur, ob Sie ein Kartenhandy möchten oder ein Vertragshandy.

Oma: Also, d'Mandy hod gsagt, pink waar ihr am liabstn.

Verkäufer: Die Farbe ist kein Problem. An farbigen Hüllen haben wir alles da. Ich glaube, ich muss Ihnen das kurz erklären: Für ein Kartenhandy können Sie eine aufgeladene Karte kaufen mit einem bestimmten Guthaben, und wenn das Guthaben aufgebraucht ist, können Sie wieder eine neue Karte kaufen. Bei einem Vertragshandy binden Sie sich für einen bestimmten Zeitraum an einen Anbieter und bekommen eine monatliche Abrechnung der angefallenen Gebühren. In der Regel beträgt die Bindungsfrist 24 Monate.

Oma: Eigentlich wollt i bloß a Handy. Pink hods gsagt.

Verkäufer: Schon klar. Ich würde Folgendes vorschlagen: Wenn es ein Geschenk ist, dann sollten Sie großzügig sein. Nehmen Sie Vertragshandy und übernehmen Sie die Gebühren für 12 Monate. Damit machen Sie Ihrer Enkelin eine Riesenfreude, und danach kann sie dann selbst machen, was sie will.

Oma: Do hamms recht! Aso mochmas. Owa pink!

Verkäufer: Okay. Dann wäre da noch der Tarif.

Oma: Also, i hob an Seniorenpass!

Verkäufer: Gratuliere!

Oma: I moan bloß wegan Tarif. Bei da Bahn kriag i do allaweil an Sondertarif.

Verkäufer: Das ist schön für Sie, aber beim Handy-Tarif können wir den Seniorenpass leider nicht berücksichtigen.

Oma: Schod!

Verkäufer: Aber egal, wir haben andere tolle Angebote! Zum Beispiel das Sunday-Worldcall-Paket. Das wäre vielleicht etwas für Ihre Enkelin.

Oma:	Waar des pink?
Verkäufer:	Nein, das ist keine Farbe, das ist ein Bonus-Tarif.
Oma:	Aso.
Verkäufer:	Ihre Enkelin könnte damit jeden Sonntag von 14 bis 24 Uhr kostenlos mit dem außereuropäischen Ausland telefonieren. Für eine lächerliche Monatspauschale von fünf Euro!
Oma:	Des waar dann zum Beispiel Österreich.
Verkäufer:	Österreich nicht, denn Österreich ist ja in Europa!
Oma:	A geh! Mit Österreich kannts dann ned telefoniern.
Verkäufer:	Schon, aber da würde das Sunday-Worldcall-Paket nicht gelten.
Oma:	Ned?
Verkäufer:	Nein, denn das bezieht sich nur auf Gespräche nach Übersee.
Oma:	Des passt! Do hamma mir a Verwandtschaft-!
Verkäufer:	Ach ja? Wo genau, wenn ich fragen darf?
Oma:	Glei vorm Friedhof links. A Cousin von mir mütterlicherseits. Zucker hoda.
Verkäufer:	Wie vor dem Friedhof links? In welchem Land denn?
Oma:	No, in Deitschland natürlich! Kennen Sie Übersee ned? Übersee am Chiemsee?
Verkäufer:	Ach so, *das* Übersee! Nein, das meinte ich nicht. Ich meinte Überseeländer: Amerika, Afrika, Australien, Japan und so.
Oma:	Do hamma owa koa Verwandschaft ned. Vo uns hod no neamad an Näga oder an Indianer gheirat. Und wos daadma denn mit an Japaner? Den versteht doch kein Mensch ned.
Verkäufer:	Schon klar, ich meinte ja nur. Das Sunday-Worldcall-Paket scheidet also für Sie aus. Aber wir haben ja auch noch andere Schmankerl.
Oma:	Jetza mochma z'erst des mit dem Handy! Danoch iße vielleicht wos. Oans noch'm andern! Z'erst's Handy, dann a Schmankerl, eventuell!

Verkäufer: Ich meinte ja keine Schmankerl zum essen, sondern Tarifschmankerl. Wie wäre es zum Beispiel mit dem „Happy Afternoon"?

Oma: No no! Mei Mandy is fei a anständigs Deandl! Mit so Sachen fangma gor ned o!

Verkäufer: Sie missverstehen mich. Der „Happy Afternoon" ist gerade bei den Kids sehr beliebt. Sie zahlen pauschal sechs Euro pro Monat, und Mandy kann jeden Tag von 14 bis 19 Uhr beliebig lang ins Festnetz telefonieren.

Oma: Wo is nacha des?

Verkäufer: Was?

Oma: Festnetz. Is des ebbs wia Übersee?

Verkäufer: Nein, Festnetz ist kein Ort, sondern das Telefonnetz an sich.

Oma: Omei, omei, wos ned alles gibt aaf dera Welt! Konnma denn ned einfach sogn: Wenn des Deandl fünf Minuten telefoniert, daa kost des meinetwegn a Zehnerl und da Kaas is gessn? Muaß denn des sei mit dem Übersee und dem Häbbi After?

Verkäufer: Aber das wäre ja nur zu Ihrem Vorteil, gute Frau!

Oma: Also des möcht i scho wissen, wos des für a Vorteil is, wenn mei Enkelin am Sunnta aaf d'Nacht kostenlos an Japaner oruafa konn! Do hod sie nix davo und er aa ned.

Verkäufer: Das ist schon klar, aber es war ja nur ein Beispiel. Wir können Ihnen auch noch andere sehr günstige Sondertarife anbieten.

Oma: A geh!

Verkäufer: Ja! Zum Beispiel den „Super-City-Call".

Oma: Wos isen des für oana?

Verkäufer: Nehmen wir an, Ihre Enkelin hat eine gute Freundin in München. Und Sie wissen ja, wie das so ist bei guten Freundinnen: Da wird stundenlang gequatscht. Über Gott und die Welt.

Oma: Do hamms recht! Des woaß i vo meiner bestn Freindin, vo da Hedwig. Mei, mir zwoa! Do wennma amol im Ratschn is, dann redma über alles: Über d'Männer, über d'Kinder, über d'Enkel, über d'Krampfodern!

Verkäufer: Na sehen Sie! Dann wissen Sie ja, wie das ist.

Oma: Owa jetza hamma scho zwoa Johr nimmer gred mitananda.

Verkäufer: Oh, das ist aber schade. Gab es Streit?

Oma: Naa, a Beerdigung. D'Hedwig is gstorm letzts Johr!

Verkäufer: Ach du Schreck! Das ist natürlich schade.

Oma: Jamei, es hilft nix.

Verkäufer: Kopf hoch! Auf jeden Fall wäre der „Super-City-Call" empfehlenswert für ein junges Mädchen wie Ihre Enkelin. Sie könnte mit einer Stadt ihrer Wahl zum Ortstarif telefonieren, egal, wie weit diese Stadt entfernt ist. In welcher Stadt hat sie denn eine Freundin?

Oma: Des is ja des Problem. Sie hod bloß oa Freindin und de wohnt bloß zwoa Heiser weiter. Do konns praktisch umeschrein.

Verkäufer: Ja gut, aber Sie haben doch bestimmt Verwandte, die weiter entfernt wohnen. Die könnten Sie bzw. Ihre Enkelin dann günstig anrufen.

Oma: Mei, wann ruaftma scho Verwandte o? Wenn ebba heirat oder wenn ebba stirbt. Und so oft is des aa ned da Fall, dass se do a Tarif rentiern daad.

Verkäufer: Okay, wenn Sie das so sehen. Ich sehe schon, Sie brauchen keinen Sondertarif.

Oma: I sowieso ned. I brauch aa koa Handy. D'Mandy will a Handy. Sie, wissns wos: I schick Eahna morgn d'Mandy vorbei und de sollse wos aussuacha und i zohls dann. Dann is zwar nimmer direkt a Überraschung, owa i kenn mi einfach ned aus mit dem Zeich.

Verkäufer: Da brauchen Sie sich nichts denken, gute Frau. Die Technik entwickelt sich einfach rasend schnell.

Wenn ich daran denke, was man vor drei Jahren mit einem Handy machen konnte und was man heute machen kann: Wahnsinn!

Oma: Des glaub i aafs erste Mol. Und drum schick i Eahna d'Mandy vorbei.

Verkäufer: Genau! Dann kann ich die Details mit der jungen Dame selbst besprechen. Wissen Sie, es gibt ja da noch einige Möglichkeiten! Zum Beispiel, ob das Handy mehr für SMS oder für MMS benötigt wird.

Oma: Mehr für Weihnachten! Pfüat Gott!

Weihnachtsgespräch an der Theke

Sepp: Omei Kare, es is a Kreiz!
Kare: Owa ehrlich!
Sepp: In sechs Dog is scho wieder Weihnachten!
Kare: Des wenn scho ume waar!
Sepp: Des konnst laut sogn! Alle Johr's gleiche Gfetz. Do kaffst de Kinder drümmer Gschenka und dann? Dann mochands a Gsicht!
Kare: Genau! Bei mir dahoam is grod aso. De san mit nix z'friedn. Normal sollterst eahna gor nix schenka, dann kanntns a Gsicht mocha!
Sepp: Meine Meinung! Dann hättns wenigstens an Grund dafür. Owa de mochand aso und aso a Gsicht. Ohne Grund mochand de a Gsicht!
Kare: I wenns scho seg, dann glangtsma scho. Wia konnma bloß aso a Gsicht mocha? I Depp kaaf für'n Buam letzts Johr a Radl mit 21 Gäng' und denkma „do wirda schaun!“
Sepp: 21 Gäng'? Ja mi läckst fett! Do wirda gschaut hom!
Kare: Von wegen! A Gsicht hoda gmocht, weils a silbers Radl wor und er wollt a blaus. Soweit samma heit! Als ob d'Forb a Rolle spieln daad! Woaßt, wos i gsagt hob? I hob gsagt: „Bürscherl, wenn des Gsicht da Dank is für des Radl, dann konnst du dir naxts Johr aaf Weihnachten a Gschenk schnitzn! I kaaf dir nixe mehr. I nimmer!“
Sepp: Und? Wos hoda gsagt?
Kare: Grod no, dass eam a „danke, Papa“ aussadruckt hod, sei schlechts Gwissn. Owa des war nicht ehrlich, des hob i kennt an sein Gsicht.
Sepp: Mi wundert nix mehr. De Kinder san heitzudogs völlig verzogn.
Kare: Des kimmt vo dem Fernseh'! Do sengs ja den ganzn Dog nix anders. Vorigs Mol hamms bei da Talkshow vo dera

Wamperten des Thema ghod „Mein Vater ist eine Null“. Ja, isen des a Thema? Wo soll denn des no hiführn?

Sepp: Des sollse mei Herr Sohn amol erlaum und sogn, dass i a Null bin! Stell' dir des amol vor: Du schaust Fernseh' und dann segst dei eigen Fleisch und Blut und des sagt: „Mein Vater ist eine Null!“ Aus waars!

Kare: Dem daad i's Taschengeld radikal kürzn!

Sepp: Und aaf Weihnachten kannt er se vo mir aus aaf d'Bappn affehaun. I daad eam nix mehr kaffa! Owa Kare, unter uns: Mei Frau is ned recht viel anders. Dodal undankbar.

Kare: A geh'?

Sepp: Wenn i dir's sog. Vor drei Johrn schenk i ihr aaf Weihnachten a Dampfbügeleisen. Ein Supergerät! Hod ihr fei nicht passt! Jetza kimmst du!

Kare: Ja, gibts des aa! Wos hod ihr denn dann ned passt?

Sepp: Keine Ahnung! Sie hod ja nix gsagt, bloß a Gsicht hods gmocht. Und zwar a Gsicht, do wo du als leidgeprüfter Mo woaßt: Dera passt wieder wos ned!

Kare: Es gibt keine Dankbarkeit!

Sepp: Du sagst es! Und vor zwoa Johrn hob i sogor a Mikrowelle kafft! Aber: Sie hod wieder a Gsicht gmocht. Andere daadn se gfrein, owa mei Madam mocht a Gsicht!

Kare: Ja, wos sollma denn no alles kaffa, dass de amol zfriedn san?

Sepp: Des hob i mi aa gfragt. Und drum hob i mir letzts Johr aaf Weihnachten denkt: „Jetza isma wurscht, wos des kost, jetza kaffst ihr a Nahmaschin'!“

Kare: Oläck! So großzügig is ned leicht oana!

Sepp: Du erkennst des, owa sie ned! Sie packt de Nahmaschin' aus, i denkma, jetza wirds glei an Jucherzer dua und mir um den Hols folln; und wos passiert? Sie mocht a Gsicht! Eine Nähmaschine um 399 Euro und sie mocht a Gsicht! Woaßt, do denksta dann scho: „Spinn i oder wos?“

Kare: Unvorstellbar! Wos hod ihr denn do ned passt?

Sepp: Des wollt' i aa wissen. Drum howes gfragt, wos des soll. „Angelika“, howe gsagt, „wos soll des? I kaaf dir a

Dampfbügeleisen, du mochst a Gsicht. I kaaf dir a Mikrowelle, du mochst a Gsicht. I kaaf dir a Nahmaschin mit sechs Johr Garantie, du mochst scho wieder a Gsicht. Ja, wos soll i denn dir aaf Weihnachten schenka, dass du koa Gsicht ned mochst?" Woaßt, do bin i radikal, des will i dann wissen!

Kare: Und? Wos hods gsagt?

Sepp: Sie hod gsagt, Weihnachten is ein Fest der Herzen und koa Haushaltswarenausstellung ned.

Kare: Aso a Schmarrn!

Sepp: Jamei, Weiber san aso. Aaf jeden Fall hod sie gsagt, sie möcht ned dauernd wos für'n Haushalt, sondern wos fürs Herz. Und drum hob i ihr heier wos fürs Herz kafft.

Kare: Wos'n nacha?

Sepp: A Blutdruckmeßgerät!

Ein alljährlich wiederkehrendes Ereignis in vielen Vereinen ist die kurz vor Weihnachten stattfindende Christbaumversteigerung. Viele begehrte und auch manche weniger gefragte Artikel werden zu Gunsten der Vereinskasse unter den Anwesenden versteigert. Den Höhepunkt bildet zu später Stunde die Versteigerung des Christbaumes, der bereits geschmückt bereitsteht. Da kann es schon mal passieren, dass ein bierseliger Vereinsbruder für ein zaundürres, windschiefes Gewächs einen Hunderter hinblättert, obwohl er zu Hause bereits einen viel schöneren Baum stehen hat. Er und der armselige Christbaum müssen sich dann bei der Heimkehr einige nicht sehr weihnachtliche Gedanken seiner Angetrauten anhören. Horchen wir mal hinein in eine typische Versteigerung! Zum Ersten, zum Zweiten

Und zum Dritten!

Vorstand: So, werte Ehrengäste, liebe Vereinskameradinnen und Vereinskameraden! Nachdem wir den besinnlichen Teil unserer Weihnachtsfeier mit dem Gedicht „Ei, was duftet da so fein?" begonnen und dann mit dem Lied „Es wird scho glei dumper" abgeschlossen haben ...

Moser: Zeit is worn!

Vorstand: Bi du staad, Moser! Also, ich bedanke mich nochmals bei den Geschwistern Alois und Annamirl Krzyczinski für die Begleitung auf dem Hackbrett – guat habtses gmacht – und nun kommen wir zur traditionellen Christbaumversteigerung.

Moser: Zeit is worn!

Vogl *Genervt:* Bi holt amol staad, Moser!

Moser *Erzürnt:* Vo dir lass' i mir den Mund nicht verbieten, Vogl! Von dir nicht! Bloß dassdas woaßt!

Vogl: Ach, dua doch, wos'd magst, Blädl, gschroamaulerter!

Moser: Glei kimm i dir ume, dann strafft di wos, Vogl!

Vorstand: Jetza gebts holt a Ruah, es is doch Weihnachten! Also, Vogl und Moser: Vertragts eich! Alles klar?

Vogl *Grinsend zu Moser:* Depp!

Moser *Grinsend zu Vogl:* Gleichfalls!

Vorstand: Also nacha, dann waar des geklärt. Mit a bisserl an guatn Willen gehts doch! Dann kemma praktisch zur Versteigerung. Unsere einheimische Geschäftswelt und auch unsere Mitglieder haben wieder tolle Artikel gestiftet, teilweise sogar Wertgegenstände. Lebensmittel san dabei, Textilien und aa wos zum Essn. Dafür ein herzliches „Vergelts Gott!" Gebts eich an Ruck und steigerts gscheit, weil da Erlös is für an gemeinnützigen Zweck, nämlich's Klo vom Vereinsheim muaß nei gfliest wern.

Moser: Zeit is worn!

Vorstand: Ja sog amol Moser, konnst du außer „Zeit is worn" wos anders aa sogn?

Moser: Naa!

Vorstand: Okay, dann is alles klar. So, die Versteigerung wird wie schon in den letzten 43 Jahren unser bewährter Sepp Riebler durchführen. I daad sogn, des is an Applaus wert. Sepp, kimm vira zu mir!

Unter dem Applaus der Anwesenden begibt sich Versteigerer Sepp Riebler nach vorne, in der Hand einen tönernen Bierkrug.

Riebler: So, packmas wieder!

Vorstand: Und dei Bier host aa dabei, Sepp! Ohne Bier geht nix, gell? Hähähä!

Riebler: Es is a Kamillntee drin wega da Stimm'!

Vorstand: Aso. Ja guat, dann greifma o. Wia olt bist du jetza, Sepp?

Riebler: I bin bereits 72 Johr olt. Wenns dumm geht, wire no älter!

Vorstand: Hähähä! Jawoll, aso kennman, unsern Sepp! Allaweil lustig und ventil! Und 43 Johr mochst uns du jetza scho ununterbrochen de Versteigerung. Hut ab, Sepp!

Riebler: Eigentlich sans bloß 42 Johr. Weil 1979, wias damals bei mir dahoam brennt hod, do hob i doch de Versteigerung abbrocha und bin hoam. Weil i hobma denkt, wenns dahoam brennt, dann is fast gscheida, man is persönlich anwesend.

Vorstand: Do is wos dran! Owa i daad sogn, bevor dassma ins Ratschn kemma: Sepp, greif o! *Setzt sich und überläßt Sepp Riebler die mit Versteigerungsartikeln vollgestellte Bühne.*

Moser: Zeit is worn!

Riebler: So Leit, auf gehts! Fangma o, dassma firte wern. Do hamma z'erst amol a bisserl wos Besinnliches, nämlich einen Ring Fleischwurscht. Was wird geboten?

Wenzl: Drei Mark!

Riebler: Mir hamma fei scho lang Euro, Wenzl!

Wenzl: Drei Euro! Is o wurscht.

Riebler: Genau, des hörtse scho besser o! Also, drei Euro san geboten. Wer bietet mehr? *Stille.* Wos? Koaner mehr? Für de wunderbare Wurscht? Drei Euro, des is doch gschenkt! Also: Drei Euro hod da Wenzl Kare geboten. Drei Euro zum Ersten ...

Vogl: Drei Euro zehn!

Vorstand: Spinnst du, Vogl? Mit Zehnerln fangma gor ned o! Es muaß mindestens jeweils um a Fuchzgerl erhöht wern.

Vogl: Nacha konnsta dei Wurscht selber fressn!

Bürgerm.: Fünf Euro soge!

Riebler: Jawoll! Segstas Vogl, des san Leit! Fünf Euro hod da Herr Bürgermeister geboten! Und du kaamst mit an Zehnerl daher!

Vogl: Der konn leicht fünf Euro bieten, der hods ja!

Riebler: Ja, is scho recht. Fünf Euro zum Ersten, zum Zweiten ... koaner mehr? Und fünf Euro zuuum Dritten! Ein Ring Fleischwurscht für den Bürgermeister. Gratuliere, an guatn!

Bürgerm.: Dankschön! De essma glei, Manner! Herr Pfarrer, mings aa a Stückerl?

Pfarrer *Mahnend:* Heute ist Freitag!

Bürgerm. *Sieht auf die Uhr:* Owa nimmer lang! An guatn!

Riebler: Lassts eich schmecka! Und Herr Pfarrer: Wega einer Fleischwurscht is no koaner in d'Höll kemma! So, dann kemma zum nächsten Artikel – ein Einkaufsgutschein vom Lebensmittelgeschäft Wurzer im Wert von 25 Euro. Was ist geboten?

Eder: An Zehner!

Vorstand: Wos an Zehner? Spinnst du, Eder? Du konnst doch ned an Zehner bieten, wenn aaf dem Gutschein 25 Euro omsteht! Des steht doch in koaner Relativierung zum Wert!

Eder: Dann sog i an Fünfer!

Vorstand *Kopfschüttelnd:* Unmöglich, der Eder!

Riebler: Also, wos sagst jetza, Eder? An Zehner oder an Fünfer?

Eder: Äh …

Vorstand: Ich biete 25 Euro!

Eder: Nacha konnstna pfoltn!

Riebler: 25 Euro san geboten vom ersten Vorstand. Wer bietet mehr?

Wurzer: 30 Euro!

Riebler: Alle Ehre! 30 Euro vom Wurzer für sein Einkaufsgutschein!

Wurzerin: Spinnst du, Alfons? Du konnst doch ned dein eigenen Gutschein steigern!

Wurzer: Des is doch mir wurscht!

Wurzerin: Wiaviel host denn du scho wieder trunka?

Wurzer: Praktisch nix. Zwoa Schnaps und zwoa Weißbier … oder naa, umkehrt!

Wurzerin: Omei! Kaam trinkt er a Tröpferl, scho wirft er's Geld zum Fenster ausse. Kaafda a Apfelschorle und bi staad!

Wurzer *Kleinlaut:* Wennst moanst. *Zur Bedienung:* Rosi, a Apfelschorle kriage!

Riebler: 30 Euro san geboten vom Wurzer. Bietet jemand mehr? 30 Euro für den herrlichen Gutschein! Er is übrigens wunderbar gestaltet, so mit Kugelschreiber und allem Pipapo. Und er is in an Kuvert drin. Des konnma später no verwenden, des hod aa an gwissn Wert. 30 Euro zum Ersten …

Vorstand: 31 Euro!

Wurzerin: Gottseidank!

Wurzer: Mir waars wurscht gwen!

Riebler: 31 Euro vom Vorstand! I glaub, des is a fairer Preis. 31 Euro zum Ersten, zum Zweiten … und zum … und zum …

Wurzer: Moment! Stopp!

Wurzerin *Schockiert:* Bist du narrisch?

Riebler: Wieviel bietest du, Wurzer?

Wurzer: Naa, i wollt bloß sogn, dass der Gutschein ein Jahr gültig is, bloß dass des gsagt is.

Riebler: Alles klar, oa Johr!

Wurzerin: Moch sowos nie wieder! I hobma denkt, mi trifft da Schlog!

Riebler: Und zuuum Dritten! Der Gutschein im Wert von 25 Euro geht für 31 Euro an den Vorstand. Sauber, Franz! So, und jetza kimmt zwischendurch a Flaschn Wein. I les amol vor, wos des für oaner is: Ein 2002er Krumberger Blasenspalter, also bestimmt wos guats! Wos is geboten?

Eder: Is des a siaßer? Weil den sauern Blempl mog i ned!

Riebler *Betrachtet konzentriert das Etikett:* „Lieblich" steht om.

Eder: Wos hoaßt lieblich? Isa siaß oder isa sauer?

Riebler: Frog mi wos leichters. Also, i daad sogn, direkt sauer konn er ned sei, wenn „lieblich" omsteht. Oder, Franz?

Vorstand: Daad i aa sogn!

Eder: Ja guat, dann biet' i oan Euro!

Riebler: Oan Euro bietet der liebliche Eder. Nix für unguat, Eder! Wer bietet mehr? Wem is de Flaschn Wein an Euro fuchzge wert? *Stille.* Koaner Interesse?

Vogl: Mei, wer soll denn den trinka? Bei uns dahoam trinkt koa Mensch an Alkohol. Mir trinkma bloß Bier.

Vorstand: Aso schaust aus, Vogl!

Riebler: Ruhe! Also, oan Euro für'n Eder zum Ersten, zum Zweiten … koaner mehr wia oan Euro? Für a ganze Flaschn Wein! 0,7 Liter, des is mehra wia a Holbe! Koaner mehr? Guat, dann … zuuum Dritten! Einmal Blasenspalter an den Eder Fritz! Wohlsein, Fritz, lass-da'n schmecka mit deiner lieblichen Frau! Hähähä!

Eder: Mir wennst ned gangst!

Riebler: So. Und jetza kimmt ein erster Höhepunkt der Versteigerung. Es geht um ein Wellness-Wochenende für zwei Personen im Hotel „Silent Harmony" in Krampfling. Wer fangt o? *Stille.* Wos? Kein Gebot?

Hauser: Is do a Essn dabei?

Riebler: Selbstverständlich, Hauser! Vollpension plus Getränke!

Hauser: Dann soge hundert Euro!

Riebler: Einhundert Euro san geboten. Leit, hundert Euro san a Witz für des Wochenende! Do san Massagen dabei, Waldläufe, Meditation, a Jodelkurs und, wia gsagt: Vollpension! Man derf Salat essn, soviel wosma schafft. Und Getränke frei nach Wahl: Mineralwossa, Säfte, Molkedrinks, Kefir.

Hauser: Moment! Wos sagst du do? Molkedrinks? Salate? Koa Bier? Koa Schweiners?

Riebler: Naa, nur gsunde Sachen!

Hauser: Dann ziag i mei Gebot zruck!

Vorstand: Also Hauser, aso gehts ned! Du konnst ned hundert Euro sogn und dann plötzlich wieder nix. Aso gehts ned!

Hauser: Ja, owa des war doch eine Täuschung! Z'erst hoaßts „Vollpension" und dann stelltse aussa, dass nix zum essn dabei is. Des is meines Erachtens irreführend!

Riebler: Mei, wos hoaßt „nix zum essn"? A Solod is zwar ned

direkt a Essn, owa a Nahrung im weitesten Sinn isa fei scho, Hauser! Des muaßt zuagem.

Hauser: Im weitesten Sinn vielleicht scho, owa ned in mein Sinn. Naa, i ziag mei Gebot zruck. Und außerdem: Des mit de Getränke is da gleiche Schwindel. Wos soll i mit an Teegschirr, wenn mi dürscht?

Riebler: Wos für a Teegschirr?

Hauser: Du host doch gsagt „Molkedrinks und a Teegschirr" gibts.

Riebler: Naa, ned a Teegschirr, an Kefir!

Hauser: Des aa no! Des kenn i gor ned! Naa, Riebler, sei mir ned bös', owa sowos konn i ned braucha. Mei Gebot is zruckzogn und aus!

Riebler *Zum Vorstand:* I glaub, des miaßma akzeptiern, oder? Wenn des Wellnessdings für'n Hauser nix wert is, dann hod des koan Sinn.

Vorstand: Na guat, in Gotts Nam'! Dann fangma holt nomol vo vorn o.

Hauser: Daad i aa sogn!

Riebler: Also, auf ein Neues! Ein Wellness-Wochenende im Hotel „Silent Harmony" in Krampfling! Wos wird geboten?

Vogl: Wann waar nacha des?

Riebler: Freie Auswahl. Wenns dir passt, dann fohrst hi. Und, Vogl, versteh' mi ned falsch: Owa schadn daad dir des ned mit deiner Wampn! I moan bloß.

Vogl: Do host du scho recht, Sepp! Und außerdem hob i ghört, dassma do vo ganz junge Tschechinnen massiert wird. Drum biet' i spontan 80 Euro!

Hauser *Irritiert:* Vo wem wirdma do massiert, Vogl?

Vogl: Vo bluatjunge Tschechinnen! Und im Hotel gibts a Sauna, do san de aa allaweil drin!

Hauser: Dann biet' i 120 Euro!

Riebler: Owa du host doch grod vor oana Minutn gsagt, dass du dei Gebot zruckziagst!

Vorstand: Owa ehrlich! Du woaßt nicht, wos du willst!

Hauser: Jamei, wenns ihr des ned gscheit erklärts! In d'Sauna geh' i immer scho gern!

Eder: Wos? Du? Do warst doch no nie in da Sauna!

Hauser: Des ned, owa i waar immer scho gern ganga. Hähähä!

Riebler: Des is momentan wurscht! Aaf jeden Fall san 120 Euro geboten und zwar vom Hauser. 120 Euro zum Ersten, 120 Euro zum Zweiten und …

Vogl: I sog 150 Euro!

Riebler: Jawoll, aso is recht! 150 Euro is dem Vogl sei Wohlbefinden wert, 150 Euro san geboten! Jemand mehr? *Angespannte Stille.* Koaner? 150 Euro zum Ersten …

Eder: Greif o, Hauser! Denk an de Tschechinnen!

Hauser: Zenalln! 150 Euro is a Haffa Geld! Naa, da Vogl solls nehma, i gib aaf.

Riebler: Zum Zweiten und 150 Euro zuuum Dritten! Vogl, Reschpekt! I wünsch dir viel Spaß beim Massiern und beim Schwitzen! Do wirdse dei Wei gfrein!

Vogl: Worum?

Riebler: Ja, weil des a Wochenende für zwei Personen is!

Vogl: Glaubst denn du, dass i bläd bin? Do nimm' i mein Schwiegersohn mit und ned mei Wei! *Allgemeines zustimmendes Gelächter bei den anwesenden Herren, empörtes Gemurmel bei den Damen.*

Riebler: Reschpekt soge! Des is taktisch ned verkehrt!

Vogl: Eben! Und außerdem is mei Schwiegersohn kulinarisch a weng seltsam. Der gfreitse sogor über an Solod! Owa sunst is er ned zwider.

Riebler: Wunderbar, dass sowos no gibt in da heitign Zeit! So, des hättma dann!

Moser: Zeit is worn!

Riebler: Jetza hob i amol an Kleinartikel. Des is aso a goldernes Bandl, wahrscheinlich für a Gschenk, dassma a Schleiferl umebindn konn. Wos is geboten für des golderne Bandl?

Wurzerin: Des is koa Bandl, Sepp! Des is a String-Tanga!

Riebler: Wos is des?
Wurzerin: A String-Tanga! A Slip für a junge Frau!
Riebler: A Unterhosn praktisch?
Wurzerin: Genau!
Riebler: Ja, owa do fahlt doch da Stoff! Des is ja im Prinzip bloß da Rand.
Vorstand: Des hodma heit aso. Des is erotisch! Des konn a Mo aa trogn!
Riebler: Also, i woaß ned. Des schneid' doch überoll ei! Bin i froh, dass i nimmer jung bin! Also, wos is geboten für de Bumpl?
Hauser: A Bumpl host vielleicht du, Riebler! Des is a String-Tanga! *Gelächter.*
Riebler: Ja guat, wennst moanst. Wos is geboten für den Schlingtanker? *Stille.* Kein Gebot? Nix? Ned amol a Fuchzgerl? Hod koana a junge Frau dahoam, de wos sowos braucha konn?
Eder: Schee waars!
Wurzer: Owa ehrlich!
Wurzerin: Vorsicht!
Wurzer: I sog ja bloß!
Hauser: Vogl, nimmna du, den Tanga! Den konnst dann da Tschechin fürs Massiern schenka! Hähä! Owa du wirst dir holt ned traun!
Vogl *Trotzig:* Fuchzig Cent san geboten!
Hauser: Öha!
Vorstand: Eam schau o!
Riebler: Ganz guat, Vogl! Des is eine mutige Leistung! Aa wenn dei Frau heit ned dabei is, is des trotzdem mutig! Bietet jemand mehr als a Fuchzgerl? Das ist ned der Fall! Zum Ersten, Zwoaten, Dritten! Vogl, der erotische Hodern ghört dir. Viel Spaß damit!
Vogl: Wermas seng.
Riebler: Sodala, weida gehts! Jetza kemma amol zu einem Buach. Und zwar zu dem do. *Betrachtet die Titelseite des Buches intensiv.* Hm. Des is wahrscheinlich a

Kochbuach für Wildgerichte und Pilze, weil des hoaßt nämlich „Book of Champions". Also vermutlich Rehbock mit Schampions, daad i sogn.

Vorstand: Naa, Sepp, des is ganz wos anders! Englisch is des! Do sagtma „Buck of Tschämpiens"! Des is a Bildband über Spitzensportler.

Riebler: Aso! Jamei, Englisch konn i natürlich ned. Also, wos is geboten für de Spitzensportler? *Blättert im Buch.* San wunderbare Fotos drin!

Eder: Zwoa Euro! Für mein Buam, dass er amol wos lest und ned dauernd Fernseh gafft!

Riebler: Zwoa Euro vom Eder! Des is ein Angebot, owa des Buach is natürlich scho mehra wert. Weil des hod fei mords ein Gwicht. Guat, es is Englisch, owa bei an Foto is des praktisch wurscht. Des schaut deitsch aa ned anders aus.

Vorstand: Drei Euro! Für mein Buam!

Eder: Nix do! Vier Euro! Mei Bua kriagts!

Riebler: Jawoll, aso mog i des! Vier Euro san geboten für des tolle Buach! Des is aa vom Alter her wos wert, weil do steht „Birmingham, 1971". Des is direkt scho antik! Sogor überwiegend schwarzweiß! Jemand mehr als vier Euro? Ned? Vier Euro zum Ersten, zum Zweiten und vier Euro zuuum Dritten! Eder, scheene Griaß an dein Buam und viel Spaß beim Oschaun!

Eder: Dankschön!

Riebler: So Leit, des Buach war jetza wos Kulturelles. Bevor dass mir wieder wos Weihnachtliches versteigern, nämlich 30 Liter Festbier vom Bergbräu, daad i sogn: Mochma amol a kloane Pause, dass i mei Stimm' a weng schona konn. Gibt nix bessers wia an Kamillntee und a Zigarrn! Mir hamma dann no zirka fuchzig Artikel zum versteigern und aaf d'Letzt den prächtigen Christbaam im Wert von mindestens wenn ned mehr. *Gelächter.* Also, es konn scho Mitternacht wern, bisma durch san mit dem ganzn

Glump! Während der Pause spielt uns das Nachwuchs-Gitarren-Duo unserer Musikschule, da Luis und da Thorben, zwei Stücke, nämlich „Es tanzt ein Bi-Ba-Butzemann“ und „Highway to hell“. Guade Unterhaltung!
Applaus.

So, ich würde meinen, das reicht, um einen kleinen Eindruck von der teilweise recht zünftigen Atmosphäre einer Christbaumversteigerung zu bekommen. Die fünfzig Artikel, die noch zu versteigern sind, würden zuviel Zeit und zuviele Seiten in diesem Buch in Anspruch nehmen. Vielleicht schauen wir in einem späteren Buch wieder mal vorbei im Vereinswirtshaus, wenn es heißt: Zum Ersten, zum Zweiten und zuuum Dritten!!

Die Weihnachtskarten

Sie *Aus der Küche:* Hä, Sepp!
Er *Im Wohnzimmer:* Ja!
Sie: Wos duast denn grod?
Er: Fernsehschaun. Schischpringa kimmt!
Sie: Du kanntst de Weihnachtskortn schreim!
Er: Hob i scho! Und furtgschickt aa scho!
Sie: Wos? Dass du vo selber aaf des kemma bist! Des wundert mi fei.
Er *Stolz:* Gell, do schaust!
Sie: I hätt gwett, dass du de Kortn gor ned findst!
Er: I bin doch ned bläd! *Leise:* Glaubt de vielleicht, dass i bläd bin? I werd doch in da Lage sa, ausn Wohnzimmerschrank a boor Kortn zum ausadua, a Briafmarkn draafzumpicka und des ganze Glump aaf d'Post zum trogn. I bin doch ned bläd.
Sie: I hobs extra in Esszimmerschrank eine do. I hätt gwett, dass du im Wohnzimmerschrank nochschaust.
Er *Leise:* Jetza blick i nimmer durch.
Sie: Wos sagst?
Er: Ach, nix!
Sie: Im Wohnzimmerschrank, do san ja bloß de Beileidskortn drin, de wos i aaf Vorrat kafft hob.
Er: Ja mi host ghaut!
Sie: Wos sagst?
Er: Ah … Gell, do schaust!
Sie: Host an guatn Rutsch aa glei draafgschriem?
Er: Des konnst laut sogn!
Sie: Wos?
Er *Laut:* Des konnst laut sogn!
Sie: Nacha is des Gottseidank aa scho erledigt. Woaßt, aso a Kortn is zwar bloß a kloane Geste, owa es is einfach a Zeichen, dassma Anteil nimmt.
Er: Du glaubst gor ned, wia recht dass du host!
Sie: Eben!

Böser Kare!

Sepp: Seit Wochen suach i scho umanand und gestern hob i endlich des kriagt, wos i gsuacht hob: A Snowboard für mei Frau!

Kare: Koa schlechter Tausch!

Der entlarvte Nikolaus

Kare: Wos bist denn so grantig, Sepp?

Sepp: Allaweil des neimodische Zeig! Seit dreißg Johr geh' i als Nikolaus, jetza kaamad do a Psychologe daher und daad mir sogn, wia i mi als Nikolaus verhaltn soll!

Kare: A Psychologe? Dir? Wia des?

Sepp: Mir samma zu sechst beim Nikolaus-Service. Und heier hamms uns psychologisch gschult, dassma nix verkehrt mocha. Weil de Kinder angeblich eine Psyche hamm.

Kare: Aso a Schmarrn!

Sepp: Der hod null Ahnung, der Psychologe. Woaßt, wos der gsagt hod?

Kare: Wos denn?

Sepp: Der hod gsagt, wenn a Kind Angst zoagt vorm Nikolaus und plärrt, dann is des psychisch bedenklich und dann sollma de Maske owadua, dass se des Kind wieder beruhigt.

Kare: Klingt owa logisch!

Sepp: A Krampf is des! Bei mir hod a Kind gschrian, dann hob i mei Maske owado, dann hods no mehra gschrian.

Weihnachtstränen

Bei uns dahoam gibts an jedem Weihnachten Tränen.
Und zwar wenn d'Sissy heirat und da Winnetou stirbt.

Der Weihnachtseinkauf

Sepp: Hawedere Kare! Kaffst ebba aa no ei für Weihnachten?

Kare: Ja, owa jetza hob i meine Gschenka endlich beianander. I trink no in aller Ruhe an Glühwein, nacha geh' i hoam.

Sepp: I hob no nix kafft. Glaubst, mir follt einfach nix ei!

Kare: Mir normal aa ned, owa heier hob i Glück ghod, weil mei Wei hod gsagt, wos sie mog und mei Enkerl aa.

Sepp: Do duatmase natürlich dann leichter, wenn oan des gsagt wird. Wos hodse denn nacha dei Frau gwünscht?

Kare: Sie hod gsagt, sie braucht dringend wos glänzerts für'n Hols. Weil wennma amol eiglodn san zu an feina Anlass, do wo's nobel zuageht, dann hod sie nix glänzerts für'n Hols, hods gsagt. Und drum hob i ihr an silbernen Schal kafft.

Sepp: Do wird's a Freid hom!

Kare: Des konnst laut sogn! Do bin i wieder da King bei ihr. Und er war sogor im Angebot! 14 Euro neinzge!

Sepp: Ganz guat! Und für's Enkerl, wos host do kafft?

Kare: Für d'Jennifer hob i de CD do kafft. „Die schönsten Marienlieder"!

Sepp: Ja, do schau her! Des möchst ned glauben, dass a Deandl mit 15 Johr für sowos a Interesse hod.

Kare: Ja, mi hods aa gwundert. Owa sie hod selber gsagt, sie möcht unbedingt a CD vo da Madonna!

Es ist der 5. Dezember, abends um 18 Uhr. Gespannte Atmosphäre im Wohnzimmer, denn die Familie, bestehend aus Vater, Mutter und Heinrich, erwartet den

Nikolaus

Eine Kette rasselt an der Haustüre.

Vater: Oläg! Hein, jetza moane kimmt da Niglo!

Mutter: Sog holt net immer Hein zu dem Buam! Heinrich hoißta!

Vater: Oläg Heinrich, jetza moane kimmt da Niglo! Der nimmt di mit! Der duat di in sein Soog eine! Do wirst schaun!

Heinrich: Der soll ned kema. Der soll draußd bleim, der is böse!

Mutter: Des host davo! Moch holt dem Kind ned immer sovül Angst!

Vater: Duade ned owe, Heinrich. Vielleicht nimmta di doch ned mit. Schauma amol. Dass du fei ja dei Jesukindlein konnst!

Heinrich *Ängstlich:* I m...moin scho, dasses konn. Glaub i.

Der Nikolaus betritt den Raum.

Nikolaus: Hoho! Hoho! Von drauß vom Walde komm ich hör, ich muss euch sagen, es weihnachtet söhr!

Vater: Ja, is scho recht, Nikolaus. Fang o. D'Sportschau lafft scho.

Nikolaus: Wohnt do der kloane Hein?

Mutter: „Heinrich" hoißta, Nikolaus!

Nikolaus: Tschuldigung! Wohnt do der kloane Heinrich?

Vater: Hä! Hein, äh, Heinrich! Sog holt wos. Da Niglo hod di wos gfragt. Bist du dorert oder wos?

Heinrich	*Ängstlich:* J...ja, i w...wohn d...do!
Nikolaus:	Hoho! Bist immer schön brav gwest?
Vater:	Ja, gib holt a Antwort, wennsd gfragt wirst! Bist brav gwen oder ned?
Heinrich:	J...ja, N...Nikolaus, i bin scho brav gwen. Glaub i.
Mutter:	Es geht scho, Nikolaus. Es gibt schlimmere Buam.
Nikolaus:	Und? Konnst wos? Magst du mir wos erzählen?
Heinrich:	Naa!
Vater:	No frale, Hein, äh, Heinrich! Du host doch extra fürn Nikolaus 's Jesukindlein glernt. Jetza sogs amol schön, 's Jesukindlein. Auf gehts!
Heinrich:	Hm ...
Nikolaus:	Hoho, hoho! 's Jesukindlein konnst du, Hein, äh, Heinrich? Sogs amol!
Heinrich:	J...Jesukindlein, k...komm zu m...mir, mach ein gutes Kind ...
Vater:	Ein frommes Kind! Koa gutes! A frommes Kind, hoißt des! Reißde a weng zamm!
Heinrich:	Mach ein f...frommes Kind aus mir. Mein ... mein-...
Vater:	Ja sog amol, Hein, bist du wirklich so bläd? Jetza hammas gestern stundenlang glernt. San eh bloß a poor Zeiln. Ned amol de konnstda mirka. San eh bloß a poor Zeiln!
Mutter:	Des kimmt vo dem vüln Fernsehschaun! Do wernd de Kinder dodal verblödet. Des is erwiesn! Jetza geh', Heinrich, streng di a weng o!
Heinrich:	I konns nimmer, Mama. Derf i wos singa?
Vater:	Nix wird gsunga! Jetza wird bet! Mir hamma uns doch net gestern zwoa Stund highockt, dass du jetza singst!
Nikolaus:	Hoho! No, Heinrich, jetzt sei holt ned so nervös. Sog amol in aller Ruhe 's Jesukindlein! I tu dir doch nix!
Heinrich:	Derf i ned wos singa, Nikolaus? Singa kannt i wos.
Vater:	Nix do! Gsunga wird am Heilign Obnd. An Niko-

laus wird bet. Des war scho immer aso. Sog dei Jesukindlein, sunst krachts! Fang nomol vo vorn o!

Mutter: Des kimmt vo dem vüln Fernsehschaun! Do werdns ganz bläd.

Heinrich: J...Jesukindlein komm zu mir, mach ein frommes Kind aus mir. Mein ... mein ... Derf i ned doch singa?

Vater: Bet, sunst wia i narrisch!

Mutter: Streng di doch a bisserl o, Heinrich! Mei Liawa, ab morgn wird nimmer Fernseh gschaut. Do wirst ganz bläd. Und du schaust aa nimmer sovül, Alfons!

Vater: I? Worum i? Konn i's Jesukindlein ned oder dei Bua?

Mutter: Aha! Immer wenn er wos ned konn, dann waars mei Bua! Du bist unmöglich!

Vater: Wals wohr is! Des is doch a Blamasch mit dem Fratzn!

Nikolaus *Peinlich berührt:* Hoho, hoho! Also, wega mir derf er fei singa a. I muaß des Jesukindlein ned unbedingt hörn.

Vater: Holt di du do aussa, Niglo. Jetza wird bet und aus!

Nikolaus: Hoho!

Mutter: Also, sog amol, Alfons! Wie redst denn du mitn Herrn Nikolaus? Wenn da Herr Nikolaus a Liadl hörn mog, dann soll holt da Heinrich a Liadl singa.

Vater: Nix do! Es wird ned gsunga! Do konn da Niglo sogn, wos er wüll!

Nikolaus: Hoho! Noja, i hätt ja bloß gmoint ...

Vater: Des is mir wurscht! Jetza wird bet! Sog amol, Bua, bist du so bläd oder duast bloß aso? Wennst du's Jesukindlein ned konnst, duat di da Niglo in Soog eine und nimmt di mit, dassdas glei woaßt!

Heinrich *Sehr weinerlich:* I konns ned, Papa, ehrlich! I hobs vergessn!

Mutter:	Fang nomol o, Heinrich! I hülf dir. Jesukindlein komm zu mir, mach ein …
Heinrich:	… frommes Kind aus mir. Mein Herz ist klein, kann niemand hinein, als d…du, als du … als du … derf i singa?
Nikolaus:	Wennsd magst, Hein, äh, Heinrich, wennsd magst, dann sing!
Vater:	Jetza holt amol du dei Maal, Franz!
Nikolaus:	Hoho, Hoho!
Mutter	*Erschrocken:* Also, Alfons!
Heinrich:	Papa, worum sagst denn du „Franz“ zum Nikolaus?
Vater:	Ah … ah …, „Franz“ hob i gsagt? Do muaßtde vahört hom, Heinrich. Jetza frog ned umanand, bet! Reißde zamm! Des derf doch ned wohr sa. Jetza bin i selber scho ganz bläd.
Heinrich:	Und wenn i „Stille Nacht“ singa daad?
Vater:	Des singst am Heilign Obnd! Heit is's Jesukindlein dran. Bet, sunst fangst oane!
Mutter:	Also, Heinrich, konzentrier dich und fang nomol o. I hülf dir. Also, Jesukindlein …
Heinrich:	… komm zu mir, mach ein frommes Kind aus mir, mein Herz ist klein, kann niemand hinein, als du mein liebes Jesulein. Jesulein komm …, *(weinerlich)* Jesulein komm … *(noch weinerlicher)* Jesulein komm …
Nikolaus:	… mach mich fromm, dass ich in den Hümmel …
Heinrich:	… komm!
Nikolaus:	Genau! Schau her, du hostas ja kinnt! Schön hostas kinnt!
Vater:	Ja, jetza hostas ja du bet, Nikolaus. Da Heinrich hätts doch betn solln, ned du!
Nikolaus:	Noja, da Nikolaus muaß doch de kloan Kinder a weng hülfa. Gell, Hein?
Mutter:	Heinrich hoißta, Herr Nikolaus!
Nikolaus:	Gell, Heinrich?

Heinrich:	J...ja.
Nikolaus:	So, jetzt host dei Jesukindlein bet ...
Vater:	Du hostas bet, Nikolaus! Des paßtma gor ned. Eam hammas glernt und du hostas betn miaßn. Des paßtma gor ned!
Nikolaus:	Noja. Und, Heinrich, magst jetza dei Gschenk?
Heinrich:	Naa!
Nikolaus:	Ned?
Heinrich:	D...doch! Scho!
Nikolaus:	Wos hostda denn nacha gwünscht vom Nikolaus?
Heinrich:	I woaß nimmer.
Mutter:	No, Heinrich, konnst di nimmer erinnern?
Vater:	Ja sog amol, bist du dodal prellt? Seit Wochen liegst uns in de Ohrn mit dein Gschenk, und dann woaßtdas nimmer!
Mutter:	Ab morgn derfst nimmer Fernseh schaun!
Vater:	Genau! Glei sollst nix kriagn. Jetza iwaleg und sogs! Sunst geht da Nikolaus wieder und du kriagst an Dreg. Wennsd ned amol dei Gschenk woaßt, na hätt da Nikolaus glei dahoambleim kinna!
Nikolaus:	Hoho! So, Heinrich, sog amol schön, wos du dir gwünscht host!
Heinrich:	A... a... jetza woaßes wieder: A Zelt! A Zelt wollt i!
Mutter:	Genau! A Zelt! Do bine gspannt, obst oans kriegst.
Nikolaus:	Schauma amol in'n Soog eine, wos i dabei hob. Hoho! Ja, do schau her, a Zelt! Schön zammgfalt. A Zelt. Des is toll, ha, Heinrich? Gfollt dir des?
Heinrich:	I segs o ned, wals zammgfalt is.
Vater:	Frale gfolltsda. Des is genau des, wos du hom wolltst. Des wos du uns im Katalog zoigt host.
Heinrich:	Wia woaßt denn du des? Des is doch zammgfalt!
Vater:	Des is scho des. Da Nikolaus bringt scho's Richtige. Der is doch net dumm. Kimm, gfreide a weng!
Mutter:	No, Heinrich, gfrei de holt iwa dei Zelt!
Heinrich:	Oh, aso a cools Zelt. Genau des, wos i mir gwünscht hob! Wia i mi gfrei! *Wirft die Arme in die Luft.*

Nikolaus: Hoho! Des gfreit mi, Heinrich, dass di des gfreit. Des konnst im Summer im Gortn aafbaun, und dann tut da Papa mit dir draußn iwanachtn.

Vater: Dassme d'Muckn recht dastecha. Des konnst vergessn!

Nikolaus: Noja, jetzt muss z'erst da Summer kemma. I muss jetzt wieder göhen. Andere Kinder wüllnd aa no a Gschenk. Pfüat eich Gott!

Mutter: Pfiatde Nikolaus!

Vater: Servus! Sog holt aa wos, Heinrich! Du konnst doch'n Nikolaus net ausseschicka wia an Noan. Sog holt wos!

Heinrich: Pfiatde Nikolaus. Dankschön für des Zelt!

Nikolaus: Bittschön! Hoho! Gute Nacht! Bis naxts Johr! Hoho!

Vater: Des miaßma uns no iwaleng, ob des an Sinn hod, wennsd naxts Johr wieder kimmst. Der Bua konnse nix mirka. Der mocht mi nervlich dodal firte.

Nikolaus: Noja, schauma amol. Auf Wüdersöhen!

Vater: Servus Franz!

Heinrich: Also Papa, du host scho wieder „Franz“ zum Nikolaus gsagt!

Mutter: Mensch, Alfons, reißde holt a weg zamm!

Vater: Äh ... ah ... segst, i bin nervlich scho ganz firte. I konnma net amol'n Nikolaus sein Nam mirka.

Heinrich: Mi schimpfst awl, wal i mir nix mirka konn, und du konnst dir sölber nix mirka!

Vater: Ach, bi staad! I schau mir jetza d'Sportschau o.

Es gibt Tage, da fällt einem nur Blödsinn ein. An einem solchen Tag habe ich ein Gedicht geschrieben. Es sollte eigentlich besinnlich sein, aber sehen Sie selbst, was daraus geworden ist!

Winterliche Heimkehr

Staad und friedlich liegt da Wold,
im Mondschein glänzt der Schnee wia Gold,
d'Luft is klar und krachert kolt
und's Christkind, des kimmt bold.

Schau – do kimmt a Radl grollt,
da Kruzn Girgl is, da olt!
Er wor im Wirtshaus, wo's eam gfollt,
um zwölfe hodase dann trollt.

„Du Rosi, hob i alles zohlt?"
hod er d'Bedienung gfragt, de eam recht gfollt.
„No freilich", hod sie gsagt ganz hold,
und er hodse sei Radl gholt.

Und grod wia er rechts abbiagn wollt
– wosma bei Glatteis langsam sollt' –
rutscht er weg, er find koan Holt
und wos passiert? Da Girgl follt!

Jetzt liegt er do im Winterwold,
wia scho gsagt, es wor saukolt!
Er schaut recht bläd und schimpft und grollt:
„Zenalln, acht Weißbier hamm a Gwolt!"

Der Nikolaus ist heutzutage nicht mehr nur der gefürchtete Mann, der aus dem goldenen Buch diverse Verfehlungen vorliest und mit der Rute Kinder einschüchtert, um ihnen dann einen Schokoladennikolaus und ein paar Nüsse in die Hand zu drücken. Nein, die Zeiten haben sich geändert! Parallel zum Anspruchsdenken ist auch die Sensibilität der Kinder gewachsen. So muss der Nikolaus psychologisch geschickt vorgehen und, was die Geschenke betrifft, entsprechendes Fachwissen vorweisen. Einen Schokoladennikolaus braucht man nicht zu erklären, einen Farbdrucker beispielsweise schon. Und weil es für alles Seminare gibt, kann ich mir das durchaus auch für angehende Weihnachtsmänner vorstellen. Da sitzen sie nun, sechs Kandidaten, bereits ausgestattet mit Bart und Kostüm, und hören, was man ihnen sagt beim

Nikolaus-Seminar

Leiter: Sehr geehrte Herren, ich darf Sie recht herzlich ...

Frau: Moooment! Was heißt hier „Herren“?

Leiter: Oh, Entschuldigung! Heute haben wir sogar eine Dame dabei! Mit dem Bart und der Kopfbedeckung kann man das kaum erkennen. Schön, dass Sie da sind!

Niko 1: Ja, wenn des aa geht! A Wei als Niglo! Des hods doch no nie gem! Wia wolln denn Sie „hoho“ sogn mit dera Fistelstimm’? Do hod doch koa Kind koan Respekt ned!

Frau: Das lassen Sie nur meine Sorge sein! Ihr Männer glaubt immer, wir Frauen könnten sowas nicht. Ich jedenfalls habe mir vorgenommen, in diese Domäne einzubrechen!

Niko 2: Wo wills eibrecha?

Niko 1: Woaß da Deifl! Des is mir ehrlich gsagt aa wurscht. Jetza lus, dassma wos hörn!

Leiter:	Also, wenn ich nun um Ruhe bitten dürfte! Ich darf Sie wie gesagt recht herzlich begrüßen zum Nikolaus-Seminar, auch die Dame natürlich. Ich finde es sehr erfreulich, dass sich auch das weibliche Geschlecht dieser Aufgabe stellt. Ich darf darauf hinweisen, dass Sie sich nach Ende dieses Seminars mit dem Titel „geprüfter Nikolaus (VHS)“ schmücken dürfen!
Niko 3:	Do schau her!
Leiter:	Gell! So, beginnen wir mit der Kernfrage: Warum wird man Nikolaus?
Niko 1:	Weils 18 Euro in da Stund gibt!
Niko 3:	Und eventunell a Schnapserl, fallsma sei Sach' guat mocht!
Leiter:	Ja gut, man wird auch entlohnt. Aber der finanzielle Aspekt sollte nicht im Vordergrund stehen!
Niko 4:	Ned? Ja, wos denn dann?
Leiter:	Die ehrenvolle Aufgabe, an der Erziehung der Kinder mitzuwirken! Denn der Nikolaus ist nach wie vor eine Respektsperson für die Kleinen.
Niko 5:	Ja freilich! Mir hamms letzts Johr Chinaböller nachegworfa! Dawischt wenne's hätt'! Owa mit de ungwamperten Stiefel und dem drumm Soog konnst ja ned renna! Do host du keine Chance gega a poor so junge Baraber.
Niko 2:	Mir hod oana amol mein Bort ozundn! Bloß guat, dass's draußn grengt hod, nacha hoda wenigstens ned gscheit brennt! Der wenn brennt, des konn fei dumm ausgeh'!
Frau:	Um Gottes willen!
Niko 2:	Jaja, guade Frau! So einfach is des ned heitzudogs als Nikolaus. Do hods a Mo scho ned leicht, geschweige denn a Wei!
Leiter:	Gut, ich gebe zu, bei sozial schwierigen Kindern kann sowas schon mal vorkommen.
Niko 2:	Sozial schwierig? A Hunzkrippl wor des und sunst gar nix!

Leiter: Und das mit dem Feuer ist bei Kindern, die pyroman sind, bisweilen ein Problem.

Niko 2: Der war ned pyroman, des war a Deitscher! Sei Voda is sogor bei der Feierwehr!

Niko 1: Des is ja da Gipfel!

Niko 2: Jamei, soweit samma heit: Da Voda löscht freiwillig, da Sohn zündelt mutwillig!

Leiter: Ja gut, aber das ist nicht das Wesentliche am Nikolausdasein. Das sind unrühmliche Ausnahmen. In erster Linie haben wir einen Erziehungsauftrag. Wir sollten den Kindern Werte vermitteln.

Niko 4: Vermitteln is guat! Hitrogn miaßma denen die Werte! I hob letzts Johr oan an Computermonitor bracht, der wor fast 1000 Euro wert. 19 Zoll! Wos glauben Sie, wia i gschwitzt hob! Draußn hods 15 Grod plus ghabt wia jeds Johr, dann de ganze Montur und des schwaare Drumm! Mei, hob i gschwitzt! Wenn koa Dame anwesend waar, dann daad i scho sogn, wia i gschwitzt hob. Owa wenn a Dame anwesend is, sog i sowos ned!

Niko 3: Mir kinnmas uns scho denka! I hob amol an Bandscheibenvorfall ghabt, weilse a Zehnjähriger a Radl gwünscht hod. Des hob i gor ned trogn kinna, owa glaubst, mir hätt' oaner gholfa? Des kannst du vergessn! Entwürdigend is des, wennst du einekimmst wie ein Fragezeichen, weil dir a Bandscheibn aussagsprunga is! Entwürdigend! Bloß wega dem sein blädn Radl! Des kannt doch's Christkindl genauso bringa, oder?

Leiter: Wobei wir schon bei einem weiteren Hauptthema wären: Der Materialismus in der heutigen Zeit! Es ist nicht entscheidend, wieviel ein Kind bekommt! Das müssen wir oft auch den Eltern klar machen!

Frau: Genau! Das sehe ich auch so! Wir haben auch eine erzieherische Aufgabe den Eltern gegenüber!

Niko 1: Omei, Deandl! Host du eine Ahnung! Woaßt, wos dir a Voda sagt, wennst du eam Vorschriften mocha willst?

Der sagt dir folgendes: „I zohl dir 18 Euro in da Stund! Und wenn i dir 18 Euro in da Stund zohl, dann bringst du mein Kevin des, wos i sog und ned des, wos du moanst!“ Mir samma heitzudogs a Art Servicepersonal und ned a Heiliger. Des konnsta abschminka!

Leiter: Ja, aber man hat doch eine gewisse Einflussmöglichkeit im Vorgespräch, wenn man den Nikolausbesuch mit den Eltern vereinbart!

Niko 2: An Dreg host! Do hoaßts bloß: „Um sieme bist do, weil um achte hamma an Tisch beim Griechen bstellt! Sagst mein Buam, er soll mehr lerna und sei Zimmer besser aafraama! Geld gibt's bar auf die Kralle, 's Gschenk steht im Gästeklo!“

Frau: So krass läuft das ab?

Niko 3: Owa genau! Und wos willst dann macha, wenn a Laptop um 2000 Euro im Gästeklo steht? Dann gibstna dem Fratzn, dass a Ruah is. Und wennst Pech host, sagta ned amol „danke“. Aso schauts nämlich aus! Owa mir is des wurscht! I kassier und furt bine!

Leiter: Jetzt muss ich aber schon einmal sagen, dass dies die falsche Einstellung ist! Zumindest sollte man dann dem Kind den Wert des Geschenkes bewusst machen und ihm vor Augen halten, wie gut es ihm im Vergleich zu anderen Kindern geht!

Frau: Genau! Da haben Sie recht!

Niko 3: Ja guat, do hamms scho recht! I sog aa immer zu de Kinder: „Seids brav, sunst gibt's naxts Johr nix mehr!“ Also, i moch denen des praktisch scho bewusst.

Leiter: Nein, so einfach dürfen wir es uns als heiliger Nikolaus nicht machen! Wir sollten den Kindern aufzeigen, in welchem Paradies sie eigentlich leben, wenn man in Betracht zieht, unter welch erbärmlichen Umständen andere Kinder auf dieser Welt leben müssen. Dann wird jedes Kind einsehen, dass man auch mit kleineren Geschenken zufrieden sein muss.

Frau: Das finde ich gut!

Niko 3: Omei, habts ehs eine Ahnung! Jetza sog eich amol wos! I war letzts Johr beiana typischen deitschn Familie, obere Mittelschicht: Oa Kind, zwoa Auto, drei Hund', vier Fernseh'. So, nacha bring i dem männlichen Kind ein Benjamin Blümchen-Video und a CD von an gwissn Rammstein mit. I sog: „Hoho! Schöne Geschenke haben wir da für den kleinen Bruno! Ein Video und eine CD! Hoho!" Wos sagt des Kind? „Is des alles?" sagt des Kind! Mit sechs Jahren!

Niko 1: Aso sans!

Niko 3: Owa i hob mir denkt: „Guat, des Kind konn nix dafür, wenns vo de Eltern dermaßen verzogn wird, dass eam praktisch nix mehr gfollt." Und dann hob i mein Erziehungsauftrag erfüllt und dem Buam erklärt, dass des ned selbstverständlich is, dassma überhaupt wos kriagt. „In Brasilien in de Slums", howe gsagt, „do daad a Kind an Jucherzer, wenns a CD kriagn daad! De hamm do nämlich gor nix! Ned amol a Schul! Aso schauts aus!" Wissts, wosa dann gsagt hod? „Cool", hoda gsagt, „koa Schul! Do möcht i aa hi!"

Frau: Traurig!

Niko 3: Aber wahr! Der hod des gor ned kapiert, um wos dass geht. Woaßt, do denkst dir nacha: „Duats doch, wos wollts! I bin doch ned eier Depp! Für 18 Euro in da Stund!"

Niko 2: Wundert di des? Mi ned! Bei vier Fernseh' im Haus verblödet doch jeds Kind! Mir hamma friaher bloß an Radio ghabt und der war meistens hi! Und trotzdem bin i ein heller Kopf wordn!

Leiter: Ja, meine Dame, meine Herren, da sieht mans wieder: Es ist alles schwieriger geworden! Und gerade deshalb ist so ein Seminar sehr wichtig! Schon, um Erfahrungen auszutauschen und Probleme anzusprechen. Der Herr hinten links hat bis jetzt noch gar nichts gesagt. Gab es bei Ihnen noch keine Probleme?

Niko 6: Nix vastähn!

Niko 1: Ja, wos isen des für oana?
Niko 2: Der versteht nix, sagta!
Niko 3: Komisch!
Niko 4: Des daad mi jetza scho interessiern, wos des für oana is.
Frau: Wo kommen Sie denn her?
Niko 6: Bahnhofstraße 38!
Leiter: Nein, nicht Straße! Welches Land?
Niko 6: Bahnhofstraße is in Deitschland!
Leiter: Nein, Sie missverstehen mich! Von wo Sie kommen! Wo geboren? Pakistan? Polen? Peru?
Niko 6: Aah! Jetz vastähn! Turkmenistan!
Niko 1: Wo isen des?
Niko 2: Frogme wos Leichters! Also, nix gega den Mo, owa des hod doch null Sinn, wenn der als Nikolaus umanadalafft. Der kapiert doch gor ned, um wos dass do geht. Wer woaß, isa katholisch!
Niko 3: Sie, Herr Seminarleiter, des is fei nix mit eam do! Der blamiert doch de ganze Zunft! Stellns Eahna amol vor, der soll an Kind an Laptop erklärn! Des is doch unmöglich! Wos denktse der überhaupt, dass der aaf aso a Seminar higeht?
Leiter: Moment, ich werde ihn mal fragen! *Zu Niko 6:* Wieso Nikolaus sein wollen?
Niko 6: Frau lesen Zeitung, stehen drin „Nikolaus gesucht, 18 Euro Stund'". Sagen: „Igor, is gut Geld! Du gähen hin!" Ich sagen: „Frau, ich gähen hin!" Jetzt ich da, aber nix vastähn.
Niko 4: Herr Seminarleiter, gebns dem bloß koa Diplom ned! Der braucht no a Johr, bisa soweit is!
Frau: Aber eine Chance müsste man ihm doch geben! Das wäre gut für die Integration!
Niko 1: Owa schlecht für eam! Der hod keine Chance, aa wennst eam oane gibst. De Kinder heitzudogs san grausam. De mochan den fertig, wenn der aso umanandastopselt. Daama uns ja mir scho hart, owa der mit sein gick und gack! Naa, der soll no a Johr wartn,

dann isa sprachlich eventunell geeignet, wenns guat lafft.

Leiter: Ich denke, Sie haben recht! *Zu Niko 6:* Äh, folgendes: Dieses Jahr Nikolaus besetzt. Wir nix mehr brauchen. Du, äh Sie können heimgehen!

Niko 6: Heimgehen?

Leiter: Zu Frau! Weiter Zeitung lesen! Mantel, Hut, Bart ausziehen, dann heimgehen!

Niko 6: Schade! *Zieht die Nikolaus-Requisiten aus und geht. Beim Ablegen des weißen Bartes kommt ein echter Bart zum Vorschein, der noch imposanter ist als der künstliche.*

Niko 1: Also, ausschaun duat er fei scho guat. Eigentlich der Nikolaus an sich! Rein optisch!

Niko 2: Jamei! Wos hilft de ganze Optik, wenn oana ned gick und ned gack sogn konn! Des bringt einfach nix!

Niko 3: Eben!

Niko 4: Do kannt ja a jeder kemma!

Leiter *Sieht auf die Uhr:* Oh, meine Dame, meine Herren, wie die Zeit vergeht! Das war schon unsere erste Seminarstunde! Beim nächsten Mal werden wir uns mit dem Thema „Wie trage ich aus dem goldenen Buch vor?“ und mit der Figur des Krampus beschäftigen. Und danach werde ich Ihnen Ihre wohlverdienten Diplome überreichen. Ich darf mich verabschieden mit einem herzlichen „Hohoho“.

Alle klatschen Beifall und rufen gemeinsam „Hohoho“.

Mein kleines Weihnachts-ABC

Alle Jahre wieder
kommt das Christuskind.
Des is mir furchtbar zwider,
weil i koa Gschenk ned find'.

Brennt a Kirzn, dann wird's hell,
im ganzn Haus, in jedem Eck,
owa wenns umfollt, gehts oft schnell
und d'Kirzn zsamt'n Haus is weg.

Chinaböller und Kanonenschlog
is des, wos da Bua an Silvester mog.
Do sagt da Voda: „Iß a Kraut!
Des kost wenger und kracht grod so laut!"

„Da Nikolaus is ein armer Mann"
hod da Sepperl gsagt,
„der wo sich gor nix leistn kann,
weil er'n Papa seine Stiefel tragt!"

Endlich wieder is soweit,
des is für mi de größte Freid,
wenn i sogn konn zu mein Wei:
„Gottseidank, Weihnachten is vorbei!"

Finster is, da Wind pfeift kolt,
und Rauhreif glitzert an de Ranga
da Nikolaus ruft durch den Wold
„zenalln, mir is da Sprit ausganga!"

Glühwein trink a jeder gern
in der kalten Weihnachtszeit.
Doch sollt's Klima no wirmer wer'n,
brächt' a Eistee mehra Freid.

Hamburger hamma gestern ghabt, Döner hamma heit,
und morgn gibts a Gyros, mei des is a Freid!
Aaf Weihnachten gibts a Schweiners und Knödel gibts aa,
weil an so an Festdog derfs ruhig amol wos ausgfollns sa.

I bin kloa, mei Wunsch is groß,
i möcht oamol noch Davos.
Ned Süd, ned Nord, ned West, ned Ost,
sondern bloß, da vos nix kost!

Juche, juche, jetzt kommt der Schnee!
So lange mussten wir drauf hoffen!
Freudig lacht die Hautevolee,
das Kokain ist eingetroffen!

„Kommet, ihr Hirten!" so hoaßt ein Lied.
Do sagt da kloa Maxl: „Do kimm i ned mit.
Wieso bloß de Hirten? Gelten de mehr?
Dass de Woachn ned derfan, des find' i ned fair!"

Lieber guter Nikolaus,
das Taschengeld reicht gar nicht aus!
Drum bitt' ich höflich dich:
Nimm meine Schwester mit, dann bleibt mehr für mich!

„Mei, wos i kriag, is mir egal",
sagt da Bua zu seiner Muada,
„owa oans möcht' i aaf jeden Fall:
deitlich mehra wia mei Bruada!"

Neunmal werden wir noch wach,
heißa, dann ist Weihnachtstag!
Owa weilma koa Geduld ned hamm,
essma'n Adventskolender scho vorher zamm!

Oh Tannenbaum, oh Tannenbaum,
du bist so grün, man glaubt es kaum,
du sparst uns alle Jahre Geld,
weil Kunststoff einfach länger hält.

Paula: Du Paul, gfall' i dir?
Paul: Und wia! Du bist a echte Maus! Und so sexy ozogn!
Paula: Schee! Kaufst du mir zu Weihnachten amol wos richtig scharfes für mein Hals?
Paul: Gern! A ganz Packerl Eukalyptuszuckerln!

Quietscht jämmerlich im Stall die Sau
in einer Winternacht,
dann woaß sie ganz genau:
An Weihnachten wird gschlacht!

Ruht im Tale still der See
und fällt leis' darauf der Schnee,
keine Menschenseele weit und breit,
dann hamm d'Eisstockerer heit koa Zeit!

Schneibts im Dezember, dann is oans gwies,
dass da Januar no ned oganga is.
Owa is im Dezember scho worm wia im Mai,
dann is da November wahrscheinlich vorbei.

Tee mit Rum
haut jede Grippe um!
Und des Getränk is bsonders schee
ohne Tee.

„Um Gottes willn", hod d'Mare gfragt,
„wos kaffst denn du do zamm?"
„Zwoa Kastn Weißbier" hod da Kare gsagt,
„dassma a weiße Weihnacht hamm!"

Von drauß' vom Aldi komm ich her,
es gab keinen Computer mehr.
Drum bringe ich dir Magenbrot,
denn das war im Angebot.

Winter is de Zeit vom Johr,
wo's Weda kolt is, feicht und grob.
Da Rauhreif hängt dir in de Hoor,
guat, dass i a Plattn hob.

Xundheit für dei Innenleben
wünsch i dir zum neia Johr
und äußerlich soll Gott dir geben
wenga Gwicht und mehra Hoor!

Yoga, des hilft ohne Frage
fast in jeder Lebenslage.
Doch beim Weihnachtsstress bringts mi ned weida
do is a Weißbier gscheida.

Zucker, Zitronat und Zimt
brauchtma, wenn da Winter kimmt,
weil d'Plätzln san im Winter recht
owa im Summer aa ned schlecht.

Ein weihnachtlicher Liebesbrief

Liebe Rosi,

ich weiß nicht, ob du dich noch an mich erinnerst. Ich bin der, der wo mit dir im Sommer beim Volksfest einen leichten Unfall hatte. Du hattest einen Ford Fiesta und ich einen Rausch. Mir ist ja weiter nichts passiert, wie ich dir als Fußgänger die Vorfahrt genommen habe, aber dein Auto hatte eine Dülln. Ich bitte dich dafür nochmals um Entschuldigung, da ich nicht Herr meiner Sinne und auch meiner Füße war.

Aber das ist nicht der Grund für meinen Brief. Ich habe mir damals schon gedacht „saxndi", wie ich dich gesehen habe. Das war wahrscheinlich auch der Grund, warum ich dir ins Auto gelaufen bin, neben den fünf Maß. Und als du nach dem Zusammenprall ausgestiegen bist und dich über mich gebeugt hast und ich in dein T-Shirt gesehen habe, habe ich mir gedacht: „Die sieht nicht nur gut aus, die hat auch einen mords Charakter!" Genauer gesagt, sogar zwei.

Ich schreibe dir jetzt kurz vor Weihnachten, weil ich habe dich bis heute nicht vergessen können. Du gehst mir direkt im Kopf herum. Und jetzt, im Advent, ist man in einer Stimmung, wo man sich denkt: „Das wär' schon was!" Damals, bei der Unfalaufnahme, hast du als Familienstand „ledig" angegeben, was ich mir trotz Trunkenheit gemerkt habe. Doch getraut habe ich mich bis heute nicht, dich zwecks Veränderung des Familienstandes anzusprechen. Aber heute habe ich mir ein Herz gefasst und schreibe dir diesen Brief.

Ich sitze oft alleine im Zimmer und denke mir, dass es nicht schlecht wäre, wenn du da wärst. Ich könnte es mir so richtig romantisch vorstellen: Ich schaue gemütlich Ferenseh und du kochst. Dann esse ich und ich sage dir, dass es mir gut schmeckt und du freust dich! Wenn du möchtest, kannst du ruhig auch mitessen. Denn ich habe so viele Mitesser im Gesicht, da ist es dann schon wurst, wenn am Tisch noch einer sitzt.

Wir könnten auch gemeinsame Weihnachtseinkäufe machen. Ich fahre dich zum Einkaufszentrum und lasse dich aussteigen, dann gehe ich zwei, drei Stunden ins Wirtshaus, anschließend hole ich dich wieder. Ist das ein Service oder nicht?

Und jetzt kommt der Höhepunkt: Am Heiligen Abend lassen wir es richtig krachen! Du darfst ein 4-Gänge-Menü für uns alle machen! Das heißt, für mich, für meine Mutter und für dich! Ich zahle alle Zutaten, und auch meine gutsortierte Küche steht zu deiner kostenlosen Nutzung bereit! Du müsstest nur berücksichtigen, dass meine Mutter Zucker und Fett nicht verträgt aufgrund Zucker und Gicht. An den Feiertagen kannst du dann mit meiner Mutter spazieren gehen, damit ihr euch näher kommt. Wenn sie dich mag, spendiert sie dir eventuell sogar im Café einen Kaffee, da lässt sie sich nicht lumpen.

Ich könnte dir noch viele verlockende Vorschläge machen, aber ich denke, für den Anfang reichts.

Du wirst dich vielleicht wundern, warum ich trotz dieser idealen Gegebenheiten mit 39 Jahren noch solo bin. Ehrlich gesagt, wundere ich mich auch. Meine Mutter sagt, wenn die Frauen wüssten, was ich für eine gute Partie bin, hätte ich an jedem Finger fünf! Aber die brauche ich gar nicht, denn du würdest mir schon reichen. Rühr dich!

Dein Kuno

P. S. Antworte mir falls möglich per Postfach, weil meine Mutter alle Briefe aufmacht! Frohe Weihnachten!

Manche Menschen essen am Heiligen Abend traditionell jedes Jahr dasselbe, andere überlegen sich immer wieder etwas Neues, um dem Fest einen besonderen kulinarischen Glanz zu verleihen. Ich habe lange darüber nachgedacht, was an so einem hohen Festtag angebracht ist. Vielleicht kann ich einen kleinen Beitrag zum Gelingen leisten, denn ich verrate Ihnen jetzt

Mein Weihnachtsrezept

Zutaten:

1 Familienpackung Vorfreude
1 bis 2 Wochen Besinnung
1 Stange Geduld (am besten geeignet wäre die Sorte „Engelsgeduld")
1 gehörige Portion Mut
je eine mittlere Portion Rücksicht und Verständnis
Fantasie nach Belieben
1 Flasche Dankbarkeit
3 bis 4 Stunden Zeit
Zufriedenheit als Garnierung

Zubereitung:

Man nehme die Familienpackung Vorfreude und verteile sie gleichmäßig auf die ein bis zwei Wochen Besinnung vor dem Fest. Besinnung wird nämlich durch die Vorfreude erfahrungsgemäß leichter und lockerer.
Sobald Besinnung und Vorfreude gut durchmischt sind, nehmen wir ein kleines Stück vom Mut (den größeren Teil heben wir für später auf), je ein Stück Rücksicht und Verständnis und gehen damit in ein Kaufhaus, um die letzten Weihnachtseinkäufe zu erledigen. Den Mut brauchen wir, um uns in den Tru-

bel zu stürzen, Rücksicht und Verständnis verhindern, dass der Einkauf zu bitter wird.
Rücksicht brauchen wir für die vielen Kinder, die sich nicht sattsehen können und für die älteren Menschen, die sich in dieser Hektik etwas verloren fühlen und sich nicht immer so schnell zurechtfinden wie wir. Verständnis müssen wir haben für die Angestellten und Kassiererinnen, die im Weihnachtsstress vielleicht nicht immer so freundlich und aufmerksam sind, wie wir es uns wünschen. Noch ein kleiner Tipp: Eine Prise Hilfsbereitschaft verleiht dem Weihnachtseinkauf oft erst die richtige Würze!
Ja, und während Besinnung und Vorfreude noch vor sich hinköcheln, kommen wir schon zum Hauptgang: Den Heiligen Abend! Bereits am Nachmittag beim Schmücken des Baumes nehmen wir die Stange Geduld zur Hand. Am besten schneiden wir sie gleich in mehrere Scheiben, denn wir brauchen sie öfters: Beim Fixieren des Baumes im Ständer, beim Entwirren der Lichterkette, bei den Fragen der Kinder, wann endlich das Christkind kommt und bei der Kritik der Gattin, warum man schon wieder nicht den richtigen Baum gekauft hat.
Das ist der beste Zeitpunkt, vorsichtig die Fantasie hinzuzugeben, indem man den Baum als Wunder der Natur preist und mehrere Gründe erfindet, warum es dieser und nur dieser sein musste. Wenn es abends langsam an die Bescherung geht, ist es höchste Zeit für die gehörige Portion Mut. Die brauchen wir, um dem Wunsch der Familie nachzukommen, der Papa solle beim Lied „Stille Nacht“ laut mitsingen. Besitzt man nämlich das Gesangstalent eines durchschnittlichen Familienvaters, kann dieser Teil der Bescherung ohne Mut nicht gelingen und bekommt schnell einen faden Beigeschmack. Werden dann die Geschenke verteilt, öffnen wir die Flasche mit der Dankbarkeit und gießen sie gleichmäßig über alle Präsente. Auch wenn es für den Papa wieder die obligatorische Krawatte und das Rasierwasser, für die Mama das fantasielose Bargeld und für die Kinder nicht alle erwarteten Computerspiele, Fahrräder und Handys sind: Mit Dankbarkeit wird jedes Geschenk zum Leckerbissen!

Und wenn man sich nun von der Garnierung ein Stück Zufriedenheit nimmt und es auf der Zunge zergehen lässt, dann merkt man sehr schnell: Alle Geschenke kommen von Herzen, und viele Menschen auf der Welt wären sehr froh, wenn sie überhaupt Weihnachten gesund und mit einem Dach über dem Kopf feiern könnten.
Ja, und damit wäre unser großes Weihnachtsmenü schon fast fertig! Halt – eines fehlt noch: Die Nachspeise! Dafür benötigen wir nur eine Zutat, die kostenlos überall zu haben ist, nämlich Zeit, so drei bis vier Stunden in etwa. Da sie, wie gesagt, nichts kostet, nehmen wir sie uns einfach, um mit unseren Kindern zu spielen oder mit unserem Partner gemütlich zusammenzusitzen. Wenigstens an Weihnachten sollte dies möglich sein! Und immer daran denken: Eine Zutat nur sehr, sehr sparsam, möglichst überhaupt nicht verwenden – das Fernsehen! Es kann nämlich ein Menü ganz schön verwässern.

So, liebe Leserinnen und Leser – das war mein Rezept für Weihnachten. Hoffentlich sind Sie nicht allzu enttäuscht, weil Sie etwas für den Magen und nicht für die Seele erwartet haben. Aber ich bin ganz sicher: Wenn Sie nach diesem Rezept vorgehen, dann gelingt Weihnachten fast immer. Und zwar unabhängig davon, was es zu essen gibt.

A scheene Bescherung

In „A scheene Bescherung“ sinniert der Toni wieder auf seine unnachahmliche und köstlich vergnügliche Weise über das, was uns an der Advents- und Weihnachtszeit so freut, manchmal auch nervt, auf jeden Fall aber beschäftigt.

Geschichten zum Lesen, zum Vorlesen und zum Genießen!

Tauchen Sie ein in die Welt der Christbaumversteigerungen, der Weihnachtsgeschenke, die keiner will, und leiden Sie mit mit der Uroma, die partout nicht versteht, was sich der Urenkel wünscht, wenn er sagt, er möchte vom Christkind „Apps“, weil sie dieses Wort logischerweise als „ebbs“ interpretiert.

1. Auflage 2019, 160 Seiten, ISBN 978-3-86646-328-8, Preis: 14,90 EUR
Hörbuch, Spieldauer 77 Minuten, ISBN 978-3-86646-329-5, Preis: 14,90 EUR

Scho wieder Weihnachten?

„Toni, wir brauchen dringend neue Weihnachtsgeschichten! Setz dich bitte hin und schreib welche! Aber lustig müssen sie sein!" Diesen Satz hat Toni Lauerer in den letzten Jahren oft gehört – vom Buchhandel, vom Verlag und vor allem von seinen Fans. Nach seinem adventlichen Beststeller „Endlich wieder gschafft" war die Zeit reif für sein zweites Weihnachtsbuch.

Herausgekommen sind 160 Seiten nagelneue Geschichten rund um die Advents- und Weihnachtszeit – lustige Geschichten natürlich, denn Weihnachten ist ja bekanntlich ein Fest der Freude!

3. Auflage 2022, 160 Seiten, ISBN 978-3-95587-415-5, Preis: 16,90 EUR
Hörbuch, Spieldauer 68 Minuten, ISBN 978-3-86646-348-6, Preis: 14,90 EUR

Weitere Bücher und CDs von Toni Lauerer

Blumen, Bulli, Bumskopfsemmel
Preis: 16,90 EUR

G'fallt ma!
Preis: 16,90 EUR

Möchten'S ned probiern?
Preis: 16,90 EUR

Gestern beim Unterwirt
Preis: 14,90 EUR

Mei, bin i a Depp!
Preis: 14,90 EUR

Der Alltag is da Wahnsinn
Preis: 14,90 EUR

Willkommen im Spiegelsaal
Preis: 14,90 EUR

Voll im Trend
Preis: 14,90 EUR

Wos gibt's Neis?
Preis: 14,90 EUR

I glaub, i spinn
Preis: 14,90 EUR

I bin's wieder
Preis: 14,90 EUR

Hauptsach', es schmeckt!
Preis: 14,90 EUR

Eigentlich is wurscht
DVD: 16,90 EUR
CD: 14,90 EUR

Toni Lauerer
Die schönsten Grimms Märchen auf Bairisch
je 19,90 EUR

Hubertus Hinse / Toni Lauerer
Sagen aus der Oberpfalz „Glaubn mechst es ja ned"
je 14,90 EUR

Erhältlich im Buchhandel

Weitere Informationen zum Autor und seinen neuesten Titeln finden Sie unter: www.battenberg-gietl.de